世界広布の翼を広げて

Spread the Wings of Study for Worldwide Kosen-rufu

教学研鑽のために

開目抄《かいもくしょう》

創価学会教学部 編

聖教新聞社

目次

装幀　株式会社プランク
　　　松田　和也
挿絵　松井　春子

一、本書は、『新編　日蓮大聖人御書全集』より、五大部の「開目抄」を研鑽する一助として、青年部の要請を受けて教学部が編者となって、まとめたものである。研鑽の便宜を考えて、主な御文を抜粋し、省略した箇所は「大意」として収録した。

一、御書の御文は、『新編　日蓮大聖人御書全集』（創価学会版、第二七五刷）、法華経の経文は、『妙法蓮華経並開結』（創価学会版、第二刷）に基づき（御書〇〇㌻）、（法華経〇〇㌻）と示した。

一、「池田ＳＧＩ会長の『開目抄講義』から」は、『池田大作全集　34』から引用した。

一、御書、法華経、その他の引用文のなかで、旧字体を新字体に、旧仮名遣いを現代仮名遣いに改めたものもある。また、改行や句読点を補い、読みやすくしたものもある。

一、教学部による注は、（＝　）と記した。

世界広布の翼を広げて
教学研鑽のために

開目抄

本抄の背景・題号・大意

背景

「開目抄《かいもくしょう》」は、日蓮大聖人が佐渡流罪中《さどるざいちゅう》の文永《ぶんえい》九年（１２７２年）二月、五十一歳の時、配流《はいる》地《ち》の塚原《つかはら》から四条中務三郎左衛門尉頼基《しじょうなかつかさのさぶろうざえもんのじょうよりもと》、すなわち四条金吾《しじょうきんご》に託《たく》して、門下《もんか》一同に与えられた書《しょ》である。

本抄は、日蓮大聖人こそが主師親《しゅししん》の三徳《さんとく》を具《そな》えた存在であり、すなわち末法《まっぽう》の御本仏《ごほんぶつ》であることを明らかにされた書《しょ》である。翌《よく》・文永《ぶんえい》十年（１２７３年）四月に著《あらわ》され、末法の人々が信ずべき本尊とは法華経の肝心《かんじん》の南無妙法蓮華経であると明かした「観心本尊抄《かんじんのほんぞんしょう》」と並んで、大聖人の仏法における重書中《じゅうしょちゅう》の重書となる。

大聖人は、文永《ぶんえい》八年（１２７１年）九月十二日、竜《たつ》の口《くち》の法難《ほうなん》（第38段を参照）に遭《あ》われ、それに続いて佐渡《さど》に流罪《るざい》された。

佐渡《さど》は念仏者《ねんぶつしゃ》が多く、大聖人を阿弥陀仏《あみだぶつ》の敵《てき》として、命《いのち》をつけねらう者も少なくなかった。

また、鎌倉《かまくら》などの大聖人門下《もんか》の人たちも、所領没収《しょりょうぼっしゅう》、追放《ついほう》、罰金《ばっきん》などの刑《けい》に処《しょ》され、そのなかで、「弟子《でし》等・檀那《だんな》等の中に臆病《おくびょう》のもの大体或《あるい》はをち或《あるい》は退転《たいてん》の心あり」（御書1224ジペー）、「御勘気《ごかんき》の時・千が九百九十九人は堕《お》ちて候《そうろう》」（御書907ジペー）とあるように、疑《うたが》いを起こして退転する者が多く出るありさまであった。

本抄は、こうした状況のなかで、世間や門下《もんか》から寄《よ》せられた、「大聖人が法華経の行者《ぎょうじゃ》であるなら、なぜ諸天《しょてん》の加護《かご》がないのか」などといった疑問《ぎもん》に対し、法華経の経文通りに正《ただ》しく実践《じっせん》すれば三類《さんるい》の強敵《ごうてき》による迫害《はくがい》が起こるというのが仏の教えであり、その通りの難《なん》に遭《あ》っている大聖人は真の法華経の行者であることを示《しめ》されている。

そして、そうした大難《だいなん》を覚悟《かくご》で一切衆生《いっさいしゅじょう》を救《すく》うために不惜身命《ふしゃくしんみょう》の実践《じっせん》をしている大聖人御自身《ごじしん》こそ、主師親《しゅししん》の三徳《さんとく》を具備《ぐび》した末法《まっぽう》の御本仏《ごほんぶつ》であられることを示《しめ》されている。

題号

「開目抄《かいもくしょう》」と名《な》づけられた意味について、日本国の人々が偏頗《へんぱ》な教えに執着《しゅうちゃく》して、日蓮大聖人が末法《まっぽう》の衆生《しゅじょう》を救《すく》う真実の三徳具備《さんとくぐび》の仏であることを知らない「心の盲目《もうもく》」を開かせよう、との意であると拝《はい》される。

大意

「開目抄《かいもくしょう》」は大きく「標《ひょう》」「釈《しゃく》」「結《けつ》」の三段に分けられる。すなわち、初《はじ》めに一切衆生《いっさいしゅじょう》が尊敬すべき主師親《しゅししん》が主題であることを「標《ひょう》」し、次に儒家《じゅか》・外道《げどう》・内道《ないどう》における主師親を「釈《しゃく》」し、最後に日蓮大聖人こそが末法《まっぽう》の一切衆生を救《すく》う主師親であると「結《むす》」ばれている。

初《はじ》めに、人々が尊敬すべきものとして「主師親《しゅししん》の三徳《さんとく》」を示《しめ》され、次《つ》いで、儒家《じゅか》・外道《げどう》・内《ない》道《どう》で三徳《さんとく》を具《そな》えた者として尊敬されている人の教えを釈《しゃく》し、諸思想および釈尊《しゃくそん》の仏教の中の浅《せん》深《じん》を判《はん》じられ、法華経本門寿量品《ほんもんじゅりょうほん》第16の文底《もんてい》に秘沈《ひちん》されている「一念三千《いちねんさんぜん》」こそが成仏《じょうぶつ》の根本因となる法（「仏種《ぶっしゅ》」）であることを示されている。続いて本抄の前半では、法華経の迹門《しゃくもん》・本《ほん》門《もん》の教えを検証され、法華経にこそ、万人成仏《ばんにん》の大法《だいほう》が示されていることを明かしている。

ところが、当時の日本の諸宗は、この法華経に背《そむ》いていて、人々をたぶらかし不幸に陥《おとしい》れていることを指摘し、大聖人お一人が、「法華経の行者《ぎょうじゃ》」として立ち上がり、これらの悪と戦い、多くの大難《だいなん》を受けてきたことを述べられる。

本抄の後半では、〝大聖人が法華経の行者《ぎょうじゃ》であれば、どうして諸天善神《しょてんぜんじん》の加護《かご》がないのか〟という世間や門下《もんか》の疑問《ぎもん》を取り上げ、これに答えられていく。

最初は、法華経の内容に即《そく》して二乗《にじょう》・菩薩《ぼさつ》・天《てん》・人《にん》が法華経に大恩《だいおん》があることを示《しめ》し、〝彼らが守護《しゅご》の働きを現《あらわ》さないのは日蓮が法華経の行者《ぎょうじゃ》ではないからか〟と疑《うたが》いを強められていく。そのうえで、宝塔品《ほうとうほん》の「六難九易《ろくなんくい》」、提婆達多品《だいばだったほん》の「悪人成仏《あくにんじょうぶつ》と女人《にょにん》成仏」、そして勧持品《かんじほん》の「三類《さんるい》の強敵《ごうてき》」などの文《もん》を考察しながら、この法華経を末法《まっぽう》に弘《ひろ》める法華経の行者が難を受けるのは経文通りであることを論証《ろんしょう》される。

そして、法華経の行者《ぎょうじゃ》が難《なん》を受けるのは行者自身の宿業《しゅくごう》のゆえであることや、迫害者《はくがいしゃ》に現罰《げんばち》がない理由を明かされている。また「三類《さんるい》の強敵《ごうてき》」、特に第三の「僭聖増上慢《せんしょうぞうじょうまん》」の姿《すがた》を明らかにされる。

そのうえで「詮《せん》ずるところは天もすて給《たま》え諸難《しょなん》にもあえ身命《しんみょう》を期《ご》とせん」「我《われ》日本の柱《はしら》とな

らむ……」（御書232ジ）と、不惜身命《ふしゃくしんみょう》の決意をもって末法《まっぽう》の衆生《しゅじょう》を救済《きゅうさい》するとの、末法の御《ご》本仏《ほんぶつ》としての大誓願《だいせいがん》を示《しめ》されるとともに、末法の法華経の行者《ぎょうじゃ》の実践《じっせん》に具《そな》わる功徳《くどく》（転重軽受《てんじゅうきょうじゅ》と一生成仏《いっしょうじょうぶつ》）と折伏《しゃくぶく》の意義（末法の時に適《かな》った慈悲《じひ》の実践）を教えられて不退転《ふたいてん》を勧《すす》められている。

最後に、この慈悲《じひ》の実践《じっせん》のゆえに、大聖人こそ末法《まっぽう》の人々を救済《きゅうさい》する「末法の主師親《しゅししん》」であると示《しめ》して、本抄を結ばれている。

◆池田SGI会長の『開目抄講義』から

まさに、大聖人は、全人類の柱《はしら》です。一切衆生《いっさいしゅじょう》が仏性《ぶっしょう》を開いていけるのは、日蓮大聖人の発《ほっ》迹顕本《しゃくけんぽん》のおかげだからです。

この点にこそ「日蓮によりて《依》日本国の有無《うむ》はあるべし」「日蓮は日本の人の魂《たましい》なり」（御書919ジ）と仰《おお》せの最《もっと》も深い意義があると拝《はい》せられます。

「開目《かいもく》」とは、このように「大聖人に目を開け」と呼びかけられているのです。

一貫《いっかん》して拝《はい》することができる「大聖人に目を開け」という呼びかけが、実は人間・民衆への深い信頼の上に成《な》り立《た》っていることを意味しているのです。

◇

そこで私は、本抄の「開目《かいもく》」の意義として「大聖人に目を開け」の呼びかけとともに、「人間に目を開け」「民衆に目を開け」との熱《あつ》い呼びかけがあることを明言しておきたいと思います。

結論して言えば、「開目抄《かいもくしょう》」を拝《はい》することは、日蓮大聖人を末法《まっぽう》の成仏《じょうぶつ》の「手本《てほん》」とし、成仏の道を確立した「末法の教主《きょうしゅ》」として正《ただ》しく拝することにほかならない。また、文底《もんてい》の民衆仏法の眼《まなこ》から拝せば、「開目抄」を拝することは、「人間への信頼」に立つことであると言えます。

そう拝《はい》した時、「開目抄《かいもくしょう》」を真に正《ただ》しく拝読《はいどく》した者がいずこにいるのか。あらためて、戸田先生の慧眼《けいがん》が光を放《はな》つと言えるでしょう。

恩師戸田先生の次の一節を紹介しておきたい。

「私が大聖人様の御書を拝読《はいどく》したてまつるにさいしては、大聖人様のおことばの語句をわかろうとするよりは、御仏《みほとけ》の偉大なるご慈悲《じひ》、偉大なる確信、熱烈《ねつれつ》なる大衆救護《くご》のご精神、ひたぶるな広宣流布への尊厳《そんげん》なる意気にふれんことをねがうものである。

私の胸には御書を拝読《はいどく》するたびに、真夏の昼の太陽のごとき赫々《かっかく》たるお心がつきさされてくるのである。熱鉄の巨大なる鉄丸《てつがん》が胸いっぱいに押しつめられた感じであり、ときには、熱湯《ねっとう》のふき上がる思いをなし、大瀑布《だいばくふ》が地をもゆるがして、自分の身の上にふりそそがれる思いもするのである」(「謹《つつし》んで開目抄《かいもくしょう》の一節を拝したてまつる」、『戸田城聖全集 3』)

この戸田先生の拝読《はいどく》の御精神《ごせいしん》こそが、創価学会の御書拝読の永遠の指針《ししん》であると確信する。

御書を拝《はい》することとは、民衆救済の大慈悲《だいじひ》と哲理《てつり》に触《ふ》れることであり、日蓮大聖人の広宣流布の御精神《ごせいしん》に浴《よく》することに通《つう》じます。

私たちも、地涌《じゆ》の勇者として、全人類の無明《むみょう》の目を開き、万人《ばんにん》の仏性《ぶっしょう》を開く「開目《かいもく》の連帯」を築《きず》いていきたい。今、世界中で、日蓮大聖人の人間主義の仏法を待望《たいぼう》しています。私たちの平和と文化と教育の大運動を見つめています。

第1段　三徳《さんとく》の標示《ひょうじ》　（186ページ1行目）

夫《そ》れ一切衆生《いっさいしゅじょう》の尊敬すべき者三《ものみつ》あり所謂《いわゆる》主《しゅ》師《し》親《しん》これなり、又《また》習学《しゅうがく》すべき物三《ものみつ》あり、所謂《いわゆる》儒《じゅ》外《げ》内《ない》これなり。

通解

あらゆる人々が尊敬すべきものが三つある。それは主《しゅ》と師《し》と親《しん》である。

また、習《なら》い学ぶべきものが三つある。それは儒教《じゅきょう》などの中国の諸教と、外道《げどう》（仏教以外の古代インド諸思想）と内道《ないどう》（仏教）である。

解説

本抄の主題である「主師親《しゅししん》の三徳《さんとく》」を標示《ひょうじ》し、儒家《じゅか》・外道《げどう》・内道《ないどう》を「習学《しゅうがく》すべき物」として挙《あ》げられている。

誰もが尊敬すべき主師親《しゅししん》

冒頭《ぼうとう》で標示《ひょうじ》されている「主師親《しゅししん》の三徳《さんとく》」が、まさに「開目抄《かいもくしょう》」全体を貫《つらぬ》くテーマである。

「主《しゅ》の徳《とく》」は人々を守る力《ちから》・働き。「師《し》の徳」は人々を導《みちび》き、教化《きょうけ》する力・働き。「親《おや》の徳」は人々を育て、慈《いつく》しむ力・働きをいう。

また、誰もが学ぶべきものとして、儒教《じゅきょう》・道教《どうきょう》などの中国の諸思想、外道《げどう》（仏教以外の古代インド諸思想）、内道《ないどう》（仏教）を挙《あ》げられている。これらは、当時の日本人に知られていた有力な思想・宗教のすべてであった。

本抄で日蓮大聖人は、それぞれの教えを論じられ、一応の結論として、成仏《じょうぶつ》の因果《いんが》を覚《さと》り、生死《しょうじ》の苦しみを超える道を明かした内道《ないどう》の釈尊《しゃくそん》こそ、真《しん》の主師親《しゅししん》であることを述べられる。

さらに、内道《ないどう》の中でも法華経本門《ほんもん》の文底《もんてい》に秘沈《ひちん》された仏種《ぶっしゅ》である大法《だいほう》によって一切衆生《いっさいしゅじょう》を最《もっと》も本源から救《すく》い守っていく末法下種《まっぽうげしゅ》の三徳《さんとく》を明らかにされ、この三徳を体現されているのが大聖人御自身《ごじしん》であり、大聖人こそ末法の御本仏《ごほんぶつ》であることを結論されていくのである。

第2段から第3段の大意

第2段「中国思想の三徳《さんとく》」（186ペ-ジ2行目～187ペ-ジ7行目）では、儒家《じゅか》などの中国の諸思想において、優《すぐ》れた人物を挙《あ》げるとともに、その教えの内容がどのようなものかを検討されている。その教えは今世《こんぜ》に限られていて、三世《さんぜ》にわたる生命観《せいめいかん》を欠《か》くため、永遠の真の幸福は得られないという限界を示《しめ》されている。その一方、これらの教えは「仏法の初門《しょもん》」であるとされ、仏教が広まるための導入《どうにゅう》の意味をもっていたことを明かされている。

第3段「インド思想の三徳《さんとく》」（187ペ-ジ8行目～188ペ-ジ5行目）では、バラモン教などの外道《げどう》において、一応、業《ごう》や輪廻《りんね》を説《と》いて三世《さんぜ》の生命観《せいめいかん》を立ててはいるが、幸《こう》・不幸《ふこう》を決定する生命の因果《いんが》については正《ただ》しく説き明かしていないことを示《しめ》されている。その結果、輪廻の生死《しょうじ》の苦悩からは脱出できないと指摘されている。

また一方で、「外道《げどう》の所詮《しょせん》は内道《ないどう》に入《い》る即最要《そくさいよう》なり」（御書188ペ-ジ）と述べられ、これらの思想・哲学が仏教へ至《いた》る入《い》り口《ぐち》となっていることを指摘されている。

第4段　内外相対《ないげそうたい》（仏教と諸思想の比較《ひかく》）

（188ページ6行目〜13行目）

三には大覚世尊《だいかくせそん》は此一切衆生《これいっさいしゅじょう》の大導師《だいどうし》・大眼目《だいがんもく》・大橋梁《だいきょうりょう》・大船師《だいせんし》・大福田《だいふくでん》等なり、

外典《げてん》・外道《げどう》の四聖《しせい》・三仙《さんせん》其《そ》の名《な》は聖《しょう》なりといえども実《じつ》には三惑未断《さんなくみだん》の凡夫《ぼんぷ》・其《そ》の名《な》は賢《けん》なりといえども実《じつ》に因果《いんが》を弁《わきまえ》ざる事嬰児《ことえいじ》のごとし、彼を船《ふね》として生死《しょうじ》の大海《たいかい》をわたるべしや彼を橋《はし》として六道《ろくどう》の巷《ちまた》こゑがたし我《わ》が大師《だいし》は変易《へんにゃく》・猶《な》を・わたり給《たま》へり況《いわん》や分段《ぶんだん》の生死《しょうじ》をや元品《がんぽん》の無明《むみょう》の根本猶《こんぽんな》を・かたぶけ給《たま》へり況《いわん》や見思枝葉《けんじしよう》の麤惑《そわく》をや、

此《こ》の仏陀《ぶっだ》は三十成道《じょうどう》より八十御入滅《ごにゅうめつ》にいたるまで五十年が間《あいだ》・一代《いちだい》の聖《しょう》

教《ぎょう》を説《と》き給《たま》へり、一字一句《いちじいっく》・皆真言《みなしんごん》なり一文一偈《いちもんいちげ》・妄語《もうご》にあらず外典《げてん》・外道《げどう》の中の聖賢《しょうけん》の言《ことば》すらいうこと・あやまりなし事《こと》と心と相符《あいあ》へり況《いわん》や仏陀《ぶつだ》は無量曠劫《むりょうこうごう》よりの不妄語《ふもうご》の人・されば一代《いちだい》・五十余年《よねん》の説教《せっきょう》は外典外道《げてんげどう》に対《たい》すれば大乗《だいじょう》なり大人《だいにん》の実語《じつご》なるべし、初成道《しょじょうどう》の始《はじめ》より泥洹《ないおん》の夕《ゆうべ》にいたるまで説《と》くところの所説《しょせつ》・皆真実《みなしんじつ》なり。

通解

第三に大覚世尊《だいかくせそん》（釈尊《しゃくそん》）は一切衆生《いっさいしゅじょう》の偉大な導師《どうし》、偉大な眼目《がんもく》、偉大な橋、偉大な舵取《かじと》り、偉大な福徳《ふくとく》の田畑《たはた》などである。

中国思想の四聖《しせい》（尹寿《いんじゅ》・務成《むせい》・太公望《たいこうぼう》・老子《ろうし》）や、インド思想の三仙《さんせん》（迦毘羅《かびら》・漚楼僧佉《うるそうぎゃ》・勒《ろく》娑婆《しゃば》）は、聖人《しょうにん》と呼ばれてはいても、実際には見思惑《けんじわく》・塵沙惑《じんじゃわく》・無明惑《むみょうわく》という三惑《さんわく》のうち一つさえ断ち切っていない迷《まよ》いの凡夫《ぼんぷ》である。また、賢人《けんじん》といっても、実は幸《こう》・不幸《ふこう》の因果《いんが》の道理を知らないことは、まるで赤子《あかご》のようなものである。

そのような聖人《しょうにん》・賢人《けんじん》を船と頼《たの》んで、この迷《まよ》いと苦悩の生死《しょうじ》の大海《たいかい》を渡《わた》ることができようか。彼らを橋として六道《ろくどう》の悪路《あくろ》をこえることは難《むずか》しい。

それに対して、わが釈迦仏《しゃかぶつ》は、変易《へんにゃく》の生死《しょうじ》（二乗《にじょう》や菩薩《ぼさつ》などの迷《まよ》いの生死）を超えられた方である。まして分段の生死（六道《ろくどう》を輪廻《りんね》する凡夫《ぼんぶ》の生死）を超えているのはもちろんである。

生命《せいめい》に本来、具《そな》わっている元品《がんぽん》の無明《むみょう》（根本の迷《まよ》い）をも断ち切られている。

まして見惑《けんわく》・思惑《しわく》など枝葉《えだは》の迷《まよ》いを断たれているのは言うまでもない。

この釈迦仏《しゃかぶつ》は、三十歳で成道《じょうどう》されてから八十歳で入滅《にゅうめつ》されるまで、五十年間にさまざまな教えを説《と》かれた。

その一字一句《いちじいっく》は皆、真実の言葉であり、一文一偈《いちもんいちげ》として偽《いつわ》りの語はない。

外典《げてん》や外道《げどう》のなかの聖人《しょうにん》・賢人《けんじん》の言葉ですら、その言っていることに誤《あやま》りはなく、事《こと》（言動）と心が一致《いっち》している。

まして仏陀《ぶっだ》は無量曠劫《むりょうこうごう》というはるか遠い昔《むかし》から、うそ偽《いつわ》りの言葉を言われなかった方である。

ゆえに、その一代《いちだい》五十余年《よねん》の説教《せっきょう》は、外典《げてん》や外道《げどう》に対すれば、すべて大乗《だいじょう》であり、偉大な人（大人《だいにん》）の真実の言葉なのである。三十歳での成道《じょうどう》の初《はじ》めから、釈尊《しゃくそん》最後の説《せっ》法《ぽう》の時に至《いた》るまで、説《と》く法は皆、真実なのである。

語訳

【六道《ろくどう》の巷《ちまた》】地獄《じごく》・餓鬼《がき》・畜生《ちくしょう》・修羅《しゅら》・人《にん》・天《てん》の六つの境涯《きょうがい》を輪廻《りんね》する迷《まよ》いの世界。

【変易《へんにゃく》】二乗《にじょう》・菩薩《ぼさつ》など部分的な覚《さと》りを得た者の、苦しみ・迷《まよ》いの生死《しょうじ》のこと。煩悩《ぼんのう》の一部を断じて業《ごう》の報《むく》いから自由になり、自在《じざい》に形を変えて生死を示《しめ》すことができるものの、部分的な覚りに執着《しゅうちゃく》するため、迷いの境涯《きょうがい》にとどまる。

【分段の生死《しょうじ》】凡夫《ぼんぷ》の苦しみと迷《まよ》いに満《み》ちた生死。六道《ろくどう》に輪廻《りんね》する凡夫の寿命《じゅみょう》が、おのおのの過去世《かこせ》の業《ごう》の報《むく》いによって分かれ、その形態に段階的な違いがあるので分段という。

【元品《がんぽん》の無明《むみょう》】生命《せいめい》の根源的な無知《むち》。究極《きゅうきょく》の真実を明かした妙法を信じられず理解できない愚《おろ》かさ。また、その無知から起こる暗い衝動《しょうどう》。

解説

第2段、第3段で論及《ろんきゅう》された中国・インドの諸思想の主師親《しゅししん》に対し、内道《ないどう》である仏教の大覚世尊《だいかくせそん》（釈尊《しゃくそん》）こそが真の主師親の三徳《さんとく》を具《そな》えていて、本当に尊敬すべき人であることを明かされる。

それとともに、その説《と》いた教法《きょうほう》が真実であり、本当に学ぶべきものであることを示《しめ》す。

釈尊《しゃくそん》こそが尊敬すべき人

因果《いんが》を正《ただ》しくわきまえない外典《げてん》・外道《げどう》の教えでは、人々の苦悩を救《すく》えないのに対して、大覚世尊《だいかくせそん》、すなわち釈尊《しゃくそん》こそ「一切衆生《いっさいしゅじょう》の大導師《だいどうし》・大眼目《だいがんもく》・大橋梁《だいきょうりょう》・大船師《だいせんし》・大福田《だいふくでん》」であると仰《おお》せになっている。

この仏に比《くら》べると、外典《げてん》・外道《げどう》の四聖《しせい》・三仙《さんせん》などは、その境涯《きょうがい》は「三惑未断《さんわくみだん》の凡夫《ぼんぷ》」であり、その智慧《ちえ》は「因果《いんが》を弁《わきまえ》ざる事嬰児《ことえいじ》のごとし」である。

それゆえ、彼らを師としては、衆生《しゅじょう》は「生死《しょうじ》の大海《たいかい》」を渡《わた》ることも、「六道《ろくどう》の巷《ちまた》」を超えることもできないと断じられている。

「三惑《さんわく》」とは、天台大師《てんだいだいし》が一切《いっさい》の煩悩《ぼんのう》を三種に立て分けたもので、見思惑《けんじわく》とは、三界六道《さんがいろくどう》の苦果《くか》を招《まね》く見惑《けんわく》（真理に対する無知《むち》・邪見《じゃけん》など知的・思想的な迷《まよ》い）と思惑《しわく》（貪《むさぼ》り・瞋《いか》りなど情動的《じょうどうてき》な迷い）。塵沙惑《じんじゃわく》とは、大乗《だいじょう》の菩薩《ぼさつ》が他を救済《きゅうさい》・化導《けどう》する時に知るべき無数《むすう》の法門を知らないために直面する具体的な種々《しゅじゅ》の迷い。無明惑《むみょうわく》とは、中道法性《ちゅうどうほっしょう》の覚《さと》りを妨《さまた》げる迷いで、根源的な無知であり、一切の煩悩の根本となる。

「三惑未断《さんわくみだん》の凡夫《ぼんぷ》」とは、この三惑をまだ断じていない凡夫のこと。外典《げてん》・外道《げどう》の師は、この三惑という人生の苦《く》をもたらす根本原因である煩悩《ぼんのう》を断じていないので、人々の苦を救《すく》う師たりえない。

仏法こそ幸福への真実の教え

続いて、三十歳での成道《じょうどう》より八十歳での入滅《にゅうめつ》までの釈尊《しゃくそん》の一代《いちだい》にわたる教えは、ことごとく「真言《しんごん》（真実の言葉）」であり、「妄語《もうご》（うそ偽《いつわ》りの言葉）」ではない、と総括《そうかつ》される。

次に、外道《げどう》の聖人《しょうにん》・賢人《けんじん》の言葉ですら、「事《こと》」と「心」、すなわち言動と心が一致《いっち》しているので誤《あやま》りはないと言われるのであるから、まして、無量曠劫《むりょうこうごう》から「不妄語《ふもうご》」を実践《じっせん》してきた釈尊《しゃくそん》の言葉は、外典《げてん》・外道に対すれば「大乗《だいじょう》」であり「大人《だいにん》の実語《じつご》」であると仰《おお》せである。

「大乗《だいじょう》」とは、大きな乗り物のことであり、多くの衆生《しゅじょう》を覚《さと》りへと導《みちび》き救《すく》える教えを表《あらわ》す。「大人《だいにん》の実語《じつご》」とは、先に、外道《げどう》・外典《げてん》の諸師《しょし》について「嬰児《えいじ》のごとし」と言われたのに対応して、境涯《きょうがい》も広大深遠《こうだいじんのん》で智慧《ちえ》も無量無辺《むりょうむへん》の釈尊《しゃくそん》を「大人《だいにん》」といわれ、一代《いちだい》の教法《きょうほう》は、すべて衆生《しゅじょう》を救《すく》うための真実を説《と》いた言葉であるため「実語《じつご》」とされるのである。

したがって、釈尊《しゃくそん》の教説《きょうせつ》は「真言《しんごん》」「不妄語《ふもうご》」であり、「大乗《だいじょう》」「大人《だいにん》の実語《じつご》」であって一代《いちだい》の教えはすべて真実である、と結論されている。

第5段　権実相対《ごんじつそうたい》（権経《ごんきょう》と法華経の比較《ひかく》）

（188ジペ―14行目～18行目）

但《ただ》し仏教に入《いっ》て五十余年《よねん》の経経《きょうぎょう》・八万法蔵《はちまんほうぞう》を勘《かんが》えたるに小乗《しょうじょう》あり大乗《だいじょう》あり権経《ごんきょう》あり実経《じっきょう》あり顕教《けんきょう》・密教《みっきょう》・輭語《なんご》・麤語《そご》・実語《じつご》・妄語《もうご》・正見《しょうけん》・邪見《じゃけん》等の種種《しゅじゅ》の差別《さべつ》あり、

但《ただ》し法華経計《ばか》り教主釈尊《きょうしゅしゃくそん》の正言《しょうごん》なり三世《さんぜ》・十方《じっぽう》の諸仏《しょぶつ》の真言《しんごん》なり、大覚世尊《だいかくせそん》は四十余年《しじゅうよねん》の年限《ねんげん》を指《さ》して其《そ》の内《うち》の恒河《ごうが》の諸経《しょきょう》を未顕真実《みけんしんじつ》・八年の法華《ほっけ》は要当説真実《ようとうせつしんじつ》と定《さだ》め給《たまい》しかば多宝仏《たほうぶつ》・大地より出現して皆是真実《かいぜしんじつ》と証明《しょうみょう》す、分身《ふんじん》の諸仏《しょぶつ》・来集《らいじゅう》して長舌《ちょうぜつ》を梵天《ぼんてん》に付《つ》く此《こ》の言赫赫《げんかくかく》たり明明《めいめい》たり晴天《せいてん》の日よりも・あきらかに夜中の満月のごとし仰《あお》いで信ぜよ伏《ふ》して懐《おも》うべし。

通解

ただし、仏教の中に入って、五十年余《あま》りの間《あいだ》に説《と》かれた経々《きょうぎょう》、すなわち八万法蔵《はちまんほうぞう》といわれる数多《かずおお》くの経について考えてみると、その中に小乗経《しょうじょうきょう》もあり、大乗経《だいじょうきょう》もある（大小相対《そうたい》）。

大乗経《だいじょうきょう》の中でも、真実の教えを説《と》くための方便《ほうべん》として仮《かり》に説かれた権経《ごんきょう》もあり、真実を明かした実経《じっきょう》もある（権実相対《ごんじつそうたい》）。

衆生《しゅじょう》の機根《きこん》に応《おう》じて真意をはっきりと言葉で説《と》いた顕教《けんきょう》と仏《ほとけ》の真意を秘密にして説かれた密教《みっきょう》、あるいは意を尽《つ》くした語（輭語《なんご》）と粗雑《そざつ》で意を尽《つ》くさない語（麤語《そご》）、また、真実の言葉（実語《じつご》）と偽《いつわ》りの言葉（妄語《もうご》）、正《ただ》しい見方《みかた》（正見《しょうけん》）と誤《あやま》った見方（邪見《じゃけん》）等々、種々《しゅじゅ》の違いがある。

こうしたなかで法華経だけが教主釈尊《きょうしゅしゃくそん》の正《ただ》しい真実の言葉であり、三世《さんぜ》・十方《じっぽう》、すなわち全宇宙の一切《いっさい》の仏のまことの言説《げんせつ》である。

釈尊《しゃくそん》は法華経以前の四十年余《あま》りという年限《ねんげん》を指《さ》して、その期間に説《と》かれた数多《かずおお》くの経々《きょうぎょう》を無量義経《むりょうぎきょう》で「いまだ真実を顕《あらわ》さず」と述べられ、最後の八年間に説いた法華経において「要《かなら》ず当《まさ》に真実を説くべし」（方便品《ほうべんぼん》）と定《さだ》めたところ、多宝仏《たほうぶつ》は大地から出現して「釈尊《しゃくそん》の説法《せっぽう》は皆これ真実である」（宝塔品《ほうとうほん》）と保証《ほしょう》した。

さらに分身《ふんじん》の諸仏《しょぶつ》は十方《じっぽう》の世界から集まりきたって、長舌《ちょうぜつ》を梵天《ぼんてん》につけ、法華経が真実であることを保証《ほしょう》した。

この「法華経が真実である」などの言葉は光り輝《かがや》いて、晴天《せいてん》の太陽よりも明らかであり、夜中の満月のようにはっきりしている。仰《あお》いで信じ、伏《ふ》して思うべきである。

語訳

【三世《さんぜ》・十方《じっぽう》】三世とは過去・現在・未来。十方とは東・西・南・北・東南・西南・西北・東北・上・下。

【未顕真実《みけんしんじつ》】法華経の開経《かいきょう》（導入《どうにゅう》部分に相当する経）である無量義経《むりょうぎきょう》の説法品《せっぽうほん》第2に「四十余年《しじゅうよねん》には未《いま》だ真実を顕《あらわ》さず」（法華経29ジペー）とある。

【要当説真実《ようとうせつしんじつ》】法華経方便品《ほうべんぼん》第2に「世尊《せそん》は法久《ひさ》しくして後《のち》　要《かなら》ず当《まさ》に真実を説《と》きたまうべし」（法華経111ジペー）とある。

【多宝仏《たほうぶつ》】多宝如来《にょらい》のこと。法華経見宝塔品《けんほうとうほん》第11に説《と》かれる仏。東方《とうほう》の宝浄《ほうじょう》世界から法華経の会座《えざ》に出現して法華経の教えが「皆是《かいぜ》真実（皆《みな》是《こ》れ真実なり）」（法華経373ジペー）と保証《ほしょう》し、釈迦《しゃか》如来を招《まね》き入《い》れて並《なら》んで座《すわ》り（二仏並坐《にぶつびょうざ》）、虚空会《こくうえ》の儀式《ぎしき》の中心となった。

解説

ここでは釈尊《しゃくそん》の教えの中でも、大きく大乗経《だいじょうきょう》と小乗経《しょうじょうきょう》の違いがあり、大乗経の中でも真実の教え（実教《じっきょう》）と真実を明かすための仮《かり》（方便《ほうべん》）の教え（権教《ごんきょう》）の違いがあることを示《しめ》される。

そして、法華経こそが、釈尊《しゃくそん》自身、また多宝如来《たほうにょらい》、十方《じっぽう》の分身《ふんじん》の諸仏《しょぶつ》が真実と定《さだ》めた教えであることを明かされる。

第6段　法華経の文底《もんてい》の真実の教え

（189ページ1行目～3行目）

但《ただ》し此《こ》の経に二箇《にか》の大事あり

倶舎宗《ぐしゃしゅう》・成実宗《じょうじつしゅう》・律宗《りっしゅう》・法相宗《ほっそうしゅう》・三論宗《さんろんしゅう》等は名《な》をもしらず華厳宗《けごんしゅう》と真言《しんごん》宗《しゅう》との二宗《にしゅう》は偸《ひそか》に盗《ぬす》んで自宗《じしゅう》の骨目《こつもく》とせり、

一念三千《いちねんさんぜん》の法門は但《ただ》法華経の本門《ほんもん》・寿量品《じゅりょうほん》の文《もん》の底《そこ》にしづめたり、

竜樹《りゅうじゅ》・天親《てんじん》・知ってしかも・いまだ・ひろ《拾》いいだ《出》さず但我《ただわ》が天台智者《てんだいちしゃ》のみこれをいだ《懐》けり。

通解

ただし、この法華経に二つの大事な法門（迹門理《しゃくもんり》の一念三千《いちねんさんぜん》と本門事《ほんもんじ》の一念三千）がある。倶舎宗《くしゃしゅう》・成実宗《じょうじつしゅう》・律宗《りっしゅう》・法相宗《ほっそうしゅう》・三論宗《さんろんしゅう》などは、一念三千《いちねんさんぜん》の名《な》さえ知らない。華厳宗《けごんしゅう》と真言宗《しんごんしゅう》との二宗《にしゅう》は、一念三千の法門をひそかに盗《ぬす》んで自宗《じしゅう》の教義《きょうぎ》の骨格《こっかく》とし、眼目《がんもく》としている。

この一念三千《いちねんさんぜん》の法門は、ただ法華経の本門《ほんもん》寿量品《じゅりょうほん》の文《もん》の底《そこ》に沈《しず》められているのである。

正法《しょうほう》時代の竜樹《りゅうじゅ》や天親《てんじん》は、一念三千《いちねんさんぜん》の法門が法華経に秘《ひ》められていることは知っていたが、それを拾《ひろ》い出《だ》して説《と》くことはせず、ただ像法《ぞうほう》時代の正師《しょうし》であった中国のわが天台智者《てんだいちしゃ》大師《だいし》だけが、これを心の中に懐《いだ》いていたのである。

語訳

【竜樹《りゅうじゅ》】 サンスクリットの「ナーガールジュナ」の意訳。二、三世紀の南インド出身の大論師《だいろんじ》。大乗経《だいじょうきょう》典《てん》を注釈《ちゅうしゃく》し、「空《くう》」の思想を大成《たいせい》した。

【天親《てんじん》】サンスクリットの「ヴァスバンドゥ」の意訳。世親《せしん》とも訳《やく》す。四、五世紀のインド出身で、「千部の論師《ろんじ》」といわれる。最初は、小乗《しょうじょう》の教えを信じ『倶舎論《くしゃろん》』などを著《あらわ》したが、後に兄の無著《むじゃく》（アサンガ）に破折《はしゃく》され大乗《だいじょう》に帰依《きえ》し、唯識《ゆいしき》の思想を大成《たいせい》した。法華経の注釈書《ちゅうしゃくしょ》である『妙法蓮華経憂波提《うばだい》舎《しゃ》』を著した。

【天台智者《てんだいちしゃ》】中国の陳《ちん》・隋《ずい》（六世紀）の人。天台大師《だいし》のこと。智者大師ともいう。名は智顗《ちぎ》。像法《ぞうほう》時代の正師《しょうし》。中国天台宗《てんだいしゅう》の大成者《たいせいしゃ》。『摩訶止観《まかしかん》』『法華玄義《ほっけげんぎ》』『法華文句《もんぐ》』の天台三大部（法華三大部）などを残した。

解説

釈尊《しゃくそん》の一代《いちだい》の教えの中で唯一《ゆいいつ》の真実の法華経について、その中でも本門寿量品《ほんもんじゅりょうほん》の「文《もん》の底《そこ》」にこそ、成仏《じょうぶつ》の根本法である「一念三千《いちねんさんぜん》」が説《と》かれていることを明かされる。「一念三千の法門は……これをいだ《懐》けり」の御文は、本抄全体のなかでも極《きわ》めて重要な御文である。

一念三千《いちねんさんぜん》を明かして諸宗との違いを明らかにする

第6段は、一切衆生《いっさいしゅじょう》の即身成仏《そくしんじょうぶつ》の原理である「一念三千《いちねんさんぜん》の法門」が法華経本門寿量品《ほんもんじゅりょうほん》の文底《もんてい》にのみ秘沈《ひちん》されていることを示《しめ》されている。

「一念三千《いちねんさんぜん》」とは、法華経に説《と》かれている、一切衆生《いっさいしゅじょう》の成仏《じょうぶつ》の原理を、中国の天台大師《てんだいだいし》が『摩《ま》訶止観《かしかん》』の中で、実践《じっせん》のために体系化して説明した法門である。大聖人は成仏の根本因《こんぽんいん》となる法とされ、「仏種《ぶっしゅ》」と位置づけられている。

法華経に説《と》かれる「二箇《にか》の大事」とは、迹門《しゃくもん》の諸法実相《しょほうじっそう》・十如是《じゅうにょぜ》や二乗作仏《にじょうさぶつ》によって示《しめ》された「迹門理《り》の一念三千《いちねんさんぜん》」と、本門《ほんもん》の久遠実成《くおんじつじょう》によって指《さ》し示された「本門事《じ》の一念三千」である。

そして、当時の日本の七つの宗派《しゅうは》を取り上げられている。この「一念三千《いちねんさんぜん》」について、まず、倶舎宗《くしゃしゅう》・成実宗《じょうじつしゅう》・律宗《りっしゅう》・法相宗《ほっそうしゅう》・三論宗《さんろんしゅう》などは、一念三千という名前さえも知らない。そして天台大師《てんだいだいし》以降に成立《せいりつ》した華厳宗《けごんしゅう》と真言宗《しんごんしゅう》の二宗《にしゅう》は、この一念三千の法理を、ひそかに盗《ぬす》み入《い》れて自宗《じしゅう》の教義《きょうぎ》としている、と指摘されている。

「盗《ぬす》み入《い》れた」と言われているのは、自宗《じしゅう》の依経《えきょう》（根本とする経典）によっては成《な》り立《た》ち得《え》ない一念三千《いちねんさんぜん》の法理を、自宗の依経にも説《と》かれているとし、自宗の教義《きょうぎ》として取り入れていることを指摘されているのである。

文底《もんてい》の一念三千《いちねんさんぜん》は末法《まっぽう》で初めて流布《るふ》

「一念三千《いちねんさんぜん》の法門は但《ただ》法華経の本門《ほんもん》・寿量品《じゅりょうほん》の文《もん》の底《そこ》にしづめたり」との御文は、成仏《じょうぶつ》の法である真の一念三千が法華経の本門寿量品の文の底に秘沈《ひちん》されていることを示《しめ》している。

ここで「但《ただ》法華経」の「但《ただ》」の字は「但《ただ》法華経」「但本門《ただほんもん》・寿量品《じゅりょうほん》」「但文《ただもん》の底《そこ》」と三重《さんじゅう》に冠《かん》して読むことができる。

これを図示《ずし》すれば次《つぎ》のようになる。

「但《ただ》法華経」…………権実相対《ごんじつそうたい》
「但本門《ただほんもん》・寿量品《じゅりょうほん》」…本迹相対《ほんじゃくそうたい》
「但文《ただもん》の底《そこ》」…………種脱相対《しゅだつそうたい》

法華経は一経であるが、その説《と》かれた法門の深さによって、迹門《しゃくもん》・本門《ほんもん》・文底《もんてい》という三つの違いがあるのである。

さらに、この迹門《しゃくもん》・本門《ほんもん》・文底《もんてい》のそれぞれに応《おう》じて「一念三千《いちねんさんぜん》の法門」にも、迹門の理《り》の一念三千、本門の事《じ》の一念三千、文底の事の一念三千の相違《そうい》があることを示《しめ》す。寿量品《じゅりょうほん》の文底《もんてい》に秘沈《ひちん》された真の一念三千《いちねんさんぜん》こそ、成仏《じょうぶつ》の究極の法である。

したがって、この大法《だいほう》は、正法《しょうほう》時代の竜樹《りゅうじゅ》・天親《てんじん》、像法《ぞうほう》時代の天台大師《てんだいだいし》らは、心の中では知っていたが、弘《ひろ》めることはしなかったのである。

このように、正像未弘《しょうぞうみぐ》（正法《しょうほう》・像法《ぞうほう》にいまだ弘《ひろ》まっていないこと）を述べられているのは、末法《まっぽう》流布《るふ》すなわち末法に初《はじ》めて流布されることを示《しめ》されるためである。

このことはなかんずく、末法《まっぽう》に出現してこの究極の法を説《と》くべき教主《きょうしゅ》を明かすことを本抄の眼目《がんもく》とされたからであると拝《はい》される。

◆池田SGI会長の『開目抄講義』から

永遠的なもの、絶対的なものを人間のなかに見て、人間生命を輝《かがや》かせていくことを願《ねが》う精神が宗教的精神です。

大聖人の文底《もんてい》仏法は、その宗教的精神のままに立てられた教えなのです。

戸田先生は言われました。

「全人類を仏の境涯《きょうがい》、すなわち、最高の人格価値の顕現《けんげん》においたなら、世界に戦争もなければ飢餓《きが》もありませぬ。疾病《しっぺい》もなければ、貧困《ひんこん》もありませぬ。全人類を仏にする、全人類の人格を最高価値のものとする。これが『如来《にょらい》の事《じ》』を行《ぎょう》ずることであります」(『戸田城聖全集 1』)

戸田先生のこの言葉の通り、学会は大聖人に直結し、宗教的精神を大きく発揮して、「民衆仏法」「人間主義の宗教」を世界に広げてきたのです。

第7段から第15段の大意

第7段「一念三千《いちねんさんぜん》を説《と》かない諸宗を除《のぞ》く」（189ページ4行目～17行目）では、冒頭《ぼうとう》に「一念三千は十界互具《じっかいごぐ》よりことはじまれり」（御書189ページ）と、一念三千は、法華経に説かれる十界互具が最大の要件《ようけん》であることを示《しめ》される。そして、法華経に基《もと》づかない諸宗は、あるものは十界互具すら知らない。それにもかかわらず、諸宗が成仏《じょうぶつ》を説くのは、法華経に基づいて一念三千を説いた天台大師《てんだいだいし》の教えを盗《ぬす》み取ったものであると厳しく糾弾《きゅうだん》されている。

第8段「中国に仏法が伝来《でんらい》」（189ページ18行目～190ページ7行目）では、中国における仏教史を簡潔《かんけつ》に示《しめ》されている。

中国に種々《しゅじゅ》の経典が雑然《ざつぜん》と伝わったために混乱が生《しょう》じ、南北朝《なんぼくちょう》時代には「南三北七《なんさんほくしち》」と呼ばれる諸宗が生まれた。天台大師《てんだいだいし》が登場して、諸経典を吟味《ぎんみ》して位置づけ、法華経こそが最高の経典であることを明らかにし、混乱を収拾《しゅうしゅう》した。しかし、その後に伝わった法相宗《ほっそうしゅう》・華厳宗《けごんしゅう》・真言宗《しんごんしゅう》によって、仏法は再び混乱した。

第9段「日本に仏法が伝来《でんらい》」（190ページ8行目〜17行目）では、日本の仏教史を略述《りゃくじゅつ》されている。

奈良《なら》時代までに華厳宗《けごんしゅう》などの南都六宗《なんとろくしゅう》が伝来したが、それらの有力諸宗では争《あらそ》いが続いていた。平安《へいあん》時代の初《はじ》めに伝教大師《でんぎょうだいし》（最澄《さいちょう》）が登場し、法華経が最《もっと》も優《すぐ》れていること、また真言宗《しんごんしゅう》が法華経の法理を盗《ぬす》み取ったことを明らかにし、その争いを収拾《しゅうしゅう》した。

ところが、末法《まっぽう》が近くなっていて、人々の智慧《ちえ》が劣《おと》る時代になっていたので、伝教大師《でんぎょうだいし》が確立した法華経第一の天台宗《てんだいしゅう》の正《ただ》しい法義《ほうぎ》が伝《つた》えられなくなり、他宗《たしゅう》の勢力《せいりょく》が拡大していった。そのうえ、新興《しんこう》の浄土宗《じょうどしゅう》（念仏《ねんぶつ》）や禅宗《ぜんしゅう》などの教えよりも劣勢《れっせい》となり、最初は信徒《しんと》、最後には高僧《こうそう》までが諸宗に移《うつ》ってしまった。その結果、諸天善神《しょてんぜんじん》も正法《しょうほう》の功徳《くどく》（法味《ほうみ》）を得られず、国を去《さ》り、悪鬼《あっき》・魔神《まじん》が入り込み、国土《こくど》が乱《みだ》れた。

第10段「権迹相対《ごんしゃくそうたい》（諸経と法華経迹門《しゃくもん》の比較《ひかく》）」（190ページ18行目〜191ページ1行目）以降、法華経とそれ以外の権経《ごんきょう》の比較が行われる。

まず第10段では、諸経と法華経の大きな違いとして、法華経迹門《しゃくもん》で説《と》かれる二乗作仏《にじょうさぶつ》と本門《ほんもん》で説かれる久遠実成《くおんじつじょう》の二点が指摘される。（次《つ》いで、第11段からは、まず二乗作仏を取り上げ、詳《くわ》しく説明されていく。それゆえ、この第10段から権迹相対《ごんしゃくそうたい》と位置づけられる。なお、久遠実成については、

第15段以降、迹門と本門の比較《ひかく》として論じられていく）

第11段「法華経は二乗《にじょう》に成仏《じょうぶつ》の保証《ほしょう》」（191㌻1行目〜9行目）では、法華経迹門《しゃくもん》で声聞《しょうもん》の弟子たちに授記《じゅき》（未来の成仏の保証）がなされたことを挙《あ》げ、二乗作仏《さぶつ》が明かされたことを述べられている。

第12段「諸経典は二乗《にじょう》は不成仏《ふじょうぶつ》と説《と》く」（191㌻10行目〜193㌻15行目）では、諸経典の文《もん》を挙《あ》げ、二乗作仏《さぶつ》を説く法華経に対し、法華経以前の膨大《ぼうだい》な諸経では、二乗が成仏できず、また供養《くよう》もすべきでないと厳しく糾弾《きゅうだん》されていたことを示《しめ》されている。

第13段「多宝仏《たほうぶつ》・分身《ふんじん》の諸仏《しょぶつ》の保証《ほしょう》」（193㌻16行目〜195㌻6行目）では、法華経がそれ以前の諸経と正反対に二乗作仏《にじょうさぶつ》を説《と》いたことは「自語相違《じごそうい》」と非難《ひなん》されても仕方《しかた》がないことであるが、法華経の教えが正《ただ》しいことは、多宝如来《にょらい》ならびに十方《じっぽう》の分身の諸仏がこぞって正しいと保証したことを示《しめ》されている。

第14段「滅後《めつご》の難信《なんしん》」（195㌻7行目〜196㌻1行目）では、法華経だけに説《と》かれる二乗作仏《にじょうさぶつ》は、諸仏《しょぶつ》も保証《ほしょう》した真実であるが、釈尊《しゃくそん》滅後の人々は多くの経典に惑《まど》わされ、法華経を信じられないことを示《しめ》されている。

次に、第15段から第17段までは、法華経本門《ほんもん》の久遠実成《くおんじつじょう》が難信《なんしん》であることを示《しめ》されている(本迹相対《ほんじゃくそうたい》)。

第15段では、久遠実成《くおんじつじょう》が爾前《にぜん》・迹門《しゃくもん》では説《と》かれず、法華経本門《ほんもん》に至《いた》って初《はじ》めて明かされたことを経文をたどりながら示《しめ》されている。

ここでは、釈尊《しゃくそん》がインドに生まれ、十九歳で出家《しゅっけ》し、三十歳で成道《じょうどう》したという始成正覚《しじょうしょうがく》が爾《に》前経《ぜんきょう》の一貫《いっかん》した立場であることが述べられているとともに、法華経の開経《かいきょう》である無量義経《むりょうぎきょう》においてさえも、始成正覚を説《と》いている点では変わりないことを示《しめ》されている。

そして、法華経迹門《しゃくもん》の正宗分《しょうしゅうぶん》である方便品《ほうべんぼん》以後においても、迹門《しゃくもん》では、まだ始成正覚《しじょうしょうがく》の仏を説《と》いていることを述べられている。

この始成正覚《しじょうしょうがく》の立場を一言《ひとこと》で打《う》ち破《やぶ》ったのが、寿量品《じゅりょうほん》の「然《しか》るに善男子《ぜんなんし》よ。我《われ》は実《じつ》に成仏《じょうぶつ》してより已来《このかた》、無量無辺百千万億那由他劫《むりょうむへんひゃくせんまんのくなゆたこう》なり」(法華経478ジペー)の一節である。

第16段　爾前《にぜん》・迹門《しゃくもん》の二つの欠点《けってん》

（197ジペー10行目〜198ジペー3行目）

華厳《けごん》・乃至《ないし》般若《はんにゃ》・大日経《だいにちきょう》等は二乗作仏《にじょうさぶつ》を隠《かく》すのみならず久遠実成《くおんじつじょう》を説《と》きかくさせ給《たま》へり、此等《これら》の経経《きょうぎょう》に二つの失《とが》あり、一には行布《ぎょうふ》を存《そん》するが故《ゆえ》に仍《な》お未《いま》だ権《ごん》を開《かい》せずとて迹門《しゃくもん》の一念三千《いちねんさんぜん》をかくせり、二には始成《しじょう》を言うが故《ゆえ》に尚未《なおいま》だ迹《しゃく》を発《はっ》せずとて本門《ほんもん》の久遠《くおん》をかくせり、此等《これら》の二つの大法《だいほう》は一代《いちだい》の綱骨《こうこつ》・一切経《いっさいきょう》の心髄《しんずい》なり、迹門方便品《しゃくもんほうべんぽん》は一念三千《いちねんさんぜん》・二乗作仏《にじょうさぶつ》を説《と》いて爾前《にぜん》二種の失《とが》・一つを脱《まぬか》れたり、しかりと・いえども・いまだ発迹顕本《ほっしゃくけんぽん》せざれば・まこと《実》の一念三千《いちねんさんぜん》もあらはれず二乗作仏も定《さだ》まらず、水中の月を見るがごとし・根《ね》なし草《ぐさ》の波《なみ》の上に浮《うか》べるにに《似》たり、

本門《ほんもん》にいたりて始成正覚《しじょうしょうがく》をやぶれば四教《しきょう》の果《か》をやぶる、四教の果をやぶれば四教の因《いん》やぶれぬ、爾前迹門《にぜんしゃくもん》の十界《じっかい》の因果《いんが》を打《う》ちやぶって本門の十界《じっかい》の因果をとき顕《あらわ》す、此即《これすなわ》ち本因本果《ほんいんほんが》の法門なり、九界《きゅうかい》も無始《むし》の仏界《ぶっかい》に具《ぐ》し仏界も無始の九界に備《そなわ》りて・真の十界互具《じっかいごぐ》・百界千如《ひゃっかいせんにょ》・一念三千《いちねんさんぜん》なるべし、かうて・かへりみれば華厳経《けごんぎょう》の台上十方《だいじょうじっぽう》・阿含経《あごんぎょう》の小釈迦《しょうしゃか》・方等般若《ほうどうはんにゃ》の金光明経《こんこうみょうきょう》の阿弥陀経《あみだきょう》の大日経《だいにちきょう》等の権仏《ごんぶつ》等は・此《こ》の寿量《じゅりょう》の仏の天月《てんげつ》しばらく影《かげ》を大小《だいしょう》の器《うつわ》にして浮《うか》べ給《たも》うを・諸宗《しょしゅう》の学者《がくしゃ》等・近くは自宗《じしゅう》に迷《まよ》い遠くは

法華経の寿量品《じゅりょうほん》をしらず水中の月に実《じつ》の月の想《おも》いをなし或《あるい》は入《い》って取らんと・をもひ或《あるい》は縄《なわ》を・つけて・つなぎとどめんとす、
天台云《てんだいいわ》く「天月《てんげつ》を識《し》らず但池月《ただちげつ》を観《かん》ず」等云云《うんぬん》。

通解

華厳経《けごんぎょう》をはじめ般若経《はんにゃきょう》・大日経《だいにちきょう》などの諸経は、二乗作仏《にじょうさぶつ》を隠《かく》すのみならず、久遠実成《くおんじつじょう》を隠して説《と》かなかった。

これらの経典には、二つの欠点《けってん》がある。

一つには、「行布《ぎょうふ》（段階や差別を設《もう》ける考え方）を残しているゆえに、まだ方便《ほうべん》の教えにとどまり、真実を明かしていない」と言われるように、迹門《しゃくもん》の一念三千《いちねんさんぜん》を隠《かく》しているのである。

二つには、「仏の成仏《じょうぶつ》は始成正覚《しじょうしょうがく》であると説《と》くので、まだ仏の仮《かり》の姿《すがた》を開いていない」と言われるように本門《ほんもん》の久遠実成《くおんじつじょう》を隠《かく》しているのである。

（迹門《しゃくもん》の一念三千《いちねんさんぜん》と本門《ほんもん》の久遠実成《くおんじつじょう》という）これらの二つの大法《だいほう》は、釈尊一代《しゃくそんいちだい》の教えの大綱《たいこう》・骨格《こっかく》であり、全経典の心髄《しんずい》である。

迹門《しゃくもん》の方便品《ほうべんぼん》は、一念三千《いちねんさんぜん》・二乗作仏《にじょうさぶつ》を説《と》いて、爾前経《にぜんきょう》がもつ二種の欠点《けってん》のうちの一つを免《まぬか》れている。そうはいっても、まだ釈尊《しゃくそん》が発迹顕本《ほっしゃくけんぽん》していないので、真実の一念三千も顕《あらわ》れていないし、二乗作仏も定《さだ》まっていない。

それは、（天の月を求めて）水中の月を見ているようなものである。根《ね》なし草《ぐさ》が波《なみ》の上に浮《う》かんでいるのに似ている。

本門《ほんもん》にいたって、始成正覚《しじょうしょうがく》の教えを打《う》ち破《やぶ》ったので、それまで説《と》かれた四教《しきょう》の果《か》は打ち破られてしまった。四教の果が打ち破られたので、（その果に至《いた》るための）四教の因《いん》も打ち破られた。

爾前《にぜん》・迹門《しゃくもん》の十界《じっかい》の因果《いんが》を打《う》ち破《やぶ》って、本門《ほんもん》の十界の因果を説《と》き顕《あらわ》した。これが即《すなわ》ち本《ほん》因本果《いんほんが》の法門である。

九界《きゅうかい》も無始《むし》の仏界《ぶっかい》に具《そな》わり、仏界も無始の九界に具わって、真の十界互具《じっかいごぐ》・百界千如《ひゃっかいせんにょ》・一念三千《いちねんさんぜん》となる。

こうして振り返ってみると、華厳経《けごんぎょう》の台上《だいじょう》の十方《じっぽう》の諸仏《しょぶつ》、阿含経《あごんぎょう》の小釈迦《しょうしゃか》、方等部《ほうどうぶ》・般若部《はんにゃぶ》、金光明経《こんこうみょうきょう》・阿弥陀経《あみだきょう》・大日経《だいにちきょう》などの権仏《ごんぶつ》などは、この寿量品《じゅりょうほん》の仏という天月《てんげつ》がしばらくその影《かげ》を大小の器《うつわ》に浮《う》かべたのにすぎない。

　ところが、諸宗の学者らは、近因《きんいん》としては自宗《じしゅう》の邪義《じゃぎ》への迷《まよ》いのために、遠因《えんいん》としては法華経の寿量品《じゅりょうほん》を知らないために、水中の月について、実の月のように思いこんで、あるいは水に入って取ろうと思い、あるいは縄《なわ》をつけてつなぎとめようとしているのである。

　このことを、天台大師《てんだいだいし》は「天の本物の月を知らないで、ただ池に映《うつ》った影《かげ》の月を観《かん》じているだけである」と述べている。

語訳

【発跡顕本《ほっしゃくけんぽん》】垂迹《すいじゃく》（仮《かり》の姿《すがた》）を開いて本地《ほんじ》（真実の姿）を顕《あらわ》すこと。発《ほつ》は「開《かい》」の義《ぎ》。釈尊《しゃくそん》は法華経如来《にょらい》寿量品《じゅりょうほん》第16で始成正覚《しじょうしょうがく》の迹を開いて久遠実成《くおんじつじょう》の本地を示《しめ》した。

【四教《しきょう》】天台宗《てんだいしゅう》で立てる「化法《けほう》の四教」のこと。釈尊一代《しゃくそんいちだい》の教えを教理《きょうり》内容から蔵教《ぞうきょう》・通教《つうぎょう》・別教《べっきょう》・円《えん》教《ぎょう》の四種に分類したもの。爾前《にぜん》・迹門《しゃくもん》のすべての教えを指《さ》す。①蔵教とは経律論《きょうりつろん》の三蔵《さんぞう》をそなえた教えで、小乗教《しょうじょうきょう》のこと。②通教とは、前の三蔵教と後の別教・円教とに通《つう》ずるので通教といい、大《だい》乗《じょう》の初門《しょもん》にあたる。③別教とは、前の蔵《ぞう》・通《つう》二教とも後の円教とも別なので別教という。別して菩《ぼ》薩《さつ》のための教え。④円教とは、円融円満《えんゆうえんまん》の教え。

【四教《しきょう》の果《か》】蔵《ぞう》・通《つう》・別《べつ》・円《えん》の四教で説《と》かれている仏果《ぶっか》のこと。蔵教《ぞうきょう》では劣応身《れつおうじん》、通教《つうぎょう》では帯劣勝応《たいれつしょうおう》身《じん》、別教《べっきょう》は報身《ほうしん》、爾前《にぜん》と法華迹門《ほっけしゃくもん》の円教《えんぎょう》はともに三身相即円満《さんじんそうそくえんまん》の仏を説くが、いずれも始成正覚《しじょうしょうがく》の迹仏《しゃくぶつ》である。法華本門《ほんもん》の円教で、はじめて久遠五百塵点劫《くおんごひゃくじんてんごう》に成道《じょうどう》した三身円融《さんじんえんゆう》の仏が説かれる。

【四教《しきょう》の因《いん》】蔵《ぞう》・通《つう》・別《べつ》・円《えん》の四教で説《と》く成仏《じょうぶつ》の因のこと。

解説

以上のように二乗作仏《にじょうさぶつ》は法華経迹門《しゃくもん》で、久遠実成《くおんじつじょう》は法華経本門《ほんもん》で初《はじ》めて明かされ、爾前経《にぜんきょう》には説《と》かれない。

この爾前経《にぜんきょう》の欠陥《けっかん》を第16段では、「此等《これら》の経経《きょうぎょう》に二つの失《とが》あり」とされ、一つは行布《ぎょうふ》があるゆえに「迹門《しゃくもん》の一念三千《いちねんさんぜん》」が明かされていないことであり、もう一つは、始成正覚《しじょうしょうがく》を言うゆえに「本門《ほんもん》の久遠《くおん》」を明かしていないことであるとされている。

そして、法華経迹門《しゃくもん》は、この二つの失《とが》のうち、一つの失を免《まぬか》れたが、法華経本門《ほんもん》のみが二失《にしつ》とも真の意味で超え、「真の十界互具《じっかいごぐ》・百界千如《ひゃっかいせんにょ》・一念三千《いちねんさんぜん》」を明らかにしたのであると仰《おお》せになり、この久遠実成《くおんじつじょう》という本地《ほんじ》を顕《あらわ》した仏を知らないで諸仏《しょぶつ》を崇《あが》めているのは天月《てんげつ》を知らないで池の水面《すいめん》に映《うつ》った月を本物の月と思っているのと同じであると、諸宗の迷《まよ》いを破折《はしゃく》されている。

爾前《にぜん》二種の失《とが》

まず、華厳経《けごんぎょう》・般若経《はんにゃきょう》・大日経《だいにちきょう》などの爾前《にぜん》の諸経には二乗作仏《にじょうさぶつ》・久遠実成《くおんじつじょう》の二つの法門が説《と》かれていないゆえに「二つの失《とが》」があるとされ、このうち、二乗作仏が説かれていないことについては、「行布《ぎょうふ》を存《そん》するが故《ゆえ》に仍《な》お未《いま》だ権《ごん》を開《かい》せずとて迹門《しゃくもん》の一念三千《いちねんさんぜん》をかくせり」と仰《おお》せである。

「行布《ぎょうふ》」とは、段階や差別を設《もう》ける考え方のこと。菩薩《ぼさつ》としていくつもの修行《しゅぎょう》を積《つ》み重《かさ》ねることを因《いん》として種々《しゅじゅ》の徳《とく》を一つ一つ得て、ついには成仏《じょうぶつ》するという修行・成仏観である。例えば爾前経《にぜんきょう》の中で、円融《えんゆう》の法理を説《と》く華厳経《けごんぎょう》も、実践的《じっせんてき》には五十二位《い》など、仏道修行上《ぶつどうしゅぎょうじょう》の差別、位《くらい》をもうけているのは、九界《きゅうかい》と仏界《ぶっかい》の隔絶《かくぜつ》という考え方を乗り越えていないからである。

つまり、爾前経《にぜんきょう》においては、十界《じっかい》がそれぞれ別々の境涯《きょうがい》として説《と》かれ、相互《そうご》に断絶《だんぜつ》があるだけでなく、とりわけ、仏界《ぶっかい》と九界《きゅうかい》との間《あいだ》には越え難《がた》い断絶があるとされ、九界を厭離《えんり》し断《だん》じることによって初《はじ》めて仏界が得られるものであるとしている。また、二乗《にじょう》は「永不成仏《ようふじょうぶつ》」で永久に成仏できないというのである。

要《よう》するに、法華経迹門《しゃくもん》で九界《きゅうかい》の衆生《しゅじょう》に仏界《ぶっかい》が具《そな》わる十界互具《じっかいごぐ》・一念三千《いちねんさんぜん》を明かした立場から見れば、爾前経《にぜんきょう》においては、九界を断じて仏界に至《いた》るという方便《ほうべん》の教えを開いて九界の衆生に本来的に仏界（仏智《ぶっち》）が具わっているという真実を顕《あらわ》すに至らず、迹門の一念三千も明かされていないのである。

次に、爾前経《にぜんきょう》および法華経迹門《しゃくもん》では、釈尊《しゃくそん》の立場は、あくまでインドのガヤ城《じょう》近くで始めて成道《じょうどう》したという始成正覚《しじょうしょうがく》の仏である。これは、法華経本門寿量品《ほんもんじゅりょうほん》に至《いた》って明かされた久遠《くおん》の本《ほん》地《じ》から見れば迹（仮《かり》の姿《すがた》）に過《す》ぎない。

爾前経《にぜんきょう》と法華経迹門《しゃくもん》は、その迹の立場をいまだ開いていないのであって、これは「本門《ほんもん》の久《く》遠《おん》をかくせり」ということになる。

この二乗作仏《にじょうさぶつ》と久遠実成《くおんじつじょう》の法門こそ、一切衆生《いっさいしゅじょう》の成仏《じょうぶつ》にかかわる一念三千《いちねんさんぜん》の骨格《こっかく》となる大事の法門であるゆえに、釈尊一代《しゃくそんいちだい》の教えの綱骨《こうこつ》（大綱《たいこう》・骨子《こっし》のこと）であり、一切経《いっさいきょう》の心髄《しんずい》であるとされているのである。

本迹《ほんじゃく》の相違《そうい》は天月《てんげつ》池月《ちげつ》の違い

法華経迹門《しゃくもん》の方便品《ほうべんぼん》第2で諸法実相《しょほうじっそう》・十如是《じゅうにょぜ》が説《と》かれ、十界《じっかい》の生命《せいめい》がことごとく妙法の当体《とうたい》であることが示《しめ》され、また、二乗《にじょう》も成仏《じょうぶつ》できることが明かされた。これにより迹門は、爾前権《にぜんごん》教《きょう》の二種の失《とが》のうち、一つを免《まぬか》れることができたと仰《おお》せになっている。

しかし、迹門《しゃくもん》においては爾前経《にぜんきょう》と同様に、教主《きょうしゅ》である仏はまだ始成正覚《しじょうしょうがく》という迹を開いていないために、一念三千《いちねんさんぜん》・二乗作仏《にじょうさぶつ》が説《と》かれたといっても、真の一念三千ではなく、二乗作仏も真実に確定したものではないと断じられている。

そして、真の一念三千《いちねんさんぜん》が顕《あらわ》れていないことを示《しめ》す譬《たと》えとして、天の月を知らないで池の水面《すいめん》に映《うつ》った月を真実の月であると思っているようなものであると示《しめ》される。二乗《にじょう》の成仏《じょうぶつ》はまだ不確定であることを示す譬えとして、浮草《うきくさ》が波《なみ》に漂《ただよ》うようなものであると仰《おお》せになっている。

久遠《くおん》の開顕《かいけん》で真の一念三千《いちねんさんぜん》

法華経本門《ほんもん》に至《いた》って、「我《われ》は実に成仏《じょうぶつ》してより已来《このかた》、無量無辺《むりょうむへん》」と久遠《くおん》の本地《ほんじ》が開顕《かいけん》される。これによって、爾前《にぜん》・迹門《しゃくもん》における始成正覚《しじょうしょうがく》の立場は「迹」として打《う》ち破《やぶ》られ、五百塵点劫《ごひゃくじんてんごう》という久遠の昔《むかし》に成道《じょうどう》して以来、これまで果《は》てしない時間において衆生《しゅじょう》を救済《きゅうさい》し続けている仏であるという「本地」が顕《あらわ》された。これを発迹顕本《ほっしゃくけんぽん》という。

「本門《ほんもん》にいたりて始成正覚《しじょうしょうがく》をやぶれば四教《しきょう》の果《か》をやぶる」と仰《おお》せであるのは、爾前《にぜん》・迹門《しゃくもん》における蔵教《ぞうきょう》・通教《つうぎょう》・別教《べっきょう》・円教《えんぎょう》の四教にあっては、始成正覚の境地《きょうち》が修行《しゅぎょう》において目指《めざ》すべき「仏果《ぶっか》」であったから、この始成正覚の仏の立場を「迹」だとして打《う》ち破《やぶ》られたことは、四教における目指《めざ》すべき「果」が破れたことになるのである。

次に、「四教《しきょう》の果《か》をやぶれば四教の因《いん》やぶれぬ」と仰《おお》せになっているのは、目指《めざ》すべき仏果《ぶっか》が方便《ほうべん》として打《う》ち破《やぶ》られれば、その仏果を成就《じょうじゅ》するための因として四教で説《と》かれた種々《しゅじゅ》の因位《いんい》の修行《しゅぎょう》も同じく方便として退《しりぞ》けられる。

こうして、「爾前迹門《にぜんしゃくもん》の十界《じっかい》の因果《いんが》を打《う》ちやぶって本門《ほんもん》の十界の因果をとき顕《あらわ》す、此即《これすなわ》ち本《ほん》因本果《いんほんが》の法門なり」と仰《おお》せであるように、爾前・迹門で明かされたすべての成仏《じょうぶつ》の因果を打ち破《やぶ》って明かされたのが、本門の十界の因果である。

ここで「十界《じっかい》の因果《いんが》」と言われているのは、九界《きゅうかい》の衆生《しゅじょう》が仏となる成仏《じょうぶつ》の因果においては九界が因であり、仏界《ぶっかい》が果《か》であるからである。

そして、爾前《にぜん》・迹門《しゃくもん》に説《と》かれる十界《じっかい》の因果《いんが》すなわち成仏《じょうぶつ》の法理が打《う》ち破《やぶ》られることによって明らかにされた、本門《ほんもん》の十界の因果を「本因本果《ほんいんほんが》の法門」という。

その「本因本果《ほんいんほんが》の法門」の内容を示《しめ》されているのが「九界《きゅうかい》も無始《むし》の仏界《ぶっかい》……」以下の御文である。「本因本果の法門」の本因とは、「無始の九界」であり、本果とは「無始の仏界」を指《さ》している。

法華経寿量品《じゅりょうほん》に「我《われ》は本《もと》菩薩《ぼさつ》の道《どう》を行《ぎょう》じて、成《じょう》ぜし所《ところ》の寿命《じゅみょう》は、今猶未《いまなおいま》だ尽《つ》きず」と説《と》かれているのは、久遠《くおん》の成道《じょうどう》を得るに至《いた》った本因《ほんいん》を明かしたものである。

すなわち、久遠《くおん》に菩薩道《ぼさつどう》を行《ぎょう》じてきたことが成道《じょうどう》の本因《ほんいん》であり、しかもその菩薩の生命《せいめい》は、久遠における成道後も、そのまま尽《つ》きることなく常住《じょうじゅう》の仏である釈尊《しゃくそん》に具《そな》わっている。このことは、久遠に成道して以後、釈尊が九界《きゅうかい》のさまざまな衆生《しゅじょう》の姿《すがた》をとって菩薩道を実践《じっせん》していたことに端的《たんてき》に示《しめ》されている。

また、同じく寿量品《じゅりょうほん》に「我《われ》は成仏《じょうぶつ》してより已来《このかた》、甚《はなは》だ大いに久遠《くおん》なり。寿命《じゅみょう》は無量阿僧祇劫《むりょうあそうぎこう》にして、常住《じょうじゅう》にして滅《めっ》せず」とある。この経文は、甚深無量《じんじんむりょう》の智慧《ちえ》を具《そな》え広大《こうだい》な慈悲《じひ》を起こす本果《ほんが》の仏界《ぶっかい》が常住《じょうじゅう》であることを示《しめ》している。

このように久遠実成《くおんじつじょう》の釈尊《しゃくそん》の常住《じょうじゅう》の生命《せいめい》に、仏界《ぶっかい》も九界《きゅうかい》も常住している。これが「無始《むし》の仏界」であり「無始の九界」である。こうして、釈尊の本地《ほんじ》として、十界《じっかい》を具足《ぐそく》しつつ常住する仏が明かされたのである。

したがって、この本地《ほんじ》からみれば、仏界《ぶっかい》を顕《あらわ》した仏も無始《むし》の九界《きゅうかい》から離《はな》れているわけではない。また九界を示《しめ》している菩薩道《ぼさつどう》の時も無始の仏界が具《そな》わっているのである。このことを「九界も無始の仏界に具《ぐ》し仏界も無始の九界に備《そなわ》りて」と仰《おお》せなのである。

こうして、本門寿量品《ほんもんじゅりょうほん》において「真の十界互具《じっかいごぐ》・百界千如《ひゃっかいせんにょ》・一念三千《いちねんさんぜん》」が明らかになったのである。

このように法華経本門《ほんもん》の文上《もんじょう》では、釈尊《しゃくそん》一人について無始《むし》の九界《きゅうかい》と無始の仏界《ぶっかい》が明かされ、十界《じっかい》の本有常住《ほんぬじょうじゅう》が示《しめ》された。

このことは、釈尊《しゃくそん》一人についてではなく、あらゆる生命《せいめい》に十界《じっかい》が本有常住《ほんぬじょうじゅう》であり、九界《きゅうかい》の衆生《しゅじょう》も歴劫修行《りゃっこうしゅぎょう》によって仏因《ぶついん》を積《つ》まなくても、直《ただ》ちに本有《ほんぬ》の仏界《ぶっかい》を開き顕《あらわ》すことで成仏《じょうぶつ》できることが示唆《しさ》されているのである。

爾前《にぜん》の権仏《ごんぶつ》に執着《しゅうちゃく》する諸宗の迷《まよ》い

「かうて・かへりみれば」以下では、寿量品《じゅりょうほん》で開顕《かいけん》された久遠実成《くおんじつじょう》の仏が釈尊《しゃくそん》の本地《ほんじ》であると知ったのちに振り返ってみると、爾前《にぜん》諸経の諸仏《しょぶつ》は、皆、この久遠実成の仏の具《そな》える働きの一面を投影《とうえい》した垂迹《すいじゃく》であり、衆生《しゅじょう》を教え導《みちび》くために方便《ほうべん》として権《かり》に現《あらわ》れた姿《すがた》となることを示《しめ》されている。

それを諸宗の学者は、近くは自宗《じしゅう》の仏がどのような意味のうえで説《と》かれたかを知らず、遠くは法華経の寿量品《じゅりょうほん》において明かされた久遠《くおん》の仏を知らないので、水面《すいめん》に映《うつ》った月影《つきかげ》を本物の月と思い込んでいるのと同じ愚《おろ》かな誤《あやま》りを犯《おか》しているのであると指摘されている。

◆池田SGI会長の『開目抄講義』から

寿量品《じゅりょうほん》では、久遠実成《くおんじつじょう》の仏は成仏《じょうぶつ》してからも、九界《きゅうかい》の現実世界で衆生《しゅじょう》を救《すく》い続けるという菩《ぼ》薩行《さつぎょう》を絶《た》やすことはないと説《と》かれています。

ここに、寿量品《じゅりょうほん》の発迹顕本《ほっしゃくけんぽん》によって真実の仏の姿《すがた》が明らかになるのです。いうなれば、それは、「無限の菩薩行《ぼさつぎょう》を現《あらわ》す永遠の仏」です。

九界《きゅうかい》の現実のなかで無限の菩薩行《ぼさつぎょう》を行ずる生命《せいめい》は、九界の生命です。しかし同時に、永遠の仏界《ぶっかい》の生命が、その無限の菩薩行を現《あらわ》す根源のエネルギーになっているのです。

今世《こんぜ》で始めて成仏《じょうぶつ》したとされる始成正覚《しじょうしょうがく》の仏は、入滅《にゅうめつ》すると別世界の浄土《じょうど》に入るなどとされ、現実世界で菩薩行《ぼさつぎょう》を続けることはありません。それに対して、久遠実成《くおんじつじょう》の仏は、現実世界がそのまま浄土であり、寂光土《じゃっこうど》なのです。

そして、このような寿量品《じゅりょうほん》の仏にとって、九界《きゅうかい》の現実は、永遠の仏界《ぶっかい》の活力を自身の生命《せいめい》から現《あらわ》していくための機縁《きえん》であり、仏界の智慧《ちえ》と慈悲《じひ》を発揮するための舞台《ぶたい》にほかなりません。

また、九界の現実に苦しむ衆生《しゅじょう》は、いたわり救《すく》っていくべきわが子であり、仏界の自由を分かち持っていくべきわが友なのです。

仏界《ぶっかい》という真の自由を得た仏は、仏界の力で心身《しんしん》をコントロールし、魔性《ましょう》に打ち勝ちゆく真実の「勝利者」「主体者」として一人立ちます。

とともに、その仏は、他の衆生《しゅじょう》の生命《せいめい》にも現実世界の根底にも仏界の力が潜在《せんざい》することを認《みと》める。そして、それを顕在化《けんざいか》させていくために、世界と衆生に常に語りかけ、「勇気ある行動」「自在《じざい》の智慧《ちえ》」「大誠実の対話」を貫《つらぬ》くのです。

第17段　法華経本門《ほんもん》の難信《なんしん》の様子を示《しめ》す

（198ページ4行目～8行目）

日蓮案《あん》じて云《いわ》く二乗作仏《にじょうさぶつ》すら猶爾前《なおにぜん》づよにをぼゆ、久遠実成《くおんじつじょう》は又《また》にるべくも・なき爾前づりなり、

其《そ》の故《ゆえ》は爾前《にぜん》・法華相対《ほっけあいたい》するに猶《なお》爾前こわ《強》き上《うえ》・爾前のみならず迹門《しゃくもん》十四品《ほん》も一向《いっこう》に爾前に同《どう》ず、本門《ほんもん》十四品《ほん》も涌出《ゆじゅつ》・寿量《じゅりょう》の二品《ほん》を除《のぞ》いては皆始《みなし》成《じょう》を存《そん》せり、雙林《そうりん》最後の大般涅槃経《だいはつねはんきょう》・四十巻《かん》・其《そ》の外《ほか》の法華《ほっけ》・前後の諸大《しょだい》経《きょう》に一字一句《いちじいっく》もなく法身《ほっしん》の無始《むし》・無終《むしゅう》はとけども応身《おうじん》・報身《ほうしん》の顕本《けんぽん》はとかれず、

いかんが広博《こうばく》の爾前《にぜん》・本迹《ほんじゃく》・涅槃《ねはん》等の諸大乗経《しょだいじょうきょう》をばすて但《ただ》涌出《ゆじゅつ》・寿量《じゅりょう》の二品《ほん》には付《つ》くべき。

通解

日蓮が考えていうには、二乗作仏《にじょうさぶつ》についてすら、爾前経《にぜんきょう》の二乗不作仏《にじょうふさぶつ》の教説《きょうせつ》が有力であるように感じられる。久遠実成《くおんじつじょう》については、それとは比《くら》べものにならないほどに、多くの経典の説《せつ》が爾前経《にぜんきょう》の始成正覚寄《しじょうしょうがくよ》りである。

なぜかと言えば、爾前《にぜん》と法華《ほっけ》を比《くら》べてみると、爾前のほうが優勢《ゆうせい》であるうえ、爾前だけでなく法華経のなかでも迹門《しゃくもん》14品《ほん》は一向《いっこう》に爾前と同じ始成正覚《しじょうしょうがく》の立場であるからである。本門《ほんもん》14品《ほん》でさえも、涌出《ゆじゅつ》・寿量《じゅりょう》の二品《ほん》を除《のぞ》いては、皆、始成正覚《しじょうしょうがく》の立場が残っている。

そのうえ、沙羅双樹《しゃらそうじゅ》の林《はやし》で釈尊《しゃくそん》が最後に説《と》かれた大般涅槃経《だいはつねはんぎょう》全四十巻をはじめ、そのほかの法華経の前後の諸大乗経《しょだいじょうきょう》には、一字一句《いちじいっく》たりとも久遠実成《くおんじつじょう》という言葉はなく、法身《ほっしん》の無始無終《むしむしゅう》は説いているけれども、応身《おうじん》・報身《ほうしん》の仏たちの本地《ほんじ》を顕《あらわ》すことは説かれていない。

どうして、幅広《はばひろ》く数も多い爾前《にぜん》・本迹《ほんじゃく》・涅《ね》槃《はん》などの諸大乗経《しょだいじょうきょう》を捨《す》てて、ただ涌出《ゆじゅつ》・寿量《じゅりょう》の二品《ほん》だけに付くことができようか。

語訳

【法身《ほっしん》・応身《おうじん》・報身《ほうしん》】仏としての本質的な三種の特性《とくせい》で、合わせて三身という。①法身とは、仏が覚《さと》った真実・真理。②報身とは、最高の覚りの智慧《ちえ》をはじめ、仏と成《な》った報《むく》いとして得た種々《しゅじゅ》の優《すぐ》れた特性。③応身とは、人々を苦悩から救うために、現実に表した姿。

解説

ここにいたるまで、迹門《しゃくもん》の二乗作仏《にじょうさぶつ》、本門《ほんもん》の久遠実成《くおんじつじょう》によって一念三千《いちねんさんぜん》が完璧《かんぺき》になったことが記《しる》されてきたが、第17段では、それにもかかわらず、多くの諸宗の学者たちが法華経が最《もっと》も優《すぐ》れているとの真実を容易《ようい》に受け入れない理由として、特に久遠実成《くおんじつじょう》が難信《なんしん》であることが示《しめ》されている。

二乗作仏《にじょうさぶつ》以上に難信《なんしん》の久遠実成《くおんじつじょう》

ここではまず「爾前《にぜん》づよ」という表現を用《もち》いて、法華経迹門《しゃくもん》で説《と》かれた二乗作仏《にじょうさぶつ》でさえも、二乗は不成仏《ふじょうぶつ》とする爾前経の説《せつ》のほうが優勢《ゆうせい》に見えるとされる。

まして久遠実成《くおんじつじょう》に関《かん》しては法華経の迹門《しゃくもん》も「始成正覚《しじょうしょうがく》」の立場をとっているのであるから、これに輪《わ》をかけて「爾前《にぜん》づり（爾前経的な色彩《しきさい》が強く）」であり、信じ難《がた》いことになる。それを「爾前《にぜん》・法華相対《ほっけあいたい》するに猶《なお》爾前こわ《強》き上・爾前のみならず迹門《しゃくもん》十四品《ほん》も一向《いっこう》に爾前に同《どう》ず」と言われている。

しかもさらに、本門《ほんもん》でさえも、久遠実成《くおんじつじょう》をはっきり説《と》いたのは涌出品《ゆじゅっぽん》と寿量品《じゅりょうほん》だけであるから、なおさら、久遠実成に仏の本意があるとは信じ難《がた》くなると指摘されている。

久遠実成《くおんじつじょう》という仏身観《ぶっしんかん》は、法華経の中でも涌出《ゆじゅつ》・寿量《じゅりょう》の二品《ほん》のみに説《と》かれる。

それ以後の諸品《しょほん》は始成正覚《しじょうしょうがく》の立場であり、この法華経のあと、釈尊《しゃくそん》が入滅《にゅうめつ》するにあたって沙《しゃ》羅双樹《らそうじゅ》の林《はやし》で説《と》いたとされる涅槃経《ねはんぎょう》全四十巻も含《ふく》め、法華経の前後の諸大乗経《しょだいじょうきょう》に久遠実成《くおんじつじょう》は一《いち》字一句《じいっく》もない。

仏身《ぶっしん》の常住《じょうじゅう》についていえば、これらの諸経には、法身《ほっしん》の無始無終《むしむしゅう》（始まりも終わりもない）は説《と》いているが、それぞれの経典に登場する報身《ほうしん》・応身《おうじん》の仏たちの本地《ほんじ》は明らかにされていないと仰《おお》せである。すなわち、法華経本門寿量品《ほんもんじゅりょうほん》で久遠実成《くおんじつじょう》の仏が明かされてはじめて、諸経の報《ほう》身《しん》・応身《おうじん》の仏が、久遠実成の仏を本地《ほんじ》とする垂迹《すいじゃく》であることがわかるのである。

しかし、このような深い意義をもった久遠実成《くおんじつじょう》の本地《ほんじ》が開顕《かいけん》されたのは、釈尊一代《しゃくそんいちだい》の教えのなかでも、わずか涌出品《ゆじゅっぽん》・寿量品《じゅりょうほん》の二品《ほん》だけである。したがって、経文や説示《せつじ》の数《かず》は、涌出《ゆじゅっ》品《ぽん》・寿量品《じゅりょうほん》を除《のぞ》く法華経の諸品《しょほん》、諸大乗経《しょだいじょうきょう》、爾前経《にぜんきょう》のほうがはるかに多い。

数多《かずおお》いそれらの経典を捨《す》てて、ただ涌出品《ゆじゅっぽん》・寿量品《じゅりょうほん》を信ずることは容易《ようい》にできない。そこで「いかんが広博《こうばく》の爾前《にぜん》・本迹《ほんじゃく》・涅槃《ねはん》等の諸大乗経《しょだいじょうきょう》をばすてて但涌出《ただゆじゅつ》・寿量《じゅりょう》の二品《ほん》には付くべき」と仰《おお》せになって、法華経が難信《なんしん》の経であることを鮮明《せんめい》にしてこの段を締《し》めくくられている。

第18段から第19段の大意

第18段「諸宗の誤《あやま》った見解《けんかい》」（１９８㌻９行目～１９９㌻９行目）では、法華経以外の諸経に基《もと》づく諸宗の簡略《かんりゃく》な歴史とその誤った見解を端的《たんてき》に紹介されている。

まず法相宗《ほっそうしゅう》は、衆生《しゅじょう》はその本性《ほんしょう》で五つに分けられ、それらは相《あい》いれない（五性各別《ごしょうかくべつ》）と説《と》き、そのうち仏性《ぶっしょう》のない「無性《むしょう》」と、二乗《にじょう》に成《な》ることが定《さだ》まっている「決定性《けつじょうしょう》の二乗」は成仏《じょうぶつ》できないとする。

次《つ》いで華厳宗《けごんしゅう》と真言宗《しんごんしゅう》は、法華経にしか説《と》かれていない二乗作仏《にじょうさぶつ》・久遠実成《くおんじつじょう》が、それぞれのよりどころである華厳経《けごんぎょう》・大日経《だいにちきょう》に説かれているとする。

第19段「滅後《めつご》の難信《なんしん》のまとめ」（１９９㌻10行目～２００㌻１行目）では、有力な諸宗が法華経に反《はん》する邪義《じゃぎ》を主張《しゅちょう》しているが、それは釈尊《しゃくそん》自身が諸経で予言している通り、滅後の悪世《あくせ》、末《まっ》法《ぽう》の様相《ようそう》であることを指摘されている。

第20段　末法《まっぽう》の法華経の行者《ぎょうじゃ》の誓願《せいがん》

（200ジペー2行目～16行目）

此《ここ》に日蓮案《あん》じて云《いわ》く世《よ》すでに末代《まつだい》に入《い》って二百余年《よねん》・辺土《へんど》に生《しょう》をうけ其《そ》の上下賤《うえげせん》・其《そ》の上貧道《うえひんどう》の身《み》なり、輪回六趣《りんねろくしゅ》の間《あいだ》・人天《にんてん》の大王《だいおう》と生《うま》れて万民《ばんみん》をなびかす事《こと》・大風《たいふう》の小木《しょうぼく》の枝《えだ》を吹《ふ》くがごとくせし時も仏にならず、大小乗経《だいしょうじょうきょう》の外凡《げぼん》・内凡《ないぼん》の大菩薩《だいぼさつ》と修《しゅ》しあがり一劫《いっこう》・二劫・無量劫《むりょうこう》を経《へ》て菩薩《ぼさつ》の行《ぎょう》を立てすでに不退《ふたい》に入《い》りぬべかりし時も・強盛《ごうじょう》の悪縁《あくえん》におとされて仏《ほとけ》にもならず、しらず大通結縁《だいつうけちえん》の第三類《だいさんるい》の在世《ざいせ》をもれたるか久遠五百《くおんごひゃく》の退転《たいてん》して今に来《きた》れるか、法華経を行《ぎょう》ぜし程《ほど》に世間《せけん》の悪縁《あくえん》・王難《おうなん》・外道《げどう》の難《なん》・小乗経《しょうじょうきょう》の難《なん》なんどは忍《しの》びし程《ほど》に権大乗《ごんだいじょう》・実大乗経《じつだいじょうきょう》を極《きわ》めたるやうなる道綽《どうしゃく》・善導《ぜんどう》・法然《ほうねん》等がごとくなる悪魔《あくま》の身《み》に入《い》りたる者・法華経をつよくほめあげ機《き》をあながち《強》に下《くだ》し理深解微《りじんげみ》と立て未有一人得者《みういちにんとくしゃ》・千中無一《せんちゅうむいち》等と・すかしものに無量生《むりょうしょう》が間《あいだ》・恒河沙《ごうがしゃ》の度《たび》すかされて権経《ごんきょう》に堕《お》ちぬ権経《ごんきょう》より小乗経《しょうじょうきょう》に堕《お》ちぬ外道《げどう》・外典《げてん》に堕《お》ちぬ結句《けっく》は悪道《あくどう》に堕《お》ちけりと深《ふか》く此《こ》れをしれり、

日本国に此《こ》れをしれる者は但《ただ》日蓮一人《いちにん》なり。

これを一言《ひとこと》も申《もう》し出《いだ》すならば父母《ぶも》・兄弟《きょうだい》・師匠《ししょう》に国主《こくしゅ》の王難《おうなん》必《かなら》ず来《きた》るべし、いはずば・慈悲《じひ》なきに・にたりと思惟《しゆい》するに法華経・涅槃経《ねはんぎょう》等に此《こ》の二辺《にへん》を合《あわ》せ見るに・いはずば今生《こんじょう》は事《こと》なくとも後生《ごしょう》は必《かなら》ず無間地獄《むけんじごく》に堕《お》べ

し、いうならば三障四魔《さんしょうしま》必《かなら》ず競《きそ》い起《おこ》るべしと・しりぬ、

二辺《にへん》の中《うち》には・いうべし、
王難《おうなん》等・出来《しゅったい》の時は退転《たいてん》すべくは一度《いちど》に思《おも》ひ止《とど》るべしと且《しばら》くやす《休》らいし程《ほど》に宝塔品《ほうとうほん》の六難九易《ろくなんくい》これなり、我等程《われらほど》の小力《しょうりき》の者・須弥山《しゅみせん》はなぐとも我《われ》等程《らほど》の無通《むつう》の者・乾草《かれくさ》を負《お》うて劫火《ごうか》には・やけずとも我等程《われらほど》の無智《むち》の者・恒沙《ごうしゃ》の経経《きょうぎょう》をば・よみをぼうとも法華経は一句一偈《いっくいちげ》も末代《まつだい》に持《たも》ちがたしと・とかるるは・これなるべし、

今度《こんど》・強盛《ごうじょう》の菩提心《ぼだいしん》を・をこして退転《たいてん》せじと願《がん》じぬ。

通解

ここで、日蓮が考えるには、世はすでに末法《まっぽう》の時代に入って二百年余《あま》りが過《す》ぎた。

しかも日蓮は、仏教発祥《はっしょう》の地・インドから遠く離《はな》れた日本に生《せい》を受け、そのうえ身分《みぶん》は低く、さらに徳《とく》の乏《とぼ》しい貧《まず》しい身《み》である。

かつて、地獄《じごく》から天界《てんかい》までの六道《ろくどう》を輪廻《りんね》している間《あいだ》に、あるいは人界《にんかい》・天界《てんかい》の大王と生まれて、大風《たいふう》が小さな木の枝《えだ》を吹《ふ》きゆるがすように多くの人々をなびかせたこともあったが、その時も仏になることはなかった。

大乗経《だいじょうきょう》や小乗経《しょうじょうきょう》を修行《しゅぎょう》して、一分《いちぶん》の理解もない凡夫《ぼんぷ》から少分《しょうぶん》の理解を得た凡夫へ、そして大菩薩《だいぼさつ》へと修行の位《くらい》をのぼり、一劫《いっこう》・二劫・無量劫《むりょうこう》という長い間《あいだ》の菩薩の修行を実践《じっせん》して、すでに不退転《ふたいてん》の境地《きょうち》に入ろうとしていた時も、強盛《ごうじょう》な悪縁《あくえん》によって退転させられてしまい、成仏《じょうぶつ》できなかった。

このような日蓮は、三千塵点劫《さんぜんじんてんごう》の昔《むかし》に大通《だいつう》智勝仏《ちしょうぶつ》の法華経に結縁《けちえん》しながら全《まった》く信じなかった第三類《るい》の者で、釈尊在世《しゃくそんざいせ》の法華経の会座《えざ》にもれた者なのだろうか。

あるいは、五百塵点劫《ごひゃくじんてんごう》という久遠《くおん》の昔《むかし》に、

法華経の下種《げしゅ》を受けながら、退転《たいてん》して、今ここに生まれ来たのだろうか。

（いずれにせよ）法華経を修行《しゅぎょう》していくうちに、世間の悪縁《あくえん》、政治の権力者からの迫害《はくがい》、外道《げどう》からの迫害、小乗経《しょうじょうきょう》の人々からの迫害などは耐《た》え忍《しの》んできた。

しかし、権大乗経《ごんだいじょうきょう》・実大乗経《じつだいじょうきょう》を究《きわ》めたように思われる道綽《どうしゃく》・善導《ぜんどう》・法然《ほうねん》らのような、仏法を破壊《はかい》する悪魔《あくま》がその身《み》に入った者が、法華経を強く褒《ほ》めあげる一方で、衆生《しゅじょう》が仏法を理解し実践《じっせん》していく力《ちから》（機《き》）は低いとし、（道綽が『安楽集《あんらくしゅう》』で言っているように）「浄土門《じょうどもん》以外の法理は深いけれども、ほとんどの人は理解できない」と立て、「いまだ一人も得道《とくどう》した者はいない（未有一人得者《みういちにんとくしゃ》）」と述べ、（善導が『往生礼讃偈《おうじょうらいさんげ》』で言っているように）「千人が修行《しゅぎょう》しても一人も得道できない（千中無一《せんちゅうむいち》）」などと言ってだましたのである。

そのような者に、無量生《むりょうしょう》の間《あいだ》、ガンジス川（恒河《ごうが》）の砂粒《すなつぶ》のように数《かぞ》えきれないほど、だまされて、法華経を捨《す》てて権経《ごんきょう》に堕《お》ちてしまった。さらに権経《ごんきょう》から小乗経《しょうじょうきょう》に堕《お》ち、さらに外道《げどう》・外典《げてん》の教えに堕ちた。

そして結局は、悪道《あくどう》に堕《お》ちてしまったのだということを深く知ったのである。

日本国でこのことを知っている者は、ただ日蓮一人である。

このことを一言《ひとこと》でも言い出すなら、父母や

兄弟、師匠、さらに国の権力者による迫害《はくがい》が必ず起こってくるにちがいない。

しかし、言わなければ無慈悲《むじひ》と同じことになってしまう。

どうすべきかと考え、法華経や涅槃経《ねはんぎょう》などの文《もん》に、言うか、言わないか、の二つを照《て》らし合わせてみた。

すると、言わないでおけば、今世《こんぜ》では何ごともなくても、来世《らいせ》には必ず無間地獄《むけんじごく》に堕《お》ちてしまう。

もし、言うなら、三障四魔《さんしょうしま》が必ず競《きそ》い起こってくるということが分かった。

この二つの中では「言う」ほうを選《えら》ぶべきである。

しかし、国の権力者による迫害《はくがい》などが起こってきた時に退転《たいてん》してしまうようであるなら、はじめから思いとどまるのがよいだろうと、しばらく思いをめぐらしていたのであるが、その時に思い当たったのが法華経見宝塔《けんほうとう》品《ほん》の六難九易《ろくなんくい》であった。

「私たちのような力《ちから》がない者が須弥山《しゅみせん》を投《な》げることができても、私たちのような神通力《じんずうりき》がない者が枯《か》れ草《くさ》を背負《せお》って、燃《も》え盛《さか》る火の中で焼《や》けないことがあっても、私たちのような無智《むち》の者が、ガンジス川の砂《すな》のように、数《かぞ》え切《き》れないほど多くの経典を読み覚《おぼ》えることができたとしても、法華経の一句一偈《いっくいちげ》すら末法《まっぽう》の世で持《たも》つことは難《むずか》しい」と説《と》かれているのが、まさにこれである。
このたびこそ、仏の覚《さと》りを得ようとの強盛《ごうじょう》な求道心《きゅうどうしん》を起こして、決《けっ》して退転《たいてん》しない、との誓願《せいがん》を立てたのである。

語訳

【道綽《どうしゃく》】六～七世紀、中国浄土教《じょうどきょう》の祖師《そし》の一人。釈尊一代《しゃくそんいちだい》の教えを浄土門《じょうどもん》とそれ以外の聖道門《しょうどうもん》とに分け、聖道門を「未《いま》だ一人《いちにん》として得る者有《あ》らず」と誹謗《ひぼう》した。

【善導《ぜんどう》】曇鸞《どんらん》・道綽《どうしゃく》に続く七世紀の中国浄土教《じょうどきょう》の祖《そ》。専修念仏《せんじゅねんぶつ》を宣揚《せんよう》し、法然《ほうねん》に特に大きな影響を与えた。

【法然《ほうねん》】十二～十三世紀、日本浄土宗《じょうどしゅう》の開祖《かいそ》。法名《ほうみょう》は源空《げんくう》。『選択本願念仏集《せんちゃくほんがんねんぶつしゅう》（選択集《せんちゃくしゅう》）』で、浄土三部《さんぶ》経《きょう》以外の諸経を〝捨《す》てよ、閉《と》じよ、閣《さしお》け、抛《なげう》て〟（捨閉閣抛《しゃへいかくほう》）と説《と》いた。

【理深解微《りじんげみ》】道綽《どうしゃく》が『安楽集《あんらくしゅう》』で述べている言葉。聖道門《しょうどうもん》は道理が深くて、末世《まっせ》の衆生《しゅじょう》の愚《おろ》かな智慧《ちえ》では、その道理を覚《さと》ることは極《きわ》めて微少《びしょう》であって、成仏《じょうぶつ》することはできないとした。

【恒河沙《ごうがしゃ》】ガンジス川の砂《すな》のこと。インドで用《もち》いられた大きな数《かず》の単位。

【三障四魔《さんしょうしま》】仏道修行《ぶつどうしゅぎょう》を妨《さまた》げる三つの障《さわ》りと四つの魔のこと。三障は煩悩障《ぼんのうしょう》・業障《ごうしょう》・報障《ほうしょう》。四魔は陰《おん》魔《ま》・煩悩魔《ぼんのうま》・死魔《しま》・天子魔《てんしま》。

【六難九易《ろくなんくい》】法華経見宝塔品《けんほうとうほん》第11で滅後《めつご》の弘教《ぐきょう》の難《むずか》しさを示《しめ》すために説《と》かれた。本文の解説を参照。

【須弥山《しゅみせん》】古代インドの世界観で、世界の中心にあるとされた山。

解説

これまでは、万人《ばんにん》を成仏《じょうぶつ》させる因果《いんが》の法理に基《もと》づき、法華経本門寿量品《ほんもんじゅりょうほん》の文底《もんてい》に秘沈《ひちん》されている一念三千《いちねんさんぜん》こそ成仏の法であることが示《しめ》されてきた。

この第20段以下においては、成仏《じょうぶつ》の法である法華経に背《そむ》く謗法《ほうぼう》の者が充満《じゅうまん》している末法《まっぽう》の世にあって、日蓮大聖人が正法《しょうほう》の弘通《ぐつう》に立ち上がられた経緯《けいい》と心情《しんじょう》を述べられていく。

御自身《ごじしん》の出生《しゅっしょう》を明かす

「此《ここ》に日蓮案《あん》じて」とは、建長《けんちょう》五年（1253年）の立宗《りっしゅう》宣言に先立《さきだ》って考えをめぐらされたことを仰《おお》せである。日本では、永承《えいしょう》七年（1052年）をもって、末法《まっぽう》に入ったと考えられていた。したがって、建長四、五年は、末法の二百一、二百二年目にあたっている。それを「二百余年《よねん》」と仰《おお》せになったのである。

そして、大聖人がお生まれになった日本を、仏教発祥《はっしょう》の地・インドから遠く離《はな》れた地であるという意味で「辺土《へんど》」とされ、そのうえ「下賤《げせん》」「貧道《ひんどう》」の身《み》であると、自《みずか》らの境遇《きょうぐう》を示《しめ》される。

このような境遇《きょうぐう》に生まれた出生《しゅっしょう》を述べられたのは、大聖人が、まさしく一切衆生《いっさいしゅじょう》を救済《きゅうさい》する民衆仏法の仏であるとの深い意義がそこに込《こ》められていると拝《はい》すべきである。

六道流転《ろくどうるてん》の理由を明かす

次に、大聖人御自身《ごじしん》の無始《むし》以来の生死流転《しょうじるてん》の過去世《かこせ》を推測《すいそく》するという形をとって、凡夫《ぼんぷ》が成仏《じょうぶつ》できずに六道《ろくどう》の流転をくり返してきている理由を述べられている。

まず、大王となって権勢《けんせい》をふるった時も仏になれなかったと述べられたうえで、仏道修行《ぶつどうしゅぎょう》をした時も「悪縁《あくえん》」によって退転《たいてん》し、成仏《じょうぶつ》できなかったことを述べられていく。

とりわけ、法華経の迹門《しゃくもん》の意から、三千塵点劫《さんぜんじんてんごう》の昔《むかし》に大通智勝仏《だいつうちしょうぶつ》が説《と》いた法華経を十六人の王子《おうじ》が衆生《しゅじょう》に結縁《けちえん》させた時も未発心《みほっしん》という第三類《るい》の衆生であったからかもしれないと仰《おお》せになっている。

「大通結縁《だいつうけちえん》」とは、法華経化城喩品《けじょうゆほん》第7に、大通智勝仏《だいつうちしょうぶつ》という仏が十六人の王子《おうじ》に法華経を説《と》いたが、その十六王子がのちにそれぞれ法華経を説き、多くの衆生《しゅじょう》を救《すく》った。これを「大通覆講《ふっこう》」といい、その十六番目の王子が釈尊《しゃくそん》の過去世《かこせ》の姿《すがた》であり、その説法《せっぽう》を聞いて法華経に縁を結んだことを大通結縁という。

その大通結縁《だいつうけちえん》の衆生《しゅじょう》に三類《るい》がある。第一類は不退《ふたい》といい、発心《ほっしん》して退転《たいてん》せず得道《とくどう》した者。第二類は退大取小《たいだいしゅしょう》といい、発心はしたが、その後、大乗《だいじょう》から退転して小乗教《しょうじょうきょう》におち、声聞《しょうもん》の境地《きょうち》にとどまった者。第三類は未発心《みほっしん》といい、法華経を聞いても全《まった》く発心しなかった者である。

御自身《ごじしん》がこの第三類《るい》の者かもしれないと仰《おお》せなのである。

また大聖人は、本門《ほんもん》の意から言えば、五百塵点劫《ごひゃくじんてんごう》の久遠《くおん》に法華経の下種《げしゅ》を受けたにもかかわらず、その後、退転《たいてん》し、釈尊《しゃくそん》の化導《けどう》も受けられず、こうして末法《まっぽう》に生まれてきたのだろうかと仰《おお》せになっている。

三悪道《さんあくどう》へ堕《お》ちた要因《よういん》は悪縁《あくえん》・悪知識《あくちしき》

次に、無数《むすう》の生死流転《しょうじるてん》の間《あいだ》に、あるいは法華経を信受《しんじゅ》したこともあったかもしれないとされ、それにもかかわらず退転《たいてん》した動機《どうき》は何であったかを述べられる。それは、世間の悪縁《あくえん》や王難《おうなん》、外道《げどう》の難、小乗経《しょうじょうきょう》の難などではなく、権大乗経《ごんだいじょうきょう》を立てて法華経への信を破《やぶ》らせる邪師《じゃし》にだまされたことであったと指摘される。

これは、今、起きている難《なん》が、まさに過去《かこ》の法華経退転《たいてん》の時の再現《さいげん》であり、したがって、もし退転すれば、再び長い間《あいだ》にわたって、悪道《あくどう》を流転《るてん》することになるとの強い戒《いまし》めの気持ちを込められていると拝《はい》される。

大聖人は、法華経への信を破《やぶ》る悪縁《あくえん》の代表例として念仏《ねんぶつ》の僧《そう》を挙《あ》げられている。

人々の苦しみの元凶《げんきょう》はこれら謗法《ほうぼう》の諸宗にあり、そうした民衆を苦しめる悪侶《あくりょ》や悪知識《あくちしき》の存在であることを大聖人は一人、見抜《みぬ》かれたのであり、それを「深く此《こ》れをしれり、日本国に此《こ》れをしれる者は但《ただ》日蓮一人《いちにん》なり」と仰《おお》せになっている。

無量《むりょう》の大難《だいなん》を忍《しの》ぶ慈悲《じひ》の決断《けつだん》

次に立宗《りっしゅう》に踏《ふ》みきられるに至《いた》る大聖人のお心の葛藤《かっとう》が記《しる》されている。

当時の仏教界の歪《ひず》みを見抜《みぬ》き、一切衆生《いっさいしゅじょう》を成仏《じょうぶつ》させる大法《だいほう》は南無妙法蓮華経であることを宣言し、正法《しょうほう》を弘《ひろ》める第一歩《だいいっぽ》を踏《ふ》み出《だ》されたのが、建長《けんちょう》五年（1253年）四月二十八日の立宗《りっしゅう》宣言であった。

念仏《ねんぶつ》をはじめとする諸宗の高僧《こうそう》たちは、人々の尊敬の的《まと》であり、権力者とも深く結びついていた。

しかし、それら諸宗こそ人々を苦悩《くのう》に陥《おとしい》れる元凶《げんきょう》であることを一言《ひとこと》でも言えば、父母、兄弟、師匠のみならず国王からの難《なん》が必ず起こるにちがいない。しかし、もし難を恐《おそ》れて言わないなら、民衆を救《すく》おうとしないことになり、無慈悲《むじひ》の謗《そし》りを免《まぬか》れない。

ゆえに言うべきか否《いな》かで悩まれ、その思索《しさく》・葛藤《かっとう》の末《すえ》に〝言うべし〟と決断《けつだん》されたのであった。

正法《しょうほう》を説《と》き弘《ひろ》めるべきだとする経文は、法華経や涅槃経《ねはんぎょう》に数多《かずおお》くある。例えば涅槃経には「若《も》し善比丘《ぜんびく》法《ほう》を壊《やぶ》る者を見て置《お》いて呵責《かしゃく》し駈遣《くけん》し挙処《こしょ》せずんば当《まさ》に知るべし是《こ》の人は仏法の中の怨《あだ》なり」とある。

しかし、両経《りょうきょう》には、正法《しょうほう》を弘《ひろ》めれば必ず種々《しゅじゅ》の難《なん》が起こるとも説《と》かれている。仏道修行上《ぶつどうしゅぎょうじょう》の難について『摩訶止観《まかしかん》』には「三障四魔紛然《さんしょうしまふんぜん》として競《きそ》い起こる」とある。

したがって、もし邪法《じゃほう》を破折《はしゃく》しなければ、その人が仏法の敵《かたき》となり、たとえ今生《こんじょう》は安穏《あんのん》であっても、後生《ごしょう》には無間地獄《むけんじごく》に堕《お》ちることは明らかである。しかし、言えば、三障四魔《さんしょうしま》が必ずわが身《み》に競《きそ》い起こってくることも覚悟《かくご》しなければならない。

「二辺《へん》の中《うち》には・いうべし」――この二つの中では、言うほうを選《えら》ぶべきであると考えたと仰《おお》せである。

発心不退《ほっしんふたい》の誓願《せいがん》を明かす

しかし、法門を説《と》き始めたものの、もし王難《おうなん》などの最《もっと》も厳しい難が起きたときに退転《たいてん》してしまうくらいなら、はじめから言わないほうがまだよいと思案《しあん》したと仰《おお》せである。

その大聖人が最後に決断《けつだん》される根拠《こんきょ》となったのが、法華経見宝塔品《けんほうとうほん》第11の「六難九易《ろくなんくい》」であったと仰《おお》せになっている。

六難九易《ろくなんくい》は、釈尊滅後《しゃくそんめつご》において、法華経を受持《じゅじ》し弘教《ぐきょう》することが、どれほど困難《こんなん》であるかについて、およそ不可能なことを九つ挙《あ》げて、法華経の弘通《ぐつう》の六つの難《むずか》しさに比《くら》べると、このほうがまだ易《やさ》しいと説《と》いたものである。

ここでは、九易《くい》のうち、須弥山《しゅみせん》を他方《たほう》の無数《むすう》の仏土《ぶつど》に投《な》げ置《お》く、枯《か》れ草《くさ》を背負《せお》って大火《たいか》の中に入っても焼《や》けない、恒沙《ごうじゃ》の経典を読み尽《つ》くす、の三つが挙《あ》げられている。

宝塔品《ほうとうほん》のこの文《もん》は、仏が、それほどの難事《なんじ》であることを述べたうえで、仏の滅後《めつご》に法華経を弘《ひろ》めることを促《うなが》したものである。大聖人は、この宝塔品の説法《せっぽう》に込められた仏の民衆救済《きゅうさい》の心を思い起こして「今度《こんど》・強盛《ごうじょう》の菩提心《ぼだいしん》を・をこして退転《たいてん》せじと願《がん》じぬ」と、不退転《ふたいてん》の誓願《せいがん》を立てたのだと仰《おお》せになっている。

◆池田SGI会長の『開目抄講義』から

仏教において「誓願《せいがん》」は、宿業《しゅくごう》の鉄鎖《てっさ》を切り、過去に縛《しば》られた自分を解放して、新しい未来に向かう自分をつくる力《ちから》と言えます。仏の教えで自分を磨《みが》きつつ、確立した心によって、未来の自分を方向付け、それを実現していく努力を持続していけるのが「誓願の力」です。

誓願《せいがん》とは、いわば「変革の原理」です。

◇

大聖人の生涯《しょうがい》の壮絶《そうぜつ》な闘争を支《ささ》えた原動力は、ひとえに誓願《せいがん》の力《ちから》であったと拝《はい》することができる。誓願を貫《つらぬ》くことによって仏の心と一体化《いったいか》し、生命の奥底《おうてい》から仏界の無限の力を涌現《ゆげん》することができることを示《しめ》し、教えてくださったのである。

濁世《じょくせ》にあって、人間不信を助長《じょちょう》させる魔《ま》の策謀《さくぼう》を打《う》ち破《やぶ》ることができるのは、万人救済《ばんにんきゅうさい》を誓《ちか》う「誓願《せいがん》」の力《ちから》以外にありません。

第21段　法華経の行者《ぎょうじゃ》であることをあらあら示《しめ》す

（200㌻17行目～202㌻7行目）

既《すで》に二十余年《よねん》が間《あいだ》・此《こ》の法門を申《もう》すに日日《ひび》・月月《つきづき》・年年《ねんねん》に難《なん》かさなる、少少《しょうしょう》の難《なん》は・かずしらず大事《だいじ》の難・四度《ど》なり二度《ど》は・しばらく・をく王《おう》難《なん》すでに二度にをよぶ、今度《こんど》はすでに我《わ》が身命《しんみょう》に及《およ》ぶ其《そ》の上《うえ》弟子といひ檀那《だんな》といひ・わづかの聴聞《ちょうもん》の俗人《ぞくにん》なんど来《きた》って重科《じゅうか》に行《おこな》わる謀反《むほん》なんどの者のごとし。

法華経の第四に云《いわ》く「而《しか》も此経《このきょう》は如来《にょらい》の現在にすら猶怨嫉多《なおおんしつおお》し況《いわん》や滅度《めつど》の後《のち》をや」等云云《うんぬん》、

第二に云《いわ》く「経を読誦《どくじゅ》し書持《しょじ》すること有《あ》らん者を見て軽賤憎嫉《きょうせんぞうしつ》して結恨《けっこん》

を懐《いだ》かん」等云云《うんぬん》、

第五に云《いわ》く「一切世間《いっさいせけん》怨多《あだおお》くして信じ難《がた》し」等云云《うんぬん》、又云《またいわ》く「諸《もろもろ》の無智《むち》の人《ひと》の悪口罵詈《あっくめり》する有《あ》らん」等、又云《またいわ》く「国王《こくおう》・大臣《だいじん》・婆羅門《ばらもん》・居士《こじ》に向《むか》って誹謗《ひぼう》し我《わ》が悪《あく》を説《と》いて是《こ》れ邪見《じゃけん》の人《ひと》なりと謂《い》わん」と、又云《またいわ》く「数数《しばしば》擯出見《ひんずいせら》れん」等云云《うんぬん》、又云《またいわ》く「杖木瓦石《じょうもくがしゃく》もて之《これ》を打擲《ちょうちゃく》せん」等云云、

涅槃経《ねはんぎょう》に云《いわ》く「爾《そ》の時に多く無量《むりょう》の外道《げどう》有《あ》って和合《わごう》して共《とも》に摩訶陀《まかだ》の王《おう》・阿闍世《あじゃせ》の所《もと》に往《ゆ》き、今は唯一《ただひとり》の大悪人《だいあくにん》有《あ》り瞿曇沙門《くどんしゃもん》なり、一切世間《いっさいせけん》の悪人利養《あくにんりよう》の為《ため》の故《ゆえ》に其《そ》の所《もと》に往集《おうじゅう》して眷属《けんぞく》と為《な》って能《よ》く善《ぜん》を修《しゅ》せず、呪術《じゅじゅつ》の力《ちから》の故《ゆえ》に迦葉及《かしょうおよ》び舎利弗《しゃりほつ》・目犍連《もっけんれん》を調伏《じょうぶく》す」等云云《うんぬん》、

天台云《てんだいいわ》く「何《いか》に況《いわん》や未来《みらい》をや理化《りけ》し難《がた》きに在《あ》るなり」等云云《うんぬん》、

妙楽云《みょうらくいわ》く「障《さわ》り未《いま》だ除《のぞ》かざる者を怨《おん》と為《な》し聞くことを喜《よろこ》ばざる者を嫉《しつ》と

名《なづ》く」等云云《うんぬん》、
南三《なんさん》・北七《ほくしち》の十師《じっし》・漢土《かんど》無量《むりょう》の学者・天台《てんだい》を怨敵《おんてき》とす、得一《とくいつ》云《いわ》く「咄《つたない》かな智公《ちこう》・汝《なんじ》は是《こ》れ誰《た》が弟子《でし》ぞ三寸《さんずん》に足《た》らざる舌根《ぜっこん》を以《もっ》て覆面舌《ふめんぜつ》の所説《しょせつ》を謗《ぼう》ずる」等云云《うんぬん》、
東春《とうじゅん》に云《いわ》く「問《と》う在世《ざいせ》の時許多《そこばく》の怨嫉《おんしつ》あり仏滅度《ほとけめつど》の後此経《のちこのきょう》を説《と》く時・何《なに》が故《ゆえ》ぞ亦留難《またるなん》多《おお》きや、
答《こた》えて云《いわ》く俗《ぞく》に良薬口《ろうやくくち》に苦《にが》しと云《い》うが如《ごと》く此経《このきょう》は五乗《ごじょう》の異執《いしゅう》を廃《はい》して一《いち》極《ごく》の玄宗《げんしゅう》を立つ、故《ゆえ》に凡《ぼん》を斥《しりぞ》け聖《しょう》を呵《か》し大《だい》を排《はら》い小《しょう》を破《やぶ》り天魔《てんま》を銘《めい》じて毒《どく》虫《むし》と為《な》し外道《げどう》を説《と》いて悪鬼《あっき》と為《な》し執小《しゅうしょう》を貶《へん》して貧賤《ひんせん》と為《な》し菩薩《ぼさつ》を挫《くじ》きて新《しん》学《がく》と為《な》す、故《ゆえ》に天魔《てんま》は聞くを悪《にく》み外道《げどう》は耳《みみ》に逆《さか》い二乗《にじょう》は驚怪《きょうけ》し菩薩《ぼさつ》は怯行《こぎょう》す、此《か》くの如《ごと》きの徒《と》悉《ことごと》く留難《るなん》を為《な》す多《た》怨嫉《おんしつ》の言《ことば》豈唐《あにむな》しからんや」等云云《うんぬん》、

顕戒論《けんかいろん》に云《いわ》く「僧統奏《そうとうそう》して曰《いわ》く西夏《せいか》に鬼弁婆羅門《きべんばらもん》有《あ》り東土《とうど》に巧言《ぎょうごん》を吐《は》く禿頭沙門《とくずしゃもん》あり、此《こ》れ乃《すなわ》ち物類冥召《もつるいみょうしょう》して世間《せけん》を誑惑《おうわく》す」等云云《うんぬん》、論《ろん》じて曰《いわ》く「昔斉朝《むかしせいちょう》の光統《こうず》に聞き今は本朝《ほんちょう》の六統《ろくとう》に見る、実《まこと》なるかな法《ほっ》華《け》に何況《がきょう》するをや」等云云《うんぬん》、

秀句《しゅうく》に云《いわ》く「代《だい》を語れば則《すなわ》ち像《ぞう》の終《おわ》り末《まつ》の始《はじ》め地《じ》を尋《たず》ぬれば則《すなわ》ち唐《とう》の東《ひがし》羯《かつ》の西《にし》・人《ひと》を原《たず》ぬれば則《すなわ》ち五濁《ごじょく》の生《しょう》・闘諍《とうじょう》の時なり、経《きょう》に云《いわ》く猶多怨嫉《ゆたおんしつ》・況滅度後《きょうめつどご》・此《こ》の言《ことば》良《まこと》に以有《ゆえあ》るなり」等云云《うんぬん》、

夫《そ》れ小児《しょうに》に灸治《やいと》を加《くわ》うれば必《かなら》ず母をあだむ重病《じゅうびょう》の者に良薬《ろうやく》をあたうれば定《さだ》んで口《くち》に苦《にが》しとうれう、在世《ざいせ》猶《な》をしかり乃至《ないし》像末辺土《ぞうまつへんど》をや、山に山をかさね波《なみ》に波をたたみ難《なん》に難を加《くわ》へ非《ひ》に非をますべし、

像法《ぞうほう》の中《うち》には天台一人《てんだいいちにん》法華経・一切経《いっさいきょう》をよめり、南北《なんぼく》これをあだみしかども陳隋《ちんずい》・二代の聖主《せいしゅ》・眼前《がんぜん》に是非《ぜひ》を明《あきら》めしかば敵《かたき》ついに尽《つ》きぬ、像《ぞう》の末《まつ》に伝教一人《でんぎょういちにん》・法華経一切経《いっさいきょう》を仏説《ぶっせつ》のごとく読《よ》み給《たま》へり、南都《なんと》・七《しち》大寺蜂起《だいじほうき》せしかども桓武《かんむ》・乃至嵯峨《ないしさが》等の賢主《けんしゅ》・我《われ》と明《あき》らめ給《たま》いしかば又事《またこと》なし、

今末法《いままっぽう》の始《はじ》め二百余年《よねん》なり況滅度後《きょうめつどご》のしるし《兆》に闘諍《とうじょう》の序《ついで》となるべきゆへに非理《ひり》を前《さき》として濁世《じょくせ》のしるし《験》に召《め》し合《あわ》せられずして流罪乃至寿《るざいないしいのち》にも・をよばんと・するなり。

通解

（建長《けんちょう》五年に立宗《りっしゅう》宣言して以来）すでに二十年余《あま》りの間《あいだ》、この法華経の法門を申《もう》してきたが、日々、月々、年々に難《なん》が重《かさ》なっている。少々《しょうしょう》の難《なん》は数知《かずし》らず、大きな難が四度あった。そのうち二度は、しばらくおいておく。国の権力者による迫害《はくがい》はすでに二度に及《およ》んでいる。

特にこのたびの迫害《はくがい》は、私の命《いのち》に及《およ》ぶものであった。

そのうえ、弟子といい、檀那《だんな》（在家の信徒）といい、わずかに法門を聞いただけの在家の人などまで、重《おも》い罪《つみ》に処《しょ》せられた。まるで謀反《むほん》を起こした者などのようであった。

法華経第4巻の法師品《ほっしほん》には「しかも、この法華経を弘《ひろ》める人に対しては、釈尊《しゃくそん》の在世《ざいせ》ですら、なお反発《はんぱつ》・敵対《てきたい》（怨嫉《おんしつ》）する者が多い。まして滅後《めつご》にはなおさら迫害《はくがい》があるだろう（況滅度後《きょうめつどご》）」とある。

第2巻の譬喩品《ひゆほん》には「法華経を読誦《どくじゅ》し、書写《しょしゃ》して受持《じゅじ》しようとする者を人々が見て、軽《かろ》んじ、卑《いや》しみ、憎《にく》み、ねたんで、うらみを抱《いだ》くだろう」とある。

第5巻の安楽行品《あんらくぎょうほん》には「法華経を弘《ひろ》めていこうとするなら、世間《せけん》の一切《いっさい》の人々が、敵《かたき》のように思い迫害《はくがい》するので、信じぬくことは難《むずか》しい」とある。

また同じく第5巻の勧持品《かんじほん》には「仏法に無《む》智《ち》な多くの人が悪口《わるくち》を言い、罵《ののし》るだろう」とある。

また同品《どうほん》には「(正法《しょうほう》の行者《ぎょうじゃ》を憎《にく》む悪僧《あくそう》たちは)国王や大臣《だいじん》、バラモンや社会の有力者(居士《こじ》)たちに向かって、法華経の行者を誹謗《ひぼう》してその悪行《あくぎょう》・悪見《あっけん》を説《と》き聞かせて、この者は邪見《じゃけん》をいだいている者だ、と訴《うった》えるだろう」とある。

また同品《どうほん》には「(法華経の行者《ぎょうじゃ》は)しばしば追《お》い出されるだろう」とある。

さらにまた不軽品《ふきょうぼん》に「杖《つえ》、木、瓦《かわら》、石《いし》でもって、法華経の行者《ぎょうじゃ》を打《う》ちたたこうとするだろう」とある。

涅槃経《ねはんぎょう》には「その時に、数《かぞ》え切《き》れないほど、たくさんの外道《げどう》の者がいて、結束《けっそく》して、マガダ国《こく》の王・阿闍世《あじゃせ》のもとに行き、〝今、ただ一人の大悪人《だいあくにん》がいる。それは瞿曇沙門《くどんしゃもん》(釈尊《しゃくそん》)である。一切《いっさい》の世間の悪人が利《り》を貪《むさぼ》るために瞿曇沙門のもとに集まって仲間《なかま》となって、善《ぜん》を修行《しゅぎょう》しない。また、呪術《じゅじゅつ》の力《ちから》で、迦葉《かしょう》や舎《しゃ》利弗《りほつ》や目連《もくれん》らを取り込み従《したが》わせている〟と訴《うった》えた」とある。

天台大師《てんだいだいし》は『法華文句《ほっけもんぐ》』の中で、法師品《ほっしほん》の文《もん》を解釈して「『釈尊在世《しゃくそんざいせ》ですら迫害《はくがい》があるのだから、まして未来はいうまでもない』と説《と》かれているその意味は、滅後《めつご》の未来は化導《けどう》が難《むずか》しいということである」と述べている。

妙楽大師《みょうらくだいし》は『法華文句記《ほっけもんぐき》』で、怨嫉《おんしつ》について「求道《きゅうどう》を妨《さまた》げるものがまだ取《と》り除《のぞ》かれていないのを『怨《おん》』といい、正法《しょうほう》を聞くことを喜《よろこ》ばないのを『嫉《しつ》』というのである」と述べている。

中国の南三北七《なんさんほくしち》の十派《ぱ》の師や、中国全土《ぜんど》の無数《むすう》の学者が、天台大師《てんだいだいし》を怨敵《おんてき》として憎《にく》んだのである。

日本でも、法相宗《ほっそうしゅう》の僧《そう》・得一《とくいつ》が「つたないかな智公《ちこう》（天台大師智顗《てんだいだいしちぎ》）よ。お前は一体《いったい》、誰の弟子か。三寸《すん》にも足《た》りない舌《した》をもって、顔を覆《おお》うような広く長い舌で真実を自在《じざい》に説《と》いた仏の教えを謗《そし》っているとは」と非難《ひなん》した。

（このように法華経の行者《ぎょうじゃ》に迫害《はくがい》があることについて）天台大師《てんだいだいし》の『法華文句《ほっけもんぐ》』などを釈《しゃく》した智度法師《ちどほっし》の『東春《とうじゅん》』には、こう記《しる》している。

「問《と》う、釈尊在世《しゃくそんざいせ》の時にも多くの反発《はんぱつ》・迫《はく》害《がい》があった。仏の滅度《めつど》の後《のち》、この法華経を説《と》く時にも難《なん》が多いのはなぜか。

答えていうには、俗《ぞく》に『良薬《りょうやく》、口《くち》に苦《にが》し』というように、この法華経は五乗《ごじょう》へのこだわりを打破《だは》して、唯一究極《ゆいいつきゅうきょく》の教えである妙法を立て、成仏《じょうぶつ》することを説《と》いているのである。

それゆえに、六道《ろくどう》の凡夫《ぼんぷ》をしりぞけ、二乗《にじょう》や菩薩《ぼさつ》という聖位《しょうい》のものを叱《しか》り、権大乗経《ごんだいじょうきょう》を排斥《はいせき》し、小乗経《しょうじょうきょう》を破折《はしゃく》して、天魔《てんま》を毒虫《どくむし》と言い切り、外道《げどう》を悪鬼《あっき》であると断言《だんげん》し、小乗経に執着《しゅうちゃく》している二乗を心貧《こころまず》しく卑《いや》しい者とし、権大乗経の菩薩を責《せ》めて未熟《みじゅく》な初心者《しょしんしゃ》にすぎないとするのである。

そのため、天魔《てんま》はこの法を聞くのを憎《にく》み、外道《げどう》は反発《はんぱつ》し、二乗《にじょう》は驚《おどろ》きあやしみ、菩薩《ぼさつ》はおびえてしまう。

これらの者たちすべてが法華経の行者《ぎょうじゃ》に難《なん》を加えてくるのである。『反発《はんぱつ》・敵対《てきたい》する者が多い』という経文の言葉が、どうして虚妄《こもう》と言えるだろうか」と。

伝教大師《でんぎょうだいし》の『顕戒論《けんかいろん》』にはこうある。

「奈良《なら》の僧《そう》たちを取《と》り締《し》まる僧統《そうとう》が天皇《てんのう》に上奏《じょうそう》して言うには『西北《せいほく》インドに鬼弁婆羅門《きべんばらもん》と呼ばれる詭弁《きべん》をもてあそぶ者がいた。東土《とうど》の日本には巧《たく》みな言説《げんせつ》を弄《ろう》する僧まがいの者がいる。これらの同類《どうるい》の者がひそかに意を通《つう》じ合って世間の人々をたぶらかし惑《まど》わしている』と。

この讒言《ざんげん》に伝教《でんぎょう》が反論《はんろん》して言うには、『昔《むかし》、中国の斉《せい》の時代に光統律師慧光《こうずりっしえこう》らが達磨《だるま》に反対したという話があるが、今、日本国には南都六宗《なんとろくしゅう》の輩《やから》が伝教を批判《ひはん》するのを見る。法華経に〝いわんや仏の滅後《めつご》には法華経の行者《ぎょうじゃ》はさらに迫害《はくがい》される〟と説《と》いているのは、実に本当のことである』と」

また伝教大師《でんぎょうだいし》の『法華秀句《ほっけしゅうく》』には「法華経

の大白法《だいびゃくほう》が広まる時代について語れば、それは像法《ぞうほう》の末《まつ》、末法《まっぽう》のはじめであり、その地を尋《たず》ねれば唐《とう》の東、羯《かつ》の西であり、その人々について探《さぐ》り求《もと》めてみると、五濁《ごじょく》の中で生まれた人々であり、正法《しょうほう》が見失《みうしな》われて争《あらそ》いが盛《さか》んな時である。

法華経には『釈尊《しゃくそん》の在世《ざいせ》ですら、なお反《はん》発《ぱつ》・敵対《てきたい》する者が多い。まして滅後《めつご》にはなおさら迫害があるだろう』とある。この言葉は、実に理由のあることである」とある。

そもそも小さな子どもに灸《きゅう》の治療《ちりょう》を行うと、必ず母を憎《にく》む。重病《じゅうびょう》の者に良薬《りょうやく》を与えると、きっと口《くち》に苦《にが》いと嫌《いや》がる。

これと同じく、釈尊《しゃくそん》の在世《ざいせ》でさえ、人々は法華経に対して反発《はんぱつ》が多かった。

ましてや像法《ぞうほう》・末法《まっぽう》、さらにインドから遠く離《はな》れた日本のような辺地《へんち》においては、なおさらである。

山の上に山を積《つ》み重《かさ》ね、波《なみ》の上に波を重ねるように、難《なん》に難を加え、非《ひ》に非を増すだろう。

像法《ぞうほう》時代の中では、天台大師《てんだいだいし》ただ一人が法華経、一切経《いっさいきょう》を正《ただ》しく読んだ。

南北《なんぼく》の諸派《しょは》がこれを憎《にく》んだけれども、陳《ちん》の宣帝《せんてい》と隋《ずい》の煬帝《ようだい》といった二王朝《おうちょう》の優《すぐ》れた王が直接、教えの是非《ぜひ》を明らかにしたので、敵《てき》はついにいなくなった。

像法《ぞうほう》時代の終わりには、伝教大師《でんぎょうだいし》ただ一人

が法華経、一切経《いっさいきょう》を仏の教えの通りに読まれた。
これに反発《はんぱつ》して奈良《なら》の七大寺《しちだいじ》が蜂起《ほうき》したが、桓武天皇《かんむてんのう》から嵯峨《さが》天皇までの賢明《けんめい》な君主《くんしゅ》が自《みずか》ら正邪《せいじゃ》を明らかにしたので、伝教大師《でんぎょうだいし》の場合も事《こと》なきを得た。

今、末法《まっぽう》のはじめ二百年余《ねんあま》りである。「況《きょう》滅度後《めつどご》」の世の前兆《ぜんちょう》であり、闘諍《とうじょう》の世の始まりであるがゆえに、理不尽《りふじん》なことがまかり通り、濁《にご》った世である証拠《しょうこ》に、日蓮には正邪《せいじゃ》を決《けっ》する場も与えられず、むしろ流罪《るざい》になり、命《いのち》まで奪《うば》われようとしている。

語訳

【大事《だいじ》の難《なん》・四度】文応元年《ぶんおうがんねん》（1260年）の松葉ケ谷《まつばがやつ》の法難《ほうなん》と、弘長元年《こうちょうがんねん》（1261年）の伊豆流罪《いずるざい》、文《ぶん》永《えい》元年（1264年）の小松原《こまつばら》の法難、同八年（1271年）の竜《たつ》の口《くち》の法難とそれに続く佐渡《さど》流罪。

【婆羅門《ばらもん》】インドにおけるカースト（四姓制度《しせいせいど》）の最上位。祭祀《さいし》を司《つかさど》る階級。

【阿闍世《あじゃせ》】釈尊在世《しゃくそんざいせ》から滅後《めつご》にかけての大国・マガダ国《こく》の王。提婆達多《だいばだった》にそそのかされて、悪象《あくぞう》に酒《さけ》を飲《の》ませ、けしかけて釈尊や弟子たちを殺そうとしたが失敗《しっぱい》した。

【妙楽《みょうらく》】中国・唐《とう》（八世紀）の天台宗中興《てんだいしゅうちゅうこう》の祖《そ》・妙楽大師のこと。名は湛然《たんねん》。著書《ちょしょ》に、天台の法華三大部《ほっけさんだいぶ》の注釈書《ちゅうしゃくしょ》である『法華玄義釈籤《げんぎしゃくせん》』『法華文句記《もんぐき》』『止観輔行伝弘決《しかんぶぎょうでんぐけつ》』がある。

【南三北七《なんさんほくしち》】五～六世紀の中国の南北朝《なんぼくちょう》時代に仏教の中に十の学派《がくは》があった。長江《ちょうこう》（揚子江《ようすこう》）を中心とする南の三師と黄河《こうが》流域《りゅういき》に近い北の七師のこと。これらの説《せつ》は、天台大師《てんだいだいし》に打《う》ち破《やぶ》られた。

【得一《とくいつ》】平安《へいあん》時代初期、伝教大師《でんぎょうだいし》と論争《ろんそう》した法相宗《ほっそうしゅう》の僧《そう》。徳一《とくいつ》、徳溢《とくいつ》とも書く。

【東春《とうじゅん》】中国・唐《とう》の天台僧《てんだいそう》・智度《ちど》の著書《ちょしょ》である『法華経疏義纉《しょぎさん》』のこと。智度が東春に住んでいたことから、その書は『東春』と呼ばれる。天台の『法華文句《ほっけもんぐ》』、妙楽の『法華文句記《ほっけもんぐき》』を釈《しゃく》したもので、全六巻。

【五乗《ごじょう》】仏教を理解し受容《じゅよう》する衆生《しゅじょう》の能力の違いに応《おう》じて説かれる人《にん》・天《てん》・声聞《しょうもん》・縁覚《えんがく》・菩薩《ぼさつ》の教え。

【秀句《しゅうく》】伝教大師《でんぎょうだいし》の著《あらわ》した『法華《ほっけ》秀句』の略《りゃく》。全三巻。諸経に対する法華経の卓越性《たくえつせい》を説《と》く。

【五濁《ごじょく》】五種の次元《じげん》での生命《せいめい》の濁《にご》り。劫濁《こうじょく》（時代の乱《みだ》れ）、煩悩濁《ぼんのうじょく》（煩悩による生命の濁り）、衆生濁《しゅじょうじょく》（衆生の心身《しんしん》の衰《おとろ》え）、見濁《けんじょく》（思想の乱れ）、命濁《みょうじょく》（短寿《たんじゅ》。生命力《せいめいりょく》の衰え）のこと。

解説

第21段では、立宗《りっしゅう》以来の法華経弘通《ぐつう》・諸宗破折《はしゃく》のゆえに競《きそ》い起こった大難《だいなん》が法華経法師品《ほっしほん》の「猶多怨嫉《ゆたおんしつ》・況滅度後《きょうめつどご》」の文《もん》の通りで、釈尊《しゃくそん》の在世《ざいせ》よりも激《はげ》しいことを明かされている。

立宗《りっしゅう》以来の大難《だいなん》の様相《ようそう》を示《しめ》す

ここでは、建長《けんちょう》五年（1253年）に立宗《りっしゅう》宣言されて以来、本抄御述作《ごじゅっさく》の文永《ぶんえい》九年（1272年）二月までの足掛《あしか》け二十年の間《あいだ》に起きた大難《だいなん》の様相《ようそう》が簡潔《かんけつ》に示《しめ》されている。

次に、法華経、涅槃経《ねはんぎょう》などの文《もん》を挙《あ》げられているのは、日蓮大聖人が遭《あ》われた難《なん》が、すべて釈尊《しゃくそん》が予言した通りであることを示《しめ》され、大聖人が法華経を身読《しんどく》している真の法華経の行者《ぎょうじゃ》であることを示されるためと拝《はい》される。

「況滅度後《きょうめつどご》」などの経文を身読《しんどく》

続いて、法華経の第4巻・法師品《ほっしほん》第10の「而《しか》も此《こ》の経は、如来《にょらい》の現《げん》に在《いま》すすら猶怨嫉多《なおおんしつおお》し。況《いわ》んや滅度《めつど》の後《のち》をや」との経文を引かれている。

これは、釈尊《しゃくそん》自身、法華経を説《と》くために種々《しゅじゅ》の難《なん》に遭《あ》ったが、滅後《めつご》に法華経を実践《じっせん》し弘《ひろ》めれば、在世《ざいせ》を超える反発《はんぱつ》が起こるとの予言である。

そのあとの経文は、この滅後《めつご》の反発《はんぱつ》の具体的な様相《ようそう》を示《しめ》したものとなっている。

そして先に引かれた諸文《しょもん》のうち、とくに法師品《ほっしほん》の文についての天台大師《てんだいだいし》らの諸釈《しょしゃく》を挙《あ》げ、なぜ滅後《めつご》のほうが在世《ざいせ》より反発《はんぱつ》が甚《はなは》だしいかを明らかにされている。

激《はげ》しさを増す末法《まっぽう》における迫害《はくがい》

法華経法師品《ほっしほん》第10の「況滅度後《きょうめつどご》」との経文と、それを釈《しゃく》した天台《てんだい》・伝教《でんぎょう》らの文《もん》を受けて、〝釈《しゃく》尊《そん》の在世《ざいせ》よりも大きな難《なん》を受ける〟というこの経文の通りの大難《だいなん》を受けているのは、末法《まっぽう》の大聖人にほかならないことを結論されている。

大聖人は、まず、病気を治《なお》す灸治《きゅうじ》や良薬《りょうやく》が嫌《きら》われることを例としながら、いかなる時代にあっても、衆生《しゅじょう》は愚《おろ》かさのゆえに生命《せいめい》の病《やまい》を癒《い》やす正法《しょうほう》に反発《はんぱつ》するという道理を示《しめ》されている。

次に、「在世猶《ざいせな》をしかり乃至像末辺土《ないしぞうまつへんど》をや」とは、法華経の行者《ぎょうじゃ》に対する難《なん》が、在世・正法《しょうほう》時代より像法《ぞうほう》・末法《まっぽう》、またインドより辺土すなわち日本のほうが、さらに激《はげ》しくなることを示《しめ》されている。

それを〝山に山を重《かさ》ねるように、波《なみ》に波をたたむように、難《なん》に難を加え、非《ひ》に非を加える〟と仰《おお》せになっているのである。

そして、同じ仏滅後《ぶつめつご》でも、像法《ぞうほう》時代の天台大師《てんだいだいし》や伝教《でんぎょう》大師の場合と、末法《まっぽう》の大聖人の場合との違いを明らかにされている。

末法《まっぽう》は争《あらそ》いが絶《た》えない時代であり、悪王《あくおう》や愚王《ぐおう》が道理よりも非理《ひり》を重《おも》んじる濁《にご》った世である。この末法に出現された大聖人は、権力者から公平《こうへい》な法論《ほうろん》の席《せき》を与えられることもなく、かえって諸宗の僧《そう》の言《い》い分《ぶん》を一方的に聞いた権力者によって迫害《はくがい》されたのであった。

第22段　経文との符合《ふごう》を明かす

（２０２㌻８行目～２０３㌻10行目）

されば日蓮が法華経の智解《ちげ》は天台《てんだい》・伝教《でんぎょう》には千万が一分《いちぶん》も及《およ》ぶ事《こと》なけれ
ども難《なん》を忍《しの》び慈悲《じひ》のすぐれたる事《こと》は・をそれをも・いだきぬべし、
定《さだ》んで天《てん》の御計《おんはから》いにもあづかるべしと存《ぞん》ずれども一分《いちぶん》のしるしもなし、
いよいよ重科《じゅうか》に沈《しず》む、
還《かえ》って此《こ》の事《こと》を計《はか》りみれば我《わ》が身《み》の法華経の行者《ぎょうじゃ》にあらざるか、
又諸天善神《またしょてんぜんじん》等の此《こ》の国をすてて去《さ》り給《たま》えるか・かたがた疑《うたが》はし、
而《しか》るに法華経の第五の巻《まき》・勧持品《かんじぼん》の二十行《ぎょう》の偈《げ》は日蓮だにも此《こ》の国に生《うま》
れずば・ほと《殆》をど世尊《せそん》は大妄語《だいもうご》の人《ひと》・八十万億那由佗《まんのくなゆた》の菩薩《ぼさつ》は提婆《だいば》が虚誑《こおう》

罪《ざい》にも堕《お》ちぬべし、

経に云《いわ》く「諸《もろもろ》の無智《むち》の人《ひと》あって・悪口罵詈《あっくめり》等し・刀杖瓦石《とうじょうがしゃく》を加《くわ》う」等云云《うんぬん》、

今の世を見るに日蓮より外《ほか》の諸僧《しょそう》たれの人《ひと》か法華経につけて諸人《しょにん》に悪口《あっく》罵詈《めり》せられ刀杖《とうじょう》等を加《くわ》えらるる者ある、日蓮なくば此《こ》の一偈《いちげ》の未来記《みらいき》は妄語《もうご》となりぬ、

「悪世《あくせ》の中の比丘《びく》は・邪智《じゃち》にして心諂曲《こころてんごく》」又云《またいわ》く「白衣《びゃくえ》の与《ため》に法を説《と》いて世《よ》に恭敬《くぎょう》せらるること六通《ろくつう》の羅漢《らかん》の如《ごと》し」

此等《これら》の経文は今の世の念仏者《ねんぶつしゃ》・禅宗《ぜんしゅう》・律宗《りっしゅう》等の法師《ほっし》なくば世尊《せそん》は又大妄語《まただいもう ご》の人、常在大衆中《じょうざいだいしゅちゅう》・乃至向国王大臣婆羅門居士《ないしこうこくおうだいじんばらもんこじ》等、今の世の僧等《そうら》・日蓮を讒奏《ざんそう》して流罪《るざい》せずば此《こ》の経文むなし、

又云《またいわ》く「数数見擯出《さくさくけんひんずい》」等云云《うんぬん》、日蓮・法華経のゆへに度度《たびたび》ながされずば数数《さくさく》の二字いかんがせん、此《こ》の二字は天台《てんだい》・伝教《でんぎょう》もいまだ・よみ給《たま》はず況《いわん》や余人《よにん》をや、末法《まっぽう》の始《はじめ》のしるし恐怖悪世中《くふあくせちゅう》の金言《きんげん》の・あふゆへに但《ただ》日蓮一人《いちにん》これをよめり、

例《れい》せば世尊《せそん》が付法蔵経《ふほうぞうきょう》に記《しる》して云《いわ》く「我《わ》が滅後《めつご》・一百年に阿育《あそか》大王という王あるべし」摩耶経《まやきょう》に云《いわ》く「我《わ》が滅後《めつご》・六百年に竜樹菩薩《りゅうじゅぼさつ》という人・南《なん》天竺《てんじく》に出《い》ずべし」大悲経《だいひきょう》に云《いわ》く「我《わ》が滅後《めつご》・六十年に末田地《までんたい》という者・地《じ》を竜宮《りゅうぐう》につく《築》べし」

此《こ》れ等《ら》皆《みな》仏記《ぶっき》のごとくなりき、しからずば誰《たれ》か仏教を信受《しんじゅ》すべき、而《しか》るに仏《ほとけ》・恐怖悪世《くふあくせ》・然後末世《ねんごまっせ》・末法滅時《まっぽうめつじ》・後五百歳《ごごひゃくさい》なんど正妙《しょうみょう》の二本

に正《まさ》しく時を定《さだ》め給《たも》う、当世《とうせい》・法華《ほっけ》の三類《さんるい》の強敵《ごうてき》なくば誰《たれ》か仏説《ぶっせつ》を信受《しんじゅ》せん日蓮なくば誰《たれ》をか法華経の行者《ぎょうじゃ》として仏語《ぶつご》をたすけん、南三《なんさん》・北七《ほくしち》・七大寺《しちだいじ》等・猶像法《なおぞうほう》の法華経の敵《かたき》の内《うち》・何《いか》に況《いわん》や当世《とうせい》の禅《ぜん》・律《りつ》・念仏者《ねんぶつしゃ》等は脱《のが》るべしや、

経文に我《わ》が身《み》・普合《ふごう》せり御勘気《ごかんき》をかほ《蒙》れば・いよいよ悦《よろこ》びをますべし、例《れい》せば小乗《しょうじょう》の菩薩《ぼさつ》の未断惑《みだんわく》なるが願兼於業《がんけんおごう》と申《もう》して・つくりたくなき罪《つみ》なれども父母等の地獄《じごく》に堕《お》ちて大苦《だいく》を・うくるを見てかた《形》のごとく其《そ》の業《ごう》を造《つく》って願《ねが》って地獄《じごく》に堕《お》ちて苦《くるしむ》に同じ苦《くるしみ》に代《かわ》れるを悦《よろこ》びとするがごとし、此《こ》れも又《また》かくのごとし当時の責《せめ》はたうべくも・なけれども未来の悪道《あくどう》を脱《だっ》すらんと・をもえば悦《よろこ》びなり。

通解

そうである（法華経を末法《まっぽう》に弘通《ぐつう》して前代未《ぜんだいみ》聞《もん》の難《なん》に遭《あ》っている）から、日蓮が法華経の法理を理解する智慧《ちえ》は天台大師《てんだいだいし》や伝教《でんぎょう》大師には千万分の一ほどにも及《およ》ばないけれども、難を耐《た》え忍《しの》び、慈悲《じひ》が優《すぐ》れていることについては、実に恐縮《きょうしゅく》するほどである。

きっと諸天善神《しょてんぜんじん》の配慮《はいりょ》にもあずかるだろうと思うのであるが、少《すこ》しの兆候《ちょうこう》もない。いよいよ重罪《じゅうざい》に処《しょ》されている。

逆に、このことを考えてみると、わが身《み》が法華経の行者《ぎょうじゃ》ではないということなのか。

また、諸天善神《しょてんぜんじん》らがこの国を捨《す》て去《さ》ってしまっているということなのか。さまざまに疑《うたが》わしいことである。

しかしながら法華経の第5巻の勧持品《かんじほん》の二十行《ぎょう》の偈《げ》は、日蓮がこの国に生まれなければ、ほとんど釈尊《しゃくそん》は大《おお》うそつきの人となってしまうのであり、八十万億那由他《まんのくなゆた》の菩薩《ぼさつ》たちは提婆達多《だいばだった》と同じうそつきの罪《つみ》に堕《お》ちてしまうにちがいない。

法華経には「仏法に無智《むち》な多くの人がいて、法華経の行者《ぎょうじゃ》に対して、悪口《わるくち》を言い罵《ののし》り、刀《かたな》や杖《つえ》や瓦《かわら》や石で攻撃《こうげき》してくる」（勧持品《かんじほん》の二十行《ぎょう》の偈《げ》のうち、俗衆増上慢《ぞくしゅぞうじょうまん》の箇所《かしょ》）とある。

今の世の中を見てみると、日蓮以外の諸僧《しょそう》の誰が、法華経のことで多くの人たちに悪口《わるくち》を言われ罵《ののし》られ、刀《かたな》や杖《つえ》などで攻撃されているだろうか。日蓮がいなければ、この一偈《いちげ》に示《しめ》された未来の予言はうそになってしまったところである。

「悪世《あくせ》の中の比丘《びく》は邪智《じゃち》で心はねじ曲《ま》がっている」（同、道門増上慢《どうもんぞうじょうまん》の箇所《かしょ》）と。また「在家《ざいけ》の人たちに法を説《と》いて、世間で尊敬されているさまは六つの神通力《じんずうりき》を得た阿羅漢《あらかん》のようである」（同、僭聖増上慢《せんしょうぞうじょうまん》の箇所）とある。

これらの経文は、今の世の念仏者《ねんぶつしゃ》や禅宗《ぜんしゅう》・律宗《りっしゅう》などの僧《そう》がいなければ、釈尊《しゃくそん》はまた大《おお》うそつきである。

さらに「常に人々の中にいて（中略）国王や大臣《だいじん》、バラモンや社会の有力者たちに向かって（法華経の行者《ぎょうじゃ》の悪口《わるくち》を言う）」（同）とある。今の世の僧《そう》らが日蓮のことを讒言《ざんげん》して流《る》罪《ざい》に陥《おとしい》れていなければ、この経文も空《むな》しいものとなっていた。

また「数数《しばしば》所を追《お》われる」とある。

日蓮が法華経のゆえに度々《たびたび》、流されていなかったら、この「数数《しばしば》」という二字はどう考えればいいのだろう。この二字は、天台《てんだい》・伝《でん》教《ぎょう》ですらまだ身《み》で読まれていない。まして他の人はいうまでもない。

今が末法《まっぽう》の始めである証拠《しょうこ》として、「恐《おそ》ろしい悪世《あくせ》の中で」という仏の言葉が的中《てきちゅう》しているからこそ、ただ日蓮一人だけがこの経文を身《み》で読んだのである。

例を挙《あ》げれば、釈尊《しゃくそん》が付法蔵経《ふほうぞうきょう》に記《しる》していうには「私の滅後《めつご》、百年たった時に、アショーカ大王という王が出現するだろう」と。また摩耶経《まやきょう》には「私の滅後《めつご》、六百年には、竜樹《りゅうじゅ》菩薩《ぼさつ》という人が、南インドに生まれるだろう」と。大悲経《だいひきょう》には「私の滅後《めつご》六十年には末《ま》田地《でんじ》という者が、大地を竜宮《りゅうぐう》のある湖《みずうみ》に築《きず》くだろう」と。

これらはすべて皆、仏が予言した通りに実現した。そうでなければ、誰が仏教を信受《しんじゅ》しただろうか。

そして、仏は、「恐《おそ》ろしい悪世《あくせ》」（勧持品《かんじほん》）、「しかるに後《のち》の末《すえ》の世」（正法華経《しょうほけきょう》）、「末《すえ》の法《ほう》滅《めつ》の時」（安楽行品《あんらくぎょうほん》）、「後《のち》の五百年」（薬王品《やくおうぼん》）などと説《と》き、正法華経・妙法蓮華経の二つの漢訳本《かんやくぼん》のどちらをみても、明確に時を定《さだ》められている。

（その末法《まっぽう》である）今の世に法華経に説《と》かれた三類《さんるい》の強敵《ごうてき》がなければ、誰が仏説《ぶっせつ》を信受《しんじゅ》するだろうか。日蓮がいなければ誰を（仏がその出現を予言した）法華経の行者《ぎょうじゃ》であると定《さだ》めて、仏の言葉が真実であると証明《しょうめい》し助けることができようか。

中国の南三北七《なんさんほくしち》の僧《そう》や奈良《なら》の七大寺《しちだいじ》の僧でさえも、（それぞれ天台《てんだい》や伝教《でんぎょう》に敵対《てきたい》したゆえに）像法《ぞうほう》の法華経の敵《かたき》に含《ふく》まれる。まして、（末《まっ》法《ぼう》の法華経の行者《ぎょうじゃ》を迫害《はくがい》している）当世《とうせい》の禅《ぜん》・律《りつ》・念仏《ねんぶつ》の徒《と》らは法華経の敵《かたき》と呼ばれるのを免《まぬか》れることはできない。

経文の予言に、わが身《み》が符合《ふごう》している。それゆえ、幕府《ばくふ》から迫害《はくがい》を受ければ、いよいよ喜《よろこ》びが増してくる。たとえば、小乗教《しょうじょうきょう》に登場する菩薩《ぼさつ》でまだ煩悩《ぼんのう》を断じ切っていない者が願兼於業《がんけんおごう》といって、つくりたくない罪《つみ》であるけれども、父母らが地獄《じごく》に堕《お》ちて大苦《だいく》を受けているのを見て、そっくりそのまま同じ業をつくって自《みずか》ら願《ねが》って地獄に堕ちて苦しみ、父母たちの苦しみに代われることを喜《よろこ》びとするようなものである。

日蓮もまたこれと同じである。現在の責《せ》めは耐《た》えがたいほどの苦《く》であるが、来世《らいせ》に悪道《あくどう》に堕《お》ちることを免《まぬか》れると思えば、喜《よろこ》びである。

語訳

【伝教《でんぎょう》】八～九世紀。日本天台宗《てんだいしゅう》の開創者、伝教大師・最澄《さいちょう》のこと。比叡山《ひえいざん》に延暦寺《えんりゃくじ》を築《きず》く。法華経の卓《たく》越性《えっせい》を主張し宣揚《せんよう》した。

【勧持品《かんじほん》の二十行の偈《げ》】法華経勧持品第13の二十行の偈文《げもん》のこと。法華経の虚空会《こくうえ》の会座《えざ》で八十万億那《まんのくな》由他《ゆた》という無数の菩薩《ぼさつ》が、仏の滅後《めつご》に三類《さんるい》の強敵《ごうてき》による迫害《はくがい》に耐《た》えて法華経を弘通《ぐつう》することを異口同音《どうおん》に誓《ちか》った文《もん》。

【阿育《あそか》大王】アショーカ大王。紀元前三世紀、インドを統一《とういつ》したマウリヤ朝《ちょう》第三代の王。

【末田地《までんたい》】「までんじ」とも読む。サンスクリットの「マディヤーンティカ」の音写。付法蔵《ふほうぞう》の第三。『大唐西域記《だいとうさいいきき》』によれば、釈尊滅後《しゃくそんめつご》五十年ごろに現《あらわ》れ、阿難《あなん》の弟子となり、後に付嘱《ふぞく》を受けて、罽賓《けいひん》国《こく》（カシミール）に行き、竜王《りゅうおう》を教化《きょうけ》して仏法を大いに弘《ひろ》めたとされる。その際に竜王は自《みずか》らの住む池を供養することを誓い、池を干上がらせて大地として末田地に供養し、末田地はそこに伽藍《がらん》を築いたという。

【小乗《しょうじょう》の菩薩《ぼさつ》の未断惑《みだんわく》なる】「小乗の菩薩」とは、天台大師《てんだいだいし》が立てた七つの方便《ほうべん》の修行《しゅぎょう》の位《くらい》の一つ。小乗と位置づけられる三蔵教《さんぞうきょう》の阿含経典《あごんきょうてん》に説《と》かれている菩薩。仏道《ぶつどう》修行では、見思惑《けんじわく》・塵沙惑《じんじゃわく》・無明《むみょう》惑《わく》という三惑《さんわく》のうち見思惑を最初に断じていくが、この菩薩はその見思惑もまだ断じていず、凡夫《ぼんぷ》に等《ひと》しいものとされる。

【願兼於業《がんけんおごう》】悪道《あくどう》・悪世《あくせ》に苦しむ人を救《すく》うため、自《みずか》ら願《ねが》って、悪道・悪世に生まれること。妙楽大師《みょうらくだいし》の『法華文句記《ほっけもんぐき》』の文《もん》。願《がん》は願生《がんしょう》、業《ごう》は業生《ごうしょう》のこと。業生とは過去世《かこせ》の善悪《ぜんあく》の業の報《むく》いとして今世《こんぜ》に生まれることであり、願生とは衆生救済《しゅじょうきゅうさい》・仏法弘通《ぐつう》の誓願《せいがん》によって、目指《めざ》す世に生まれること。法華経法師品《ほっしほん》第10には、菩薩《ぼさつ》がすでに積《つ》んだ仏道修行《ぶつどうしゅぎょう》の功徳《くどく》によって善処《ぜんしょ》に生まれるところを、民衆救済のために願って悪世に生まれ、苦悩の民衆の中で仏法を弘通《ぐつう》することが説《と》かれている。

解説

第22段では、法華経の智解《ちげ》はともかく、法華経を末法《まっぽう》に弘《ひろ》めるためにどうしても必要な忍難《にんなん》と慈悲《じひ》の実践《じっせん》においては、日蓮大聖人のほうが天台《てんだい》・伝教《でんぎょう》とは比較《ひかく》にならないくらいに優《すぐ》れていると仰《おお》せになっている。

したがって当然、諸天《しょてん》が加護《かご》するはずであるが、そのしるしがないのは、大聖人が法華経の行者《ぎょうじゃ》でないということか、あるいは諸天がいなくなっているからかと疑《うたが》いを提起《ていき》されている。

大聖人の御境涯《ごきょうがい》を示《しめ》す忍難《にんなん》と慈悲《じひ》

ここで、「されば日蓮が法華経の智解《ちげ》は」以下の御文には、〝私、日蓮は、法華経についての知的な理解は、天台大師《てんだいだいし》や伝教大師《でんぎょう》の千万の一ほどにも及《およ》ばないけれども、難《なん》を忍《しの》び、慈悲《じひ》が優《すぐ》れている点においては、日蓮のほうがはるかに優れている〟と仰《おお》せになっている。

現実に大聖人は、末法《まっぽう》の衆生《しゅじょう》のために説《と》かれた法華経を、衆生への慈悲《じひ》のゆえに弘《ひろ》められ、そのために迫害《はくがい》に遭《あ》われた。慈悲の実践《じっせん》のゆえに難《なん》が起きたのであり、逆《ぎゃく》に、いかなる難にも退《しりぞ》かないのも大慈悲のゆえであられる。

疑《うたが》いを挙《あ》げて破《やぶ》り、真実を顕《あらわ》す

次に、法華経の行者《ぎょうじゃ》である大聖人に、諸天《しょてん》の加護《かご》がないのはなぜか、という疑《うたが》いを挙《あ》げられている。

法華経には、法華経を持《たも》ち弘通《ぐつう》する人には大難《だいなん》が生《しょう》じるとともに、諸天《しょてん》の加護《かご》が必ずあることが説《と》かれている。しかし、大聖人に対しては諸天の加護があらわれず、竜《たつ》の口《くち》の法難《ほうなん》、佐渡《さど》流罪《るざい》というように、ますます〝重科《じゅうか》（重《おも》い科《とが》、重罪《じゅうざい》）に沈《しず》んでいる〟と記《しる》されている。

このことから、諸天《しょてん》が守ろうとしないのは御自身《ごじしん》が法華経の行者《ぎょうじゃ》ではないということなのか、それとも諸天善神《ぜんじん》が国を去《さ》ったためであるのか、という疑問《ぎもん》を提示《ていじ》されている。

これは、当時の諸宗の学者から浴《あ》びせられた批判《ひはん》でもあり、弟子・檀那《だんな》の心にあった疑《うたが》いでもあった。

これに対する回答は、この段で、まずあらあら示《しめ》されるが、それを受けて次の第23段からは、さらに詳細《しょうさい》に検討されていく（本抄後半は、この疑問《ぎもん》に答えられるかたちで展開している）。

ここでは、なぜ諸天《しょてん》の加護《かご》がないのかという問題に入る前に、間違いなく明らかな事実として、末法《まっぽう》の法華経の行者《ぎょうじゃ》が受ける大難《だいなん》の様相《ようそう》を予言した法華経勧持品《かんじほん》二十行《ぎょう》の偈《げ》の文《もん》を大聖人お一人が身読《しんどく》し、釈尊《しゃくそん》の予言を虚妄《こもう》でないようにしたのであると仰《おお》せになり、法華経身読の喜《よろこ》びを語られている。

大聖人の受けられた難《なん》が勧持品《かんじほん》の予言に符合《ふごう》していることは、まさに大聖人によって法華経の真実が証明されたことを意味する。

もし、大聖人が末法《まっぽう》の日本に出現し大難《だいなん》に遭《あ》われなければ、法華経勧持品《かんじほん》の文《もん》はうそとなり、法華経の教主《きょうしゅ》である釈尊《しゃくそん》は「大妄語《だいもうご》（＝偽《いつわ》りの言葉）の人」となり、また、勧持品二十行《ぎょう》の偈《げ》の言葉を述べた八十万億那由他《まんのくなゆた》の菩薩《ぼさつ》は、提婆達多《だいばだった》の「虚誑罪《こおうざい》（＝うそをついて人をあざむく罪《つみ》）」と同じになってしまうと仰《おお》せになっているのである。

さて、法華経の勧持品《かんじほん》第13に説《と》かれている三類《さんるい》の強敵《ごうてき》とは、俗衆増上慢《ぞくしゅぞうじょうまん》・道門《どうもん》増上慢・僭聖《せんしょう》増上慢のことである。

俗衆増上慢《ぞくしゅぞうじょうまん》とは、法華経の行者《ぎょうじゃ》を悪口罵詈《あっくめり》したり、刀杖《とうじょう》を加えたりする、仏法に無知《むち》な在俗《ざいぞく》の人々をいう。道門増上慢《どうもんぞうじょうまん》とは、慢心《まんしん》で邪智《じゃち》に富《と》んだ僧侶《そうりょ》をいう。僭聖増上慢《せんしょうぞうじょうまん》とは、聖者《せいじゃ》の姿を装《よそお》い、社会的に尊敬を受ける者で、内面《ないめん》では利欲《りよく》を貪《むさぼ》り悪心《あくしん》を抱《いだ》いて法華経の行者《ぎょうじゃ》を怨嫉《おんしつ》し、ついには権力を利用して迫害《はくがい》を及《およ》ぼす敵人《てきじん》をいう。

まず、俗衆増上慢《ぞくしゅぞうじょうまん》による迫害《はくがい》に「刀杖《とうじょう》を加《くわ》う」とあるが、大聖人は、小松原《こまつばら》の法難《ほうなん》と竜《たつ》の口《くち》の法難において、二度にわたり刀《かたな》の難を受け、竜の口の法難の直前《ちょくぜん》には法華経の第5の巻《まき》で顔面を打《う》たれるという杖《つえ》の難に遭《あ》われている。この一事《いちじ》をもっても「日蓮なくば此《こ》の一偈《いちげ》の未来《みらい》記《き》は妄語《もうご》となりぬ」といえるのである。

さらに大聖人は、道門増上慢《どうもんぞうじょうまん》、僭聖《せんしょう》増上慢については、「今の世の念仏者《ねんぶつしゃ》・禅宗《ぜんしゅう》・律宗《りっしゅう》等の法師《ほっし》」がそれであると仰《おお》せになっている。

僭聖増上慢《せんしょうぞうじょうまん》である高僧《こうそう》は、国王・大臣《だいじん》などの権力者に巧《たく》みに取り入って、陰険《いんけん》かつ巧妙《こうみょう》に策《さく》略《りゃく》をめぐらし、法華経の行者《ぎょうじゃ》に弾圧《だんあつ》を加えるのである。

「数数《さくさく》」の二字――法華経を身読《しんどく》

また、大聖人は勧持品《かんじほん》二十行《ぎょう》の偈《げ》から「数数見擯出《さくさくけんひんずい》」についても言及《げんきゅう》されている。「数数《さくさく》」とは、〝たびたび〟ということ。大聖人は、伊豆流罪《いずるざい》・佐渡《さど》流罪の二度の流刑《るけい》に遭《あ》われ、この「数数見擯出」の経文を身読《しんどく》された。

このように、法華経勧持品《かんじほん》の二十行《ぎょう》の偈《げ》を詳細《しょうさい》に検討されることによって、大聖人が法華経を末法《まっぽう》において、ただ一人身読《しんどく》されたことを仰《おお》せになっている。

そして「末法《まっぽう》の始《はじめ》のしるし恐怖悪世中《くふあくせちゅう》の金言《きんげん》の・あふゆへに但《ただ》日蓮一人《いちにん》これをよめり」と言われ、勧持品《かんじほん》二十行《ぎょう》の偈《げ》に予言されたその人こそ、大聖人にほかならないと示《しめ》されているのである。この元意《がんい》は、大聖人こそ末法の法華経の行者《ぎょうじゃ》であることを示《しめ》されることにある。

そして、経文の予言通りに出現した人の例として、釈尊《しゃくそん》が滅後《めつご》の未来について述べた予言の文《もん》を三つ挙《あ》げられて、これらに説《と》かれたアショーカ王《おう》・竜樹菩薩《りゅうじゅぼさつ》・末田地《までんじ》の出現が、すべて事実と符合《ふごう》していることを示《しめ》され、「仏記《ぶっき》」すなわち仏の未来記《みらいき》に間違いはなく、もし仏記が虚《こ》妄《もう》になってしまったなら、誰も仏教を信受《しんじゅ》しようとはしなかっただろうと強調されている。

このあと大聖人は、法華経が流布《るふ》されるべき時を述べた文《もん》として、鳩摩羅什訳《くまらじゅうやく》の法華経（妙法蓮華経）勧持品《かんじほん》の「恐怖悪世《くふあくせ》」、安楽行品《あんらくぎょうぼん》の「末法滅時《まつほうめつじ》（於後末世《おごまっせ》・法欲滅時《ほうよくめつじ》）」、薬王品《やくおうぼん》の「後《ご》五百歳《ひゃくさい》」と、竺法護訳《じくほうごやく》の正法華経の「然後末世《ねんごまっせ》」を取り上げられている。「正妙《しょうみょう》の二本《ほん》」すなわち正法華経《しょうほけきょう》と妙法蓮華経（妙法華《みょうほっけ》）という法華経の同本異訳《どうほんいやく》の二つを並べ挙《あ》げられることによって、訳者《やくしゃ》が勝手《かって》に付け加えたものではないことを示《しめ》されているのである。

したがって、仏の予言通りに末法《まっぽう》に法華経を弘《ひろ》めている大聖人に、予言通りの三類《さんるい》の強敵《ごうてき》が出来《しゅったい》しなければ、反対に、仏説《ぶっせつ》を誰も信じなくなる。その仏の言葉を救《すく》ったのは日蓮大聖人であると仰《おお》せである。

そして、大難《だいなん》を受けるのは経文の通りなのだから、難が大きければ大きいほど「いよいよ悦《よろこ》びをますべし」と仰《おお》せになっているのである。

ここで、大聖人は小乗《しょうじょう》の菩薩《ぼさつ》（小乗経に説《と》かれる菩薩、釈尊《しゃくそん》の過去世《かこせ》の修行《しゅぎょう》の姿《すがた》）が自《みずか》ら願《ねが》って業《ごう》をつくって父母をはじめ衆生《しゅじょう》の苦しみを代わって受けることを悦《よろこ》びとしたように、大聖人御《ご》自身《じしん》が、今、末法《まっぽう》の悪世《あくせ》に出現して法華経の行者《ぎょうじゃ》として大難《だいなん》を受けられているのは、一切《いっさい》衆生を苦悩から救《すく》わんがためであることを示《しめ》されている。

そして、現実の大難《だいなん》の苦しみは、確かに耐《た》え難《がた》いものではあるが、未来には悪道《あくどう》を脱《だっ》し成仏《じょうぶつ》できることを思えば、かえって悦《よろこ》びであると仰《おお》せになっている。

◆池田SGI会長の『開目抄講義』から

慈悲《じひ》は忍難《にんなん》の原動力であり、忍難は深き慈悲の証明です。そのことを示《しめ》すために、大聖人は「願兼於業《がんけんおごう》」の法理について言及《げんきゅう》されています。

大聖人は、ここで、御自身《ごじしん》が受けられている大難《だいなん》は、実は衆生《しゅじょう》を救《すく》う願《ねが》いのために、あえて苦しみを受けていく菩薩《ぼさつ》の願兼於業《がんけんおごう》と同じであるとされています。そして、菩薩が衆生の苦しみを代わりに受けていくことを喜《よろこ》びとしているように、大聖人も今、大難という苦しみを受けているが、悪道《あくどう》を脱《だっ》する未来を思えば悦《よろこ》びである、と言われている。

◇

願兼於業《がんけんおごう》とは、仏法における宿命転換論《しゅくめいてんかんろん》の結論です。端的《たんてき》に言えば、「宿命を使命に変える」

生き方です。

人生に起きたことには必ず意味がある。また、意味を見いだし、見つけていく。それが仏法者の生き方です。意味のないことはありません。どんな宿命《しゅくめい》も、必ず、深い意味があります。

それは、単《たん》なる心のあり方という次元《じげん》ではない。一念《いちねん》の変革から世界の変革が始まる。これは仏法の方程式《ほうていしき》です。宿命をも使命と変えていく強き一念は、現実の世界を大きく転換《てんかん》していくのです。

その一念《いちねん》の変革によって、いかなる苦難《くなん》も自身の生命を鍛《きた》え、作り上げていく悦《よろこ》びの源泉《げんせん》と変わっていく。悲哀《ひあい》をも創造《そうぞう》の源泉としゆくところに、仏法者の生き方があるのです。

その真髄《しんずい》の生き方を身をもって教えられているのが、日蓮大聖人の「法華経の行者《ぎょうじゃ》」としての振《ふ》る舞《ま》いにほかならない。

「戦う心」が即《そく》「幸福」への直道《じきどう》です。

第23段　疑問《ぎもん》を挙《あ》げて真の法華経の行者《ぎょうじゃ》を示《しめ》す

（203ページ11行目〜14行目）

但《ただ》し世間の疑《うたがい》といゐ自心《じしん》の疑《うたがい》と申《もう》しいかでか天扶《てんたす》け給《たま》わざるらん、諸天《しょてん》等の守護神《しゅごしん》は仏前《ぶつぜん》の御誓言《ごせいごん》あり法華経の行者《ぎょうじゃ》には・さる《猨》になりとも法華経の行者とがうして早早《そうそう》に仏前《ぶつぜん》の御誓言《ごせいごん》を・とげんとこそをぼすべきに其《そ》の義《ぎ》なきは我《わ》が身《み》・法華経の行者にあらざるか、此《こ》の疑《うたがい》は此《こ》の書《しょ》の肝心《かんじん》・一期《いちご》の大事《だいじ》なれば処処《しょしょ》にこれをかく上疑《うえうたがい》を強《つよ》くして答《こたえ》をかまうべし。

通解

ただし世間の疑《うたが》いとして、また自身の心から生まれる疑いとして、私が法華経の行者《ぎょうじゃ》であるなら、どうして諸天善神《しょてんぜんじん》らはこれを助けないのか。諸天《しょてん》らの守護神《しゅごしん》は、仏の前での誓《ちか》いがある。法華経の行者《ぎょうじゃ》に対《たい》しては、猿《さる》が見かけだけは人に似ているように、たとえ見かけばかりであっても、法華経の行者と讃《たた》えて、早々《そうそう》に仏の前での誓《ちか》いを成就《じょうじゅ》しようと思われるはずなのに、その義《ぎ》がないのは、わが身《み》が法華経の行者ではないからだろうか。

この疑《うたが》いは、この書《しょ》(「開目抄《かいもくしょう》」)の肝心要《かんじんかなめ》であり、日蓮の一生《いっしょう》の大事であるから、繰《く》り返《かえ》しこれを書き、疑いを強くし、そのうえで答えを示《しめ》そう。

解説

ここから、諸天《しょてん》の加護《かご》がないのは、日蓮大聖人御自身《ごじしん》が法華経の行者《ぎょうじゃ》ではないということなのかという疑問《ぎもん》の解明《かいめい》を通して、大聖人がまさしく末法《まっぽう》の法華経の行者であることを明らかにされる。

「疑《うたが》い」を、覚《さと》りへと至《いた》る道に

法華経の行者《ぎょうじゃ》を諸天《しょてん》が加護《かご》するということは、安楽行品《あんらくぎょうぼん》や陀羅尼品《だらにほん》などに説《と》かれている。それなのに、大聖人は竜《たつ》の口《くち》の法難《ほうなん》や佐渡流罪《さどるざい》に遭《あ》われている。

そこで、世間一般や門下《もんか》の一部から、〝法華経の行者であるならば、どうして諸天《しょてん》が守護《しゅご》しないのか〟〝大聖人は法華経の行者《ぎょうじゃ》ではないのではないか〟という疑《うたが》いが起こり、そのために退転《たいてん》する門下も出ていたのであった。

大聖人は、この疑問《ぎもん》を「自心《じしん》の疑《うたがい》」とも言われている。

第22段で述べられたように、大聖人は、いよいよ実際に難《なん》が襲《おそ》ってきた時、「わが身《み》が法華経の行者《ぎょうじゃ》ではないのか、それとも諸天善神《しょてんぜんじん》が国を捨《す》て去《さ》って、いなくなったからか」と自《みずか》ら問題提起《ていき》されている。これが「自心《じしん》の疑《うたがい》」であると拝《はい》される。

しかし大聖人は、御自身《ごじしん》の実践《じっせん》と経文との合致《がっち》を確認して、いよいよ喜《よろこ》びを増す御境地《ごきょうち》に立たれた。

その意味では「自心《じしん》の疑《うたがい》」は解決しているが、まだ残っている「世間の疑《うたがい》」を晴《は》らすために、御自身《ごじしん》が法華経の行者《ぎょうじゃ》かどうかについての考察を進められていくのである。

本抄で、まさに、この疑問《ぎもん》を解決し、門下《もんか》に不動《ふどう》の信を確立させるとともに、それを通して御自身《ごじしん》が真の法華経の行者《ぎょうじゃ》であり、末法《まっぽう》の御本仏《ごほんぶつ》であることを明かされるのである。

それゆえに大聖人は、「此《こ》の疑《うたがい》は此《こ》の書《しょ》の肝心《かんじん》・一期《いちご》の大事」とまで仰《おお》せなのである。

すなわち、諸天《しょてん》の加護《かご》をめぐる疑問《ぎもん》を晴《は》らすことによって、大聖人が法華経の行者《ぎょうじゃ》であることを明らかにできるので「此《こ》の書《しょ》の肝心《かんじん》」と仰《おお》せになり、それは同時に人本尊開顕《にんほんぞんかいけん》の意義を顕《あらわ》すという意味で「一期《いちご》の大事」と仰《おお》せになっているのである。

第24段から第32段の大意

第24段「二乗《にじょう》は法華経の深い恩に報《ほう》ずべき」（203ページ15行目～205ページ5行目）では、法華経の行者《ぎょうじゃ》である日蓮大聖人に諸天善神《しょてんぜんじん》らの守護《しゅご》がないことについて、まず守護すべき者たちを順《じゅん》に挙《あ》げられる。この第24段では、法華経で初《はじ》めて成仏《じょうぶつ》が許《ゆる》された二乗こそ、法華経に大恩があり、法華経の行者を守護すべきであると示《しめ》されている。

第25段「二乗《にじょう》の守護《しゅご》がないと疑《うたが》う」（205ページ6行目～207ページ9行目）では、まず諸経典での二乗に対する厳《きび》しい責《せ》めを詳細《しょうさい》に挙《あ》げる。その二乗の成仏《じょうぶつ》を説《と》いた法華経に、二乗は深い恩があることを示《しめ》される。その二乗が誓《ちか》いどおりに法華経の行者《ぎょうじゃ》を守護しないことは不思議《ふしぎ》であると、疑問《ぎもん》を一段と強められている。

第26段「菩薩《ぼさつ》などには爾前経《にぜんきょう》の恩はない」（207ページ10行目～208ページ10行目）から、二乗《にじょう》に続いて、菩薩について検討する。まず菩薩たちは、法華経以前には釈尊《しゃくそん》から学ぶべきものはなく、むしろ釈尊の師あるいは善知識《ぜんちしき》ともいえるものであったと指摘されている。

第27段「法華経の深い恩を明かす」（２０８ジペ11行目～２１０ジペ４行目）では、釈尊一代《しゃくそんいちだい》の教えの中における法華経の位置を確認されている。

法華経の開経《かいきょう》である無量義経《むりょうぎきょう》では、「四十余年未顕真実《しじゅうよねんみけんしんじつ》（四十年余《あま》りの間には、まだ真実を顕《あらわ》していない）」と述べて、それ以前に説《と》かれた経々《きょうぎょう》には真実が説《と》かれていなかったことが明示《めいじ》された。

法華経では、方便品《ほうべんぽん》の「略開三顕一《りゃくかいさんけんいち》」で成仏《じょうぶつ》の根本法である一念三千《いちねんさんぜん》が簡略《かんりゃく》に示《しめ》され、それによって聴衆《ちょうしゅう》は「具足《ぐそく》の道《どう》」を聞きたいと願《ねが》った。この「具足の道」について、諸経や種々《しゅじゅ》の注釈《ちゅうしゃく》を引いて、それが「南無妙法蓮華経」であることを明かされている。

この仏のみが知る成仏《じょうぶつ》の根本法が明かされて、はじめて菩薩《ぼさつ》たちも釈尊《しゃくそん》の弟子となったのである。

第28段「宝塔《ほうとう》の出現は本門《ほんもん》の前触《まえぶ》れ」（２１０ジペ５行目～２１１ジペ４行目）では、前段に続いて法華経の流れを追《お》われている。

前段で見たように、法華経迹門《しゃくもん》では前代未聞《ぜんだいみもん》の一念三千《いちねんさんぜん》の教えが説《と》かれたが、それを聞いた弟子たちは、驚《おどろ》きのあまり直《ただ》ちに信ずることができなかった。

宝塔品《ほうとうほん》に至《いた》って、宝塔が大地から出現して虚空《こくう》に浮《う》かび、宝塔の中にいた多宝如来《たほうにょらい》がその疑《うたが》いを晴《は》らし、釈尊《しゃくそん》の法華経の教えが真実であることを保証《ほしょう》する。さらに虚空会《こくうえ》に集《つど》った無数《むすう》の十方分身《じっぽうふんじん》の諸仏《しょぶつ》も保証する（証前《しょうぜん》）。

この十方分身《じっぽうふんじん》の諸仏《しょぶつ》はおびただしい数《かず》であるが、これだけの諸仏を分身として膨大《ぼうだい》な衆生《しゅじょう》を教化《きょうけ》することは、釈尊《しゃくそん》が今世《こんぜ》で三十歳で成道《じょうどう》して以降のこととは到底《とうてい》いえない。それゆえ、釈尊の成道が遠い過去（久遠《くおん》）であることがあらあら示《しめ》され、後の涌出品《ゆじゅっぽん》・寿量品《じゅりょうほん》で久遠実成《くおんじつじょう》を明かす遠い前触《まえぶ》れとなっている（起後《きご》）。

第29段「地涌《じゆ》の菩薩《ぼさつ》の出現」（211ページ5行目～212ページ7行目）では、さらに法華経の流れを追《お》って本門の従地涌出品《じゅうじゆじゅっぽん》第15へと進む。

見宝塔品《けんほうとうほん》第11で十方《じっぽう》の分身《ふんじん》の諸仏《しょぶつ》が集まることで、釈尊《しゃくそん》の仏としての長期間《ちょうきかん》の振《ふ》る舞《ま》いが示《し》唆《さ》されたが、従地涌出品《じゅうじゆじゅっぽん》第15では、釈尊の呼びかけに応《おう》じて滅後弘通《めつごぐつう》を担《にな》うべく、大地の下から無数《むすう》の偉大な菩薩《ぼさつ》（地涌《じゆ》の菩薩）が出現する。これほど多くの菩薩が釈尊の弟子であるためには、長期間の教化《きょうけ》が必要である。このような疑問《ぎもん》が皆の心に生《しょう》じた（動執生疑《どうしゅうしょうぎ》）。そこで弥勒《みろく》菩薩が皆を代表して釈尊に尋《たず》ねるのである。

第30段「略開近顕遠《りゃくかいごんけんのん》を示《しめ》す」(212ページ8行目～213ページ12行目)では、弥勒菩薩《みろくぼさつ》の疑問《ぎもん》に対して、釈尊《しゃくそん》が、これらの無数《むすう》の菩薩は釈尊が成道《じょうどう》以来、教化《きょうけ》してきた者たちであることを明かす。このことによって、釈尊が久遠《くおん》の過去に成道したことがあらあら示《しめ》された(略開近顕遠)。それでもこの真実は、聴衆《ちょうしゅう》には到底信じられないものであった。

第31段「広開近顕遠《こうかいごんけんのん》を示《しめ》す」(213ページ13行目～18行目)では、まず、法華経如来寿量品《にょらいじゅりょうほん》第16で「一切世間《いっさいせけん》の天《てん》・人《にん》、及《およ》び阿修羅《あしゅら》は、皆今《みないま》の釈迦牟尼仏《しゃかむにぶつ》は釈氏《しゃくし》の宮《みや》を出《い》でて、伽耶城《がやじょう》を去《さ》ること遠からず、道場に坐《ざ》して、阿耨多羅三藐三菩提《あのくたらさんみゃくさんぼだい》を得たまえりと謂《おも》えり。然《しか》るに善男子《ぜんなんし》よ。我《われ》は実に成仏《じょうぶつ》してより已来《このかた》、無量無辺百千万億那由他劫《むりょうむへんひゃくせんまんのくなゆたこう》なり」(法華経477ページ)と説《と》いて、始《し》成正覚《じょうしょうがく》をまさしく打《う》ち破《やぶ》り、釈尊《しゃくそん》の久遠《くおん》の成道《じょうどう》を明かしたこと(広開近顕遠)を示《しめ》される。

この文《もん》の前半は、釈尊《しゃくそん》が今世《こんぜ》で成道《じょうどう》して以来、法華経迹門《しゃくもん》の最後の安楽行品《あんらくぎょうぼん》第14にいたるまで、大菩薩《だいぼさつ》をはじめあらゆる人々が、釈尊は今世で始めて成道した(始成正覚《しじょうしょうがく》)と理解していたことを挙《あ》げたものである。

この文《もん》の後半では、そうではなく、釈尊《しゃくそん》は無量百千万億那由他劫《むりょうひゃくせんまんのくなゆたこう》という久遠《くおん》の過去に実は成《じょう》仏《ぶつ》していたこと(久遠実成《じつじょう》)を明かしているのである。

第32段「久遠実成《くおんじつじょう》の釈尊《しゃくそん》の三徳《さんとく》を明かす」（214ジペ1行目〜18行目）では、久遠実成が明かされることによって釈尊と諸仏《しょぶつ》・菩薩《ぼさつ》との関係がどのように変わったかを述べられる。すなわち、久遠の釈尊に対して諸仏はその眷属《けんぞく》となる。

したがって、その諸仏《しょぶつ》の眷属《けんぞく》である迹化《しゃっけ》・他方《たほう》などの菩薩《ぼさつ》も久遠《くおん》の釈尊《しゃくそん》の末流《まつりゅう》の弟子ということになる。また、劫初《こっしょ》（住劫《じゅうこう》の初《はじ》め）から、この娑婆《しゃば》世界を守る諸天善神《しょてんぜんじん》も、久遠実成《じつじょう》の仏の弟子なのである。

こうして、法華経本門《ほんもん》に至《いた》って、久遠実成《くおんじつじょう》の釈尊《しゃくそん》こそ一切衆生《いっさいしゅじょう》に対して真の主師親《しゅししん》であることが明らかとなったのである。

第33段　本尊《ほんぞん》への迷《まよ》いを責《せ》め下種《げしゅ》の父を明かす

（215㌻1行目～216㌻17行目）

※ここでは215㌻16行目～18行目までを収録

宗宗《しゅうじゅう》・互《たが》いに種《しゅ》を諍《あらそ》う予此《よこれ》をあらそはず但経《ただきょう》に任《まか》すべし、法華経の種《しゅ》に依《よ》って天親菩薩《てんじんぼさつ》は種子無上《しゅしむじょう》を立てたり天台《てんだい》の一念三千《いちねんさんぜん》これなり、華厳経《けごんぎょう》・乃至諸大乗経《ないししょだいじょうきょう》・大日経《だいにちきょう》等の諸尊《しょそん》の種子《しゅし》・皆《みな》一念三千なり天《てん》台智者大師《だいちしゃだいし》・一人此《ひとりこ》の法門を得給《えたま》えり、

通解

各宗派《かくしゅうは》が互《たが》いに成仏《じょうぶつ》の種《たね》は自宗《じしゅう》にあると争《あらそ》い合っている。私はこれについては争わない。ただ経文に任《まか》すのである。

法華経に説《と》かれている成仏《じょうぶつ》の種《たね》に基《もと》づいて、天親菩薩《てんじんぼさつ》は法華経の種子《しゅし》が無上《むじょう》であると述べたのである。天台大師《てんだいだいし》の一念三千《いちねんさんぜん》がその種子である。

華厳経《けごんぎょう》はじめもろもろの大乗経《だいじょうきょう》、また大日経《だいにちきょう》などの諸尊《しょそん》が成仏《じょうぶつ》した種子《しゅし》は皆、一念三千なのである。天台智者大師《てんだいちしゃだいし》だけが、この法門を得られたのである。

解説

前段の第32段では、法華経如来寿量品《にょらいじゅりょうほん》第16で明かされた久遠実成《くおんじつじょう》の釈尊《しゃくそん》こそがすべての仏《ほとけ》・菩薩《ぼさつ》・人《にん》・天《てん》などの主《しゅ》であり師であることが明らかにされた。

法華経寿量品《じゅりょうほん》における久遠実成《くおんじつじょう》の釈尊《しゃくそん》こそ、一切《いっさい》の諸仏《しょぶつ》や諸経の根源であるがゆえに、根本として尊敬すべき本尊《ほんぞん》となるのであり、一切衆生《いっさいしゅじょう》の父（親《おや》）となる。

第33段の冒頭《ぼうとう》では、「而《しか》るを天台宗《てんだいしゅう》より外《ほか》の諸宗は本尊《ほんぞん》にまどえり」（御書215ページ）と、法華経を根本とする天台宗以外の諸宗は、「本尊《ほんぞん》」に迷《まよ》っていると、まず指摘されている。そして、寿量品《じゅりょうほん》を知らず、久遠《くおん》の釈尊《しゃくそん》を根本としないのは、父を知らない「不知恩《ふちおん》の者」であり、「才能《さいのう》ある畜生《ちくしょう》」であると破折《はしゃく》されている。

ここでの「本尊《ほんぞん》」とは、本抄冒頭《ぼうとう》に掲《かか》げられた「あらゆる衆生《しゅじょう》が尊敬すべきもの」である。この「本尊」とは、単《たん》に尊崇《そんすう》したり、利益《りやく》を施《ほどこ》してくれるものであるだけではなく、自身も獲《かく》得《とく》・達成すべき智慧《ちえ》・慈悲《じひ》などの人格的価値を体現している目標といえる。その人格的価値の最大要素《ようそ》は、本抄冒頭に示《しめ》されたように「主師親《しゅししん》の三徳《さんとく》」である。

本段では、揺《ゆ》るぎない幸福を確立するための生命の根本の因果《いんが》を説《と》いて、あらゆる衆生《しゅじょう》に対して「主師親《しゅししん》の三徳《さんとく》」を具《そな》えているのは誰であるかを明かし、それは、成仏《じょうぶつ》の根本原因（仏因《ぶついん》）である仏種《ぶっしゅ》を所持《しょじ》し、久遠《くおん》より下種《げしゅ》してきた「法華経寿量品《じゅりょうほん》の久遠実成《じつじょう》の釈尊《しゃくそん》」であると結論づけられている。

すなわち、娑婆《しゃば》世界の衆生《しゅじょう》に下種《げしゅ》を施《ほどこ》した教主は久遠《くおん》の釈尊《しゃくそん》であり、その後も、長遠《ちょうおん》な期間にわたり教化《きょうけ》を続けて、下種の成熟《せいじゅく》を図《はか》り、ついに法華経本門《ほんもん》の説法《せっぽう》で久遠の下種を思い起こさせ、得脱《とくだつ》させたことを挙《あ》げて、久遠の釈尊が種熟脱《しゅじゅくだつ》の三益《さんやく》を施《ほどこ》す、娑婆世界の衆生に有縁《うえん》の唯一《ゆいいつ》の仏であって、本尊《ほんぞん》たりえることを示《しめ》されているのである。

法華経の種子《しゅし》とは一念三千《いちねんさんぜん》

ところが、本尊《ほんぞん》に迷《まよ》う各宗派《かくしゅうは》は、〝成仏《じょうぶつ》の種《たね》〟は自宗《じしゅう》にあると主張《しゅちょう》し、互《たが》いに争《あらそ》っている。それに対し、大聖人は「予此《よこれ》をあらそはず」と述べ、この問題は、あくまで経を根拠《こんきょ》に判《はん》ずべきであるとの姿勢《しせい》を示《しめ》されている。

その種《たね》について天親《てんじん》（世親《せしん》）菩薩《ぼさつ》は、法華経の種子《しゅし》こそ無上《むじょう》の種子であることを明かしているとされ、その法華経の無上の種子とは、天台大師《てんだいだいし》が明らかにした一念三千《いちねんさんぜん》であると述べられている。

そして、この一念三千《いちねんさんぜん》こそ、華厳経《けごんぎょう》や大日経《だいにちきょう》などあらゆる大乗経典《だいじょうきょうてん》に説《と》かれる諸尊《しょそん》（仏《ぶつ》・菩《ぼ》薩《さつ》など）を生《しょう》じた種子《しゅし》であり、天台大師《てんだいだいし》のみが、この一念三千の法門を覚《さと》ったと仰《おお》せになっている。

なお、本段の本書収録範囲《はんい》の後では、この天台大師《てんだいだいし》の一念三千《いちねんさんぜん》を華厳宗《けごんしゅう》の澄観《ちょうかん》や真言宗《しんごんしゅう》の善《ぜん》無畏三蔵《むいさんぞう》がどのように自宗《じしゅう》に盗《ぬす》み入《い》れたかの経緯《けいい》を示《しめ》されている。大聖人は、それらの邪義《じゃぎ》を破折《はしゃく》された後《のち》、善無畏が後に悔《く》い改《あらた》めて法華経に帰伏《きぶく》したことに触《ふ》れ、本来は、真言宗などの学者らは「自宗の失《とが》」を知っていたはずであると指摘されている。

第34段　菩薩《ぼさつ》などの守護《しゅご》がないことへの疑《うたが》いを結論する

（216ページ18行目～217ページ9行目）

されば諸経の諸仏菩薩《しょぶつぼさつ》・人天《にんてん》等は彼彼《かれがれ》の経経《きょうぎょう》にして仏にならせ給《たも》うやうなれども実《じつ》には法華経にして正覚《しょうがく》なり給《たま》へり、釈迦諸仏《しゃかしょぶつ》の衆生無辺《しゅじょうむへん》の総願《そうがん》は皆此《みなこ》の経にをいて満足《まんぞく》す今者已満足《こんじゃいまんぞく》の文《もん》これなり、

予事《よこと》の由《よし》を・をし計《はか》るに華厳《けごん》・観経《かんぎょう》・大日経《だいにちきょう》等をよみ修行《しゅぎょう》する人《ひと》をば・その経経《きょうぎょう》の仏《ぶつ》・菩薩《ぼさつ》・天《てん》等・守護《しゅご》し給《たもう》らん疑《うたがい》あるべからず、但《ただ》し大日経《だいにちきょう》・観経《かんぎょう》等をよむ行者《ぎょうじゃ》等・法華経の行者に敵対《てきたい》をなさば彼《か》の行者をすてて法華経の行者を守護《しゅご》すべし、

例《れい》せば孝子《こうし》・慈父《じぶ》の王敵《おうてき》となれば父をすてて王にまいる孝《こう》の至《いた》りなり、

仏法も又《また》かくのごとし、法華経の諸仏菩薩《しょぶつぼさつ》・十羅刹《じゅうらせつ》・日蓮を守護《しゅご》し給《たも》う上《うえ》・浄土宗《じょうどしゅう》の六方《ろっぽう》の諸仏・二十五の菩薩・真言宗《しんごんしゅう》の千二百等・七宗《しちしゅう》の諸《しょ》尊《そん》・守護《しゅご》の善神《ぜんじん》・日蓮を守護し給うべし、

例せば七宗《しちしゅう》の守護神《しゅごしん》・伝教大師《でんぎょうだいし》をまほり給《たま》いしが如《ごと》しと・をもう、

日蓮案《あん》じて云《いわ》く法華経の二処《にしょ》・三会《さんえ》の座《ざ》にましましし、日月《にちがつ》等の諸天《しょてん》は法華経の行者出来《ぎょうじゃしゅったい》せば磁石《じしゃく》の鉄《てつ》を吸《す》うがごとく月の水に遷《うつ》るがごとく須臾《しゅゆ》に来《きた》って行者に代《かわ》り仏前《ぶつぜん》の御誓《おんちかい》をはたさせ給《たもう》べしとこそをぼへ候《そうろう》にいままで日蓮をとぶらひ給《たま》はぬは日蓮・法華経の行者にあらざるか、

されば重《かさ》ねて経文を勘《かんが》えて我《わ》が身《み》にあてて、身《み》の失《とが》をしるべし。

通解

以上のことから、諸経に説《と》かれている諸仏《しょぶつ》や菩薩《ぼさつ》や神々《かみがみ》や人々などは、それぞれの経において仏に成《な》ったようであるが、実際には法華経によって真の覚《さと》りを得たのである。

釈迦仏《しゃかぶつ》や諸仏《しょぶつ》が立てた、「衆生無辺《しゅじょうむへん》の総願《そうがん》（すべての衆生を苦しみから救《すく》おうとする誓願《せいがん》）」は、すべて法華経において成就《じょうじゅ》したのである。法華経方便品《ほうべんぽん》の「今、ついに満足《まんぞく》した」との経文はこのことである。

私がこうしたいきさつから考えると、華厳《けごん》経《ぎょう》や観無量寿経《かんむりょうじゅきょう》や大日経《だいにちきょう》などを読み修行《しゅぎょう》する人を、それぞれの経に説《と》かれている仏や菩薩《ぼさつ》や諸天《しょてん》などが守護《しゅご》することは疑《うたが》いない。

ただし、大日経《だいにちきょう》や観無量寿経《かんむりょうじゅきょう》などを読む行《ぎょう》者《じゃ》が、法華経の行者に敵対《てきたい》したなら、仏や菩《ぼ》薩《さつ》たちはそれらの行者を捨《す》てて法華経の行者を守護《しゅご》するはずである。

例えば孝行《こうこう》な子は、慈父《じふ》が王の敵《てき》となった場合に、その父を捨《す》てて王につくのである。それが本当の孝《こう》である。

仏法もまた同じである。法華経で説《と》かれている諸仏《しょぶつ》や菩薩《ぼさつ》や十羅刹《じゅうらせつ》女《にょ》が日蓮を守護《しゅご》するうえ、浄土宗《じょうどしゅう》の六方《ろっぽう》（東西南北と上下）の諸仏や二十五の菩薩《ぼさつ》、真言《しんごん》宗《しゅう》の千二百あまりの仏《ぶつ》・菩薩《ぼさつ》、七宗《しちしゅう》のすべての仏・菩薩や守護の善神《ぜんじん》が日蓮を守護するはずである。

例を挙《あ》げれば、かつて七宗《しちしゅう》（南都六宗《なんとろくしゅう》と真《しん》言宗《ごんしゅう》）の守護神《しゅごしん》が伝教大師《でんぎょうだいし》を守ったのと同様であると、このように考えるのである。

日蓮はこう思う。法華経の二処三会《にしょさんえ》の場にいた日天《にってん》・月天《がってん》などの諸天《しょてん》は、法華経の行者《ぎょうじゃ》が現《あらわ》れたなら、磁石《じしゃく》が鉄《てつ》を吸《す》い寄《よ》せるように、月が水面《すいめん》に身《み》を移《うつ》すように、すぐにやって来て、行者に代わって難《なん》を受け守護《しゅご》するという仏前《ぶつぜん》での誓《ちか》いを果《は》たすはずであると思っていたが、今まで日蓮を訪《たず》ねて来ないのは日蓮は法華経の行者ではないということか。

それなら、重《かさ》ねて経文を検討してわが身に引き当てて、自身の誤《あやま》りを知ろうと思う。

語訳

【十羅刹《じゅうらせつ》】十人の羅刹女《らせつにょ》（女性の鬼神《きじん》）のこと。法華経陀羅尼品《だらにほん》第26で、藍婆《らんば》ら十羅刹女は、鬼子母神《きしもじん》とともに、釈尊《しゃくそん》のもとに来て、法華経を受持《じゅじ》する者を守護《しゅご》することを誓《ちか》っている。

【二処《にしょ》・三会《さんえ》】法華経の説法《せっぽう》の二つの場所と三つの会座《えざ》（前霊山会《ぜんりょうぜんえ》・虚空会《こくうえ》・後霊山会《ごりょうぜんえ》）。法華経の会座は、最初は霊鷲山《りょうじゅせん》であるが、見宝塔品《けんほうとうほん》第11の後半から仏と全聴衆《ぜんちょうしゅう》が虚空へと移《うつ》り、薬王品《やくおうぼん》第23から再び霊鷲山に戻る。

解説

第23段で、なぜ日蓮大聖人に諸天善神《しょてんぜんじん》の加護《かご》がないのかという疑問《ぎもん》が提示《ていじ》され、二乗《にじょう》や菩《ぼ》薩《さつ》・天《てん》・人《にん》が、どれほど法華経に大恩があるのかを示《しめ》されてきた。

本段はその結論である。経文に照《て》らして諸天善神《しょてんぜんじん》の加護《かご》があることは断じて間違いないが、それでは現実に加護《かご》がないのはなぜか。

次の第35段以降では、日蓮大聖人が果《は》たして法華経の行者《ぎょうじゃ》として経文通りに実践《じっせん》してきたかを検証する内容となっていく。

法華経の行者《ぎょうじゃ》を守護《しゅご》すべき仏《ぶつ》・菩薩《ぼさつ》

これまで法華経の方便品《ほうべんぽん》の十界互具《じっかいごぐ》、寿量品《じゅりょうほん》の久遠実成《くおんじつじょう》を取り上げられ、これによって初《はじ》めて成仏《じょうぶつ》できた菩薩《ぼさつ》・天《てん》・人《にん》たちが、いかに法華経に深い恩があるかを示《しめ》されてきた。

特に本段では、釈尊《しゃくそん》をはじめ諸仏《しょぶつ》が菩薩《ぼさつ》の時に、すべての衆生《しゅじょう》を苦しみから救《すく》おうという誓《せい》願《がん》を立てたが、それは、法華経を説《と》くことによって成就《じょうじゅ》できたと述《の》べた「今者已満足《こんじゃいまんぞく》」の経文を紹介されている。

したがって、法華経が釈尊《しゃくそん》の真意を明かした経典であるゆえに、諸宗に説《と》かれる仏や菩薩《ぼさつ》たちも、法華経の行者《ぎょうじゃ》を守護《しゅご》すべきことは間違いない。

また、法華経の会座《えざ》にいた日天《にってん》・月天《がってん》などの諸天《しょてん》も、法華経の行者《ぎょうじゃ》を守護《しゅご》するために、磁石《じしゃく》が鉄《てつ》を吸《す》うように、月がその姿《すがた》を水面《すいめん》に映《うつ》すように、直《ただ》ちに現《あらわ》れて、仏の前で誓《ちか》った守護の誓いを果《は》たすのは当然である。

しかし、それではなぜ、大聖人を守るために出現しないのか。

「日蓮・法華経の行者《ぎょうじゃ》にあらざるか」という疑問《ぎもん》はますます強くなる一方であった。

そのために「されば重《かさ》ねて経文を勘《かんが》えて我《わ》が身にあてて、身の失《とが》をしるべし」と、第35段から新たな検証が始まるのである。

第35段の大意

前段までは、日蓮大聖人が法華経の行者《ぎょうじゃ》であるのに諸天善神《しょてんぜんじん》などがなぜ守護《しゅご》しないのかを考察したが、ここから、大聖人こそが法華経に説《と》かれる通りの実践《じっせん》をしていることを法華経の経文を挙《あ》げて確認し、それに敵対《てきたい》する念仏《ねんぶつ》などの諸宗が法華経の敵《かたき》であることを示《しめ》されていく。

検討されている経文は、①宝塔品《ほうとうほん》の三箇《さんか》の勅宣《ちょくせん》（仏が三回にわたって法華経の滅後弘通《めつごぐつう》を菩薩《ぼさつ》たちに命《めい》じたこと）、②提婆品《だいばほん》の二箇《にか》の諫暁《かんぎょう》、③勧持品《かんじほん》の二十行《ぎょう》の偈《げ》である。

まず、この第35段「宝塔品《ほうとうほん》の三つの命令を引く」（217ジペー10行目～218ジペー9行目）では、宝塔品の三つの仏の命令（三箇《さんか》の勅宣《ちょくせん》）として付嘱有在《ふぞくうざい》・令法久住《りょうぼうくじゅう》・六難九易《ろくなんくい》の文《もん》を順《じゅん》に挙《あ》げられている。

付嘱有在《ふぞくうざい》（付嘱して在《あ》ること有《あ》らしめん）とは、釈尊滅後《しゃくそんめつご》の弘通《ぐつう》を弟子に託《たく》そうとすることである。天台大師《てんだいだいし》は『法華文句《ほっけもんぐ》』で、この付嘱有在に二つの意義があるとした。

すなわち、①釈尊滅後《しゃくそんめつご》の近い世においては迹化《しゃっけ》の菩薩《ぼさつ》に付嘱《ふぞく》して娑婆《しゃば》世界に弘《ひろ》めさせ、②滅後の遠い世である末法《まっぽう》における流布《るふ》のためには地涌《じゆ》の菩薩に付嘱して、いたるところの国土《こくど》に流布させるという。特に、後者は寿量品《じゅりょうほん》を説《と》き起こす準備であると解釈している。

また令法《りょうぼう》久住《くじゅう》（法をして久《ひさ》しく住《じゅう》せしめん）とは、未来永遠にわたって妙法が伝えられていくようにすることである。

六難《ろくなん》九易《くい》とは、滅後《めつご》における法華経の受持《じゅじ》・弘通《ぐつう》の難《むずか》しさを六つ挙《あ》げ、それが一般的に難事《なんじ》と思われる九つのことよりも難しいとし、それでもその難事を成《な》し遂《と》げ滅後に法華経を弘通《ぐつう》することを促《うなが》すものである。

第36段　諸経の浅深《せんじん》・勝劣《しょうれつ》を判定《はんてい》する

（２１８ページ10行目～２２３ページ４行目）

※ここでは２２２ページ14行目～２２３ページ４行目を収録

一滴《いったい》をなめて大海《たいかい》のしを《潮》をしり一華《いちげ》を見て春を推《すい》せよ、万里《ばんり》をわた《渡》て宋《そう》に入《い》らずとも三箇年《さんかねん》を経《へ》て霊山《りょうぜん》にいたらずとも竜樹《りゅうじゅ》のごとく竜宮《りゅうぐう》に入《い》らずとも無著菩薩《むじゃくぼさつ》のごとく弥勒菩薩《みろくぼさつ》にあはずとも二所三会《にしょさんね》に値《あ》わずとも一代《いちだい》の勝劣《しょうれつ》はこれをしれるなるべし、蛇《へび》は七日が内《うち》の洪水《こうずい》をしる竜《りゅう》の眷属《けんぞく》なるゆへ烏《からす》は年中《ねんじゅう》の吉凶《きっきょう》をしれり過《か》去《こ》に陰陽師《おんようし》なりしゆへ鳥《とり》はとぶ徳人《とくひと》にすぐれたり。日蓮は諸経の勝劣《しょうれつ》をしること華厳《けごん》の澄観《ちょうかん》・三論《さんろん》の嘉祥《かじょう》・法相《ほっそう》の慈恩《じおん》・真《しん》言《ごん》の弘法《こうぼう》にすぐれたり、天台《てんだい》・伝教《でんぎょう》の跡《あと》をしのぶゆへなり、彼《か》の人人《ひとびと》は天台・伝教に帰《き》せさせ給《たま》はずば謗法《ほうぼう》の失脱《とがのが》れさせ給《たも》うべしや、当世《とうせい》・日本国に第一に富《と》める者は日蓮なるべし命《いのち》は法華経にたてまつり名《な》をば後代《こうだい》に留《とどむ》べし、大海《たいかい》の主《しゅ》となれば諸《もろもろ》の河神《かしん》・皆したがう須弥山《しゅみせん》の王に諸《もろもろ》の山神《さんじん》したがはざるべしや、法華経の六難《ろくなん》九易《くい》を弁《わきま》うれば一切経《いっさいきょう》よまざるにしたがうべし。

通解

一滴《いってき》の水をなめただけで大海《たいかい》の塩味《しおあじ》を知り、一つの花が咲《さ》いたのを見て、春の訪《おとず》れを推《お》し量《はか》りなさい。

万里《ばんり》を渡《わた》って宋《そう》の国まで行かなくても、

（中国の法顕《ほっけん》のように）三年かかって霊鷲山《りょうじゅせん》に行かなくても、竜樹菩薩《りゅうじゅぼさつ》のように竜宮《りゅうぐう》に行かなくても、無著菩薩《むじゃく》のように弥勒菩薩《みろく》に会わなくても、法華経の二処三会《にしょさんえ》の会座《えざ》にあわなくても、釈尊一代《しゃくそんいちだい》の仏教の勝劣《しょうれつ》は知ることができるのである。

蛇《へび》は七日以内に洪水《こうずい》が起こることを知ると言われるが、それは竜《りゅう》の眷属《けんぞく》だからである。烏《からす》が、年中《ねんじゅう》の良い出来事《できごと》と悪い出来事を知っているのは、過去世《かこせ》に陰陽師《おんみょうじ》（陰陽道《おんようどう》によって占術《せんじゅつ》を行う人）だったからである。鳥は飛ぶ力《ちから》では、人より優《すぐ》れている。

日蓮は諸経の勝劣《しょうれつ》を知ることにおいては、華厳宗《けごんしゅう》の澄観《ちょうかん》、三論宗《さんろんしゅう》の嘉祥《かじょう》、法相宗《ほっそうしゅう》の慈恩《じおん》、真言宗《しんごんしゅう》の弘法《こうぼう》より優《すぐ》れている。それは、（正師《しょうし》である）天台《てんだい》・伝教《でんぎょう》の跡《あと》を継承《けいしょう》しているからである。

かの諸宗の人々は、天台《てんだい》・伝教《でんぎょう》に帰伏《きぶく》しないなら、謗法《ほうぼう》の罪《つみ》を免《まぬか》れることができるだろうか。

今の世において、日本国で第一に富《と》んでいる者は、日蓮である。命《いのち》は法華経にさしあげ、名《な》を後代《こうだい》にとどめるだろう。

大海《たいかい》の主《しゅ》となれば、もろもろの河《かわ》の神《かみ》も皆、従《したが》う。須弥山《しゅみせん》の王に、もろもろの山の神《かみ》が従《したが》わないことがあるだろうか。

法華経の六難九易《ろくなんくい》をわきまえれば、一切経《いっさいきょう》を読まなくても、わがものとなっているのである。

語訳

【澄観《ちょうかん》】八～九世紀の中国・唐《とう》の華厳宗《けごんしゅう》の第四祖《そ》。清涼国師《しょうりょうこくし》と尊称《そんしょう》される。
【嘉祥《かじょう》】六～七世紀の中国・隋《ずい》に三論《さんろん》教学を大成《たいせい》した吉蔵《きちぞう》のこと。
【慈恩《じおん》】七世紀の中国・唐《とう》の法相宗《ほっそうしゅう》の祖《そ》。基《き》のこと。
【弘法《こうぼう》】八～九世紀の日本の真言宗《しんごんしゅう》の開祖《かいそ》。空海《くうかい》のこと。

解説

第36段では宝塔品《ほうとうほん》の三箇《さんか》の勅宣《ちょくせん》のうち、特に仏が「六難九易《ろくなんくい》」を説《と》いて法華経の難信難解《なんしんなんげ》をあえて強調しながら滅後《めつご》の法華経弘通《ぐつう》を促《うなが》されている点を中心に検討されている。

仏意《ぶつい》（仏の心）は法華経であることが明白《めいはく》であるにもかかわらず、伝教大師《でんぎょうだいし》と日蓮大聖人以外の諸宗の者は法華《ほっけ》最勝《さいしょう》の真実を見分けられず迷《まよ》っていることを、諸宗の誤《あやま》った説《せつ》を挙《あ》げながら指摘されている。

そして、それら諸宗の人々が誤《あやま》った考え方に陥《おちい》ったのは、仏説《ぶっせつ》を根本としていないからであると指摘されている。

さらに法師品《ほっしほん》の「已今当《いこんとう》」の文《もん》を挙《あ》げて、これは法華経が諸経の中で最勝《さいしょう》であることを仏自《みずか》らが示《しめ》したものであるとされている。「已今当《いこんとう》」とは、仏が「已《すで》に説《と》き、今《いま》説き、当《まさ》に説く」（法華経362㌻）と述べた過去・現在・未来の一切《いっさい》の経の中で、法華経は釈尊《しゃくそん》の深遠《しんえん》な真意を説いたものであるゆえに最《もっと》も難信難解《なんしんなんげ》の教えであるというものである。

このように明らかな文《もん》があるにもかかわらず、諸宗では自《みずか》らの依経《えきょう》を最勝《さいしょう》であると主張《しゅちょう》している点について、法華経の「已今当《いこんとう》」に基《もと》づき、全経典に対して最勝であるのは法華経しかないことを論証《ろんしょう》して、破折《はしゃく》されている。

ともあれ諸宗は祖師《そし》が迷《まよ》っているのだから、後代《こうだい》の学者たちが迷うのはなおさらであるとし、「教《きょう》の浅深《せんじん》をしらざれば理《り》の浅深を弁《わきま》うものなし」（御書222㌻）と断じられている。これは、六難九易《ろくなんくい》や已今当《いこんとう》のように、仏自《みずか》らが判定《はんてい》した教《きょう》の浅深がわからなければ、教に含《ふく》まれている法理の浅深には迷《まよ》うばかりである、という意味である。

これに対して、六難九易《ろくなんくい》や「已今当《いこんとう》」を説《と》いて法華経の滅後《めつご》弘通《ぐつう》を勧《すす》めている仏の心のままに、不惜身命《ふしゃくしんみょう》で法華経を弘通されている大聖人は名《な》を後世《こうせい》にとどめる者であり、「当世《とうせい》・日本国に第一に富《と》める者は日蓮なるべし」と誇り高く宣言されているのである。

大聖人お一人が六難九易《ろくなんくい》を身読《しんどく》

「万里《ばんり》をわたて宋《そう》に入《い》らずとも……鳥はとぶ徳人《とくひと》にすぐれたり」と仰《おお》せのように、大聖人は、澄観《ちょうかん》・嘉祥《かじょう》・慈恩《じおん》・弘法《こうぼう》らよりもはるかに諸経の勝劣《しょうれつ》を知っている。それは法華経の「六《ろく》難九易《なんくい》」をわきまえて法華経を身読《しんどく》したゆえであると仰せになっている。

釈尊《しゃくそん》が六難九易《ろくなんくい》を説《と》いて滅後《めつご》の法華経弘通《ぐつう》を勧《すす》めたのは、法華経が悪世《あくせ》の衆生《しゅじょう》を救《すく》う最《もっと》も優《すぐ》れた経典だからである。

この六難九易《ろくなんくい》をわきまえるとは、一切経《いっさいきょう》の教えの浅深《せんじん》をつぶさに理解し、「六難」で最《もっと》も難《なん》事《じ》として示《しめ》された法華経の受持《じゅじ》・弘通《ぐつう》に生きることである。最勝《さいしょう》の経である法華経を身《み》で読む以上の「富《とみ》」はない。

ここで述べられている「当世《とうせい》・日本国に第一に富《と》める者は日蓮なるべし」との有名な一文《いちもん》は、仏自《みずか》らが最勝《さいしょう》と判定《はんてい》した法華経を身読《しんどく》することによって、成仏《じょうぶつ》という最高の幸福境涯の確立が約束され、いかに偉大な精神的な〝富《とみ》〟が得られるかを示《しめ》されたものである。

いうまでもなく、当時の大聖人は佐渡《さど》に流罪中《るざいちゅう》の身《み》であり、明日《あす》の生命《せいめい》さえもわからないという状況下にあった。にもかかわらず「日本国に第一に富《と》める者」と仰《おお》せになったのは、まさに末法《まっぽう》の御本仏《ごほんぶつ》としての御境涯《ごきょうがい》を明かされたものと拝《はい》される。

この「富《と》める」ことの理由として、大聖人は「命《いのち》は法華経にたてまつり名《な》をば後代《こうだい》に留《とどむ》べし」と仰《おお》せになっている。

つまり、大聖人は御自身《ごじしん》の生命《せいめい》を法華経のためにささげられたのであり、したがって大聖人のお命《いのち》は即《そく》、妙法蓮華経そのものである。最勝《さいしょう》の経である法華経に身《み》をささげることによって、法華経の中にある最深《さいしん》の真理である妙法蓮華経が大聖人の御生命《ごせいめい》に開かれ、一体化《いったいか》したと拝《はい》することができる。

そして、御生命《ごせいめい》を妙法弘通《ぐつう》にかけられたことにより、大聖人の名《な》は末法万年《まっぽうまんねん》の衆生《しゅじょう》から仰《あお》がれていく。このことを「名をば後代《こうだい》に留《とどむ》べし」と仰《おお》せになっているのである。

そして最後に、このように六難九易《ろくなんくい》を身《み》をもって読んだ人を「大海《たいかい》の主《しゅ》」「須弥山《しゅみせん》の王」に譬《たと》えられ、「大海の主」にもろもろの河《かわ》の神《かみ》がみな従《したが》うように、「須弥山の王」にあらゆる山神《さんじん》が従うように、六難九易《ろくなんくい》を身読《しんどく》した者は、仏法の王者であるがゆえに、たとえ一切経《いっさいきょう》を読まずとも、その経意《きょうい》がすべて体得《たいとく》されてくると仰《おお》せになっている。

第37段　二つの勧告《かんこく》を引き悪人《あくにん》・女性の成仏を判定《はんてい》する

（２２３ページ５行目～14行目）

宝塔品《ほうとうほん》の三箇《さんか》の勅宣《ちょくせん》の上に提婆品《だいばほん》に二箇《にか》の諫暁《かんぎょう》あり、提婆達多《だいばだった》は一闡提《いっせんだい》なり天王如来《てんのうにょらい》と記《き》せらる、涅槃経《ねはんぎょう》四十巻《かん》の現証《げんしょう》は此《こ》の品《ほん》にあり、善星《ぜんしょう》・阿闍世《あじゃせ》等の無量《むりょう》の五逆《ごぎゃく》・謗法《ほうぼう》の者《もの》の一をあげ頭《かしら》をあげ万《まん》ををさめ枝《えだ》をしたがふ、一切《いっさい》の五逆《ごぎゃく》・七逆《しちぎゃく》・謗法《ほうぼう》・闡提《せんだい》・天王如来《てんのうにょらい》にあらはれ了《おわ》んぬ毒薬変《どくやくへん》じて甘露《かんろ》となる衆味《しゅみ》にすぐれたり、

竜女《りゅうにょ》が成仏《じょうぶつ》此《こ》れ一人《いちにん》にはあらず一切《いっさい》の女人《にょにん》の成仏をあらはす、法華已前《ほっけいぜん》の諸《もろもろ》の小乗教《しょうじょうきょう》には女人の成仏をゆるさず、諸《もろもろ》の大乗経《だいじょうきょう》には成仏・往生《おうじょう》をゆるすやうなれども或《あるい》は改転《かいてん》の成仏にして一念三千《いちねんさんぜん》の成仏にあらざれば有名《うみょう》

無実《むじつ》の成仏往生《じょうぶつおうじょう》なり、

挙《こ》一例諸《いちれいいしょ》と申《もう》して竜女《りゅうにょ》が成仏《じょうぶつ》は末代《まつだい》の女人《にょにん》の成仏往生《じょうぶつおうじょう》の道をふみあけたるなるべし、儒家《じゅか》の孝養《こうよう》は今生《こんじょう》にかぎる未来の父母を扶《たす》けざれば外家《げけ》の聖賢《しょうけん》は有名無実《うみょうむじつ》なり、外道《げどう》は過未《かみ》をしれども父母を扶《たす》くる道なし仏道《ぶつどう》こそ父母の後世《ごせ》を扶《たす》くれば聖賢《しょうけん》の名《な》はあるべけれ、しかれども法華経已前《いぜん》等の大小乗《だいしょうじょう》の経宗《きょうしゅう》は自身の得道猶《とくどうなお》かなひがたし何《いか》に況《いわん》や父母をや但文《ただもん》のみあって義《ぎ》なし、

今《いま》法華経の時こそ女人成仏《にょにんじょうぶつ》の時・悲母《ひも》の成仏も顕《あら》われ・達多《だった》の悪人《あくにん》成仏の時・慈父《じぶ》の成仏も顕《あら》われ、此《こ》の経は内典《ないてん》の孝経《こうきょう》なり、二箇《にか》のいさめ《諫》了《おわ》んぬ。

通解

宝塔品《ほうとうほん》の三箇《さんか》の勅宣《ちょくせん》に加えて、提婆達多品《だいばだったほん》において、（悪人成仏《あくにんじょうぶつ》・女人成仏《にょにん》の）二箇《にか》の諫暁《かんぎょう》がある。

提婆達多《だいばだった》は一闡提《いっせんだい》の者であった。しかし、法華経において、未来に天王如来《てんのうにょらい》となる記別《きべつ》を与えられた。

涅槃経《ねはんぎょう》全四十巻には、一切衆生《いっさいしゅじょう》に仏性《ぶっしょう》があると説《と》き、一闡提《いっせんだい》の成仏《じょうぶつ》の理《り》を一応明かしているが、その現証《げんしょう》（現実の例）は提婆品《だいばほん》にあるのである。

これは、善星比丘《ぜんしょうびく》や阿闍世王《あじゃせおう》ら、五逆罪《ごぎゃくざい》や謗法《ほうぼう》を犯《おか》した無数の者の中から一つの例を取り上げ、頭《かしら》を挙《あ》げて、他のすべてをそこに収《おさ》め、枝葉《えだは》をしたがえたものである。

すなわち、五逆罪《ごぎゃくざい》・七逆罪《しちぎゃくざい》を犯《おか》した者、謗《ほう》法《ぼう》の者、一闡提《いっせんだい》、これらすべての成仏《じょうぶつ》が、提《だい》婆達多《ばだった》が天王如来《てんのうにょらい》の記別《きべつ》を与えられたことによって、明確になったのである。

これは、毒薬《どくやく》が変《へん》じて甘露《かんろ》（不死《ふし》の妙薬《みょうやく》）となることであり、それはあらゆる味《あじ》に優《すぐ》れているのである。

また、竜女《りゅうにょ》の成仏《じょうぶつ》も竜女一人だけの成仏ではなく、一切《いっさい》の女人《にょにん》が成仏することを示《しめ》している。

法華経以前のもろもろの小乗教《しょうじょうきょう》では、女人《にょにん》の成仏《じょうぶつ》は許《ゆる》していない。

もろもろの大乗経《だいじょうきょう》には、女人《にょにん》の成仏《じょうぶつ》・往生《おうじょう》を許《ゆる》しているように見えるものもあるが、女人は死んで男の身に生まれて成仏できるという「改転《かいてん》の成仏」であって、一念三千《いちねんさんぜん》の成仏、すなわち「即身《そくしん》成仏」ではないので、有名無《ゆうめいむ》実《じつ》の成仏・往生である。

「一つを挙《あ》げてすべてに通《つう》じる例とする」といって、竜女《りゅうにょ》の成仏《じょうぶつ》は、末法《まっぽう》の女人《にょにん》の成仏・往生《おうじょう》の道を踏《ふ》み開けたのである。

儒教《じゅきょう》で説《と》く孝養《こうよう》は、ただ今世《こんぜ》に限られている。父母の未来世《みらいせ》を救《すく》わないのだから、儒教などで言われる聖人《せいじん》・賢人《けんじん》は、有名無実《ゆうめいむじつ》である。

インドの外道《げどう》は、過去世《かこせ》・未来世《みらいせ》を知っているが、父母を助ける方法は説《と》かれていない。仏道《ぶつどう》こそ、父母の来世《らいせ》を助けることができるので、真実の聖賢《しょうけん》の名《な》に値《あたい》するはずである。

しかし、法華経以前に説《と》かれた大乗《だいじょう》・小乗《しょうじょう》の経々《きょうぎょう》を立てる宗派《しゅうは》は、自分自身の成仏《じょうぶつ》さえかなえられない。

まして父母については、なおさらである。成仏《じょうぶつ》といっても、ただその言葉があるだけで内実《ないじつ》はないのである。

今、法華経の時に至《いた》って、女人《にょにん》が成仏《じょうぶつ》した時、すべての悲母《ひも》の成仏の道も明らかとなり、悪人《あくにん》の提婆達多《だいばだった》が成仏した時、すべての慈父《じふ》の成仏も実証されたのである。この法華経こそ仏典の中の孝経《こうきょう》である。以上で、二箇《にか》の諫暁《かんぎょう》は終わる。

語訳

【三箇《さんか》の勅宣《ちょくせん》】法華経見宝塔品《けんほうとうほん》第11で、釈尊《しゃくそん》が聴衆《ちょうしゅう》に滅後《めつご》における法華経の弘通《ぐつう》を三回にわたって勧《すす》め命《めい》じたこと。この中で付嘱《ふぞく》の儀《ぎ》を行う宣言や令法久住《りょうぼうくじゅう》の仏意《ぶつい》が示《しめ》され、六難九易《ろくなんくい》によって滅後弘通の至難《しなん》さが示されている。

【善星《ぜんしょう》】釈尊《しゃくそん》の出家《しゅっけ》する以前の子といわれる出家者。

【五逆《ごぎゃく》】五逆罪《ごぎゃくざい》のこと。①父を殺《ころ》す②母を殺す③阿羅漢《あらかん》を殺す④仏身《ぶっしん》より血を出す⑤和合僧《わごうそう》を破《やぶ》る、の五つの罪《つみ》。

【挙一例諸《こいちれいしょ》】一つの例を挙《あ》げて、他の多くの代表とする意味。ここでは、竜女《りゅうにょ》の成仏《じょうぶつ》という一事実《いちじじつ》をもって、他の一切《いっさい》の女人《にょにん》の成仏を説《と》いているという意味。

解説

法華経見宝塔品《けんほうとうほん》第11の「三箇《さんか》の勅宣《ちょくせん》」に続いて、提婆達多品《だいばだったほん》第12の「二箇《にか》の諫暁《かんぎょう》」を取り上げられる。

「二箇《にか》の諫暁《かんぎょう》」とは、この提婆品《だいばほん》において、それまで不成仏《ふじょうぶつ》とされていた悪人《あくにん》の代表として提婆達多《だった》の成仏と、女人《にょにん》の代表として竜女《りゅうにょ》の成仏が説《と》かれたことである。これら悪人成仏・女人成仏の説法《せっぽう》は、法華経こそ悪人、女人を含《ふく》めた一切衆生《いっさいしゅじょう》を救《すく》う要法《ようぼう》であることを明かし、それによって末法《まっぽう》の万人《ばんにん》のために法華経を弘《ひろ》めるべきことを勧《すす》められているのである。

悪人成仏《あくにんじょうぶつ》を示《しめ》す提婆達多《だいばだった》の成仏

まず、一闡提《いっせんだい》である提婆達多《だいばだった》が法華経の会座《えざ》で天王如来《てんのうにょらい》の記別《きべつ》（未来に仏となることを予言し保証《ほしょう》すること）を受けたことは、一切《いっさい》の悪人《あくにん》の成仏《じょうぶつ》の道が開かれたことであるとされている。

提婆達多《だいばだった》は、釈尊《しゃくそん》の弟子となりながら、驕慢《きょうまん》な心の持《も》ち主《ぬし》で名聞名利《みょうもんみょうり》の心が強く、釈尊から人々の前で叱責《しっせき》されたのを恨《うら》み、退転《たいてん》して教団《きょうだん》の分裂《ぶんれつ》を企《くわだ》て、釈尊の殺害《さつがい》をはかるなど三逆罪《さんぎゃくざい》

（破和合僧《はわごうそう》・出仏身血《すいぶっしんけつ》・殺阿羅漢《せつあらかん》）を犯《おか》した悪人《あくにん》である。その本質において一闡提《いっせんだい》の代表というべき人物と考えられる。

「一闡提《いっせんだい》」とは、仏の教えを信じようとする心がなく、正法《しょうほう》とその正法を説《と》く者を誹謗《ひぼう》し、また、さまざまな重罪《じゅうざい》を悔《く》い改《あらた》めようとしない者のことをいう。すなわち、一闡提とは不信《ふしん》・謗法《ほうぼう》の者を意味している。

この一闡提《いっせんだい》の代表ともいうべき提婆達多《だいばだった》に、提婆品《だいばほん》で未来成仏《みらいじょうぶつ》の記別《きべつ》が与えられたのは、一切《いっさい》の悪人《あくにん》の成仏の可能性を明かしたことになるのである。

女人成仏《にょにんじょうぶつ》を示《しめ》す竜女《りゅうにょ》の成仏

竜女《りゅうにょ》の成仏《じょうぶつ》も提婆達多《だいばだった》の場合と同様、竜女一人の成仏にとどまるものでなく、一切《いっさい》の女人《にょにん》の成仏を表《あらわ》すとされている。

次に、釈尊《しゃくそん》の教説《きょうせつ》のなかでも、法華経だけに女人成仏《にょにんじょうぶつ》が説《と》かれていることを示《しめ》されている。まず、「法華已前《ほっけいぜん》の諸《もろもろ》の小乗教《しょうじょうきょう》」では女人は不成仏《ふじょうぶつ》とされていた。

また「諸《もろもろ》の大乗経《だいじょうきょう》」にも、一往《いちおう》、女人成仏《にょにんじょうぶつ》を許《ゆる》しているように思われるものもあるが、それら爾前経《にぜんきょう》で説《と》かれる成仏はいずれも「改転《かいてん》の成仏」であって、「一念三千《いちねんさんぜん》の成仏」ではないと断じられている。

「改転《かいてん》の成仏《じょうぶつ》」では、例えば五百戒《ごひゃっかい》を持《たも》ち歴劫修行《りゃっこうしゅぎょう》を重《かさ》ね、何度も生まれるうちに男子と生まれ、菩薩道《ぼさつどう》の階梯《かいてい》（階段）を登《のぼ》って成仏するのであり、女人《にょにん》の身《み》のままで成仏するのではない。

これに対し、法華経提婆品《だいばほん》に説《と》かれる竜女《りゅうにょ》は、その場で成仏《じょうぶつ》の姿《すがた》を示《しめ》したのである。この即《そく》身《しん》成仏を、ここでは「一念三千《いちねんさんぜん》の成仏」と言われている。そして「挙一例諸《こいちれいしょ》（一《いち》を挙《あ》げて諸《もろもろ》に例《れい》す）」で、竜女一人の成仏は「末代《まつだい》の女人《にょにん》の成仏往生《おうじょう》の道をふみあけ」、つまり一切《いっさい》の女人の成仏の先駆《せんく》となったのである。

このように女人成仏《にょにんじょうぶつ》の観点《かんてん》からも、法華経こそが最《もっと》も優《すぐ》れた経であることは明らかである。

三世《さんぜ》にわたる真の孝養《こうよう》を説《と》く法華経

提婆達多《だいばだった》と竜女《りゅうにょ》は、悪世末法《あくせまっぽう》の一切《いっさい》の男女の代表でもあり、したがって孝養《こうよう》という視点からいえば、末法の私たちが父母を成仏《じょうぶつ》させ、最高の孝養を尽《つ》くせる根本が法華経であることを述べられている。

孝養倫理《こうようりんり》の代表といえば、中国の儒家《じゅか》・孔子《こうし》などの教えであるが、それは三世《さんぜ》の生命観《せいめいかん》を踏《ふ》まえていないから、現世《げんせ》限りの孝養でしかない。

現世《げんせ》限りの教えであるということは、「未来の父母」すなわち未来世《みらいせ》・後生《ごしょう》における苦しみから父母を救《すく》うことはできない。したがって「外家《げけ》」すなわち儒家《じゅか》・道家《どうか》の孝養《こうよう》は有名無実《ゆうめいむじつ》、つまり名《な》ばかりで実質を伴《ともな》わないものであると断定される。

これに対し、インドの外道《げどう》は過去・現在・未来を知ってはいるが因果《いんが》の理法《りほう》を正《ただ》しくわきまえていないので、「父母を扶《たす》くる道」に通《つう》じてはいない。

そして、内典《ないてん》の仏教において初《はじ》めて父母の後生《ごしょう》を助けることができるから、仏教を行じる人こそ聖人《しょうにん》・賢人《けんじん》の名《な》にふさわしくなると仰《おお》せになっている。

しかしながら、法華経以前の爾前経《にぜんきょう》は、一念三千《いちねんさんぜん》の法門が説《と》かれていないので、自身の成仏《じょうぶつ》すら実現できない。いわんや父母の成仏がかなうはずがない。したがって、爾前権教《ごんきょう》で父母の成仏といっても「但文《ただもん》のみあって義《ぎ》なし」であり、有名無実《ゆうめいむじつ》であると断定される。

法華経提婆達多品《だいばだったほん》に至《いた》ってはじめて竜女《りゅうにょ》の成仏《じょうぶつ》で、すべての女性すなわち「悲母《ひも》」の成仏が可能となり、また提婆の悪人《あくにん》成仏によって、すべての男性すなわち「慈父《じぶ》」の成仏が可能になったのである。

◆池田SGI会長の『開目抄講義』から

爾前権経《にぜんごんきょう》では明かされていなかった悪人成仏《あくにんじょうぶつ》と女人《にょにん》成仏が、明確に説《と》き明かされたことは、法華経こそが、悪世末法《あくせまっぽう》に生きる万人《ばんにん》の成仏を実現する唯一《ゆいいつ》の大法《だいほう》であることを、あらためて宣言することになります。

ここに「法華経の真価《しんか》」があります。すなわち、今までの爾前権経《にぜんごんきょう》で救済《きゅうさい》の対象とならなかった最《もっと》も不幸《ふこう》な人たちを現実に救《すく》わずして、末法《まっぽう》の民衆救済はありえない、ということです。この「法華経の真価」を光り輝《かがや》かせていくことは、釈尊《しゃくそん》の呼びかけに呼応《こおう》して、仏意《ぶつい》を実現する末法の法華経の行者《ぎょうじゃ》の証《あかし》でもあると言えます。

今、目の前にいる「現実の一人」をどう救《すく》っていくのか。その戦いがなければ、「民衆救済《きゅうさい》」

という言葉をいかに叫《さけ》んでも、何《なん》の価値も生まれません。

生きる希望すら失《うしな》った、最《もっと》も悲惨《ひさん》な人に、どう生きる喜《よろこ》びをわきたたせていくのか。この命《めい》題《だい》に答えられない宗教は、もはや「死せる宗教」と言わざるをえません。

◇

末法《まっぽう》の一切衆生《いっさいしゅじょう》の成仏《じょうぶつ》を願《ねが》うことと、自分の父母を救《すく》うこととは深い関係があります。

大聖人は、「自身仏《ほとけ》にならずしては父母をだにもすくい《救》がた《難》し・いわうや他人をや」（1429ページ）と仰《おお》せです。

父母への恩に報《むく》いるためにも、自身が成仏《じょうぶつ》すべきであると大聖人は幾度《いくど》も強調されています。また、自分の父母を救《すく》えずして、万人《ばんにん》を救うことはできない。大聖人は門下《もんか》にも、真の孝《こう》養《よう》は法華経によってのみ成《な》り立《た》つことを訴《うった》えられています。

まさに、変毒為薬《へんどくいやく》・即身成仏《そくしんじょうぶつ》の妙法こそが、末法の全人類を救済《きゅうさい》する大法《だいほう》であり、あらゆる父母を救《すく》う真の孝養《こうよう》の大道《だいどう》となるのです。

第38段　三類《さんるい》の強敵《ごうてき》を示《しめ》す

（223ページ15行目～225ページ7行目）

※ここでは223ページ15行目～224ページ11行目を収録

已上五箇《いじょうごか》の鳳詔《ほうしょう》にをどろきて勧持品《かんじぼん》の弘経《ぐきょう》あり、明鏡《みょうきょう》の経文を出《いだ》して当世《とうせい》の禅《ぜん》・律《りつ》・念仏者《ねんぶつしゃ》・並《なら》びに諸檀那《しょだんな》の謗法《ほうぼう》をしらしめん、

日蓮といゐし者は去年《こぞ》九月十二日子丑《ねうし》の時に頸《くび》はねられぬ、此《こ》れは魂《こん》魄《ぱく》・佐土《さど》の国にいたりて返年《かえるとし》の二月・雪中《せっちゅう》にしるして有縁《うえん》の弟子へをくれ《贈》ばをそろしく《畏》て・をそろし《怕》からず・み《見》ん人《ひと》いかに・をぢぬらむ、此《こ》れは釈迦《しゃか》・多宝《たほう》・十方《じっぽう》の諸仏《しょぶつ》の未来《みらい》日本国・当世《とうせい》をうつし給《たも》う明鏡《みょうきょう》な

りかたみともみるべし。

勧持品《かんじぼん》に云《いわ》く「唯願《ただねがわ》くは慮《うらおもい》したもうべからず仏滅度《ほとけめつど》の後恐怖悪世《のちくふあくせ》の中に於《おい》て我等《われら》当《まさ》に広く説《と》くべし、

諸《もろもろ》の無智《むち》の人の悪口罵詈《あっくめり》等し及《およ》び刀杖《とうじょう》を加《くわ》うる者有《あ》らん我等皆当《われらみなまさ》に忍《しの》ぶべし、

悪世《あくせ》の中の比丘《びく》は邪智《じゃち》にして心諂曲《てんごく》に未《いま》だ得《え》ざるを為《こ》れ得《え》たりと謂《おも》い我《が》慢《まん》の心充満《じゅうまん》せん、

或《あるい》は阿練若《あれんにゃ》に納衣《のうえ》にして空閑《くうげん》に在《あ》って自《みずか》ら真の道《どう》を行《ぎょう》ずと謂《おも》って人間を軽賤《きょうせん》する者有《あ》らん利養《りよう》に貪著《とんじゃく》するが故《ゆえ》に白衣《びゃくえ》の与《ため》に法を説《と》いて世《よ》に恭敬《くぎょう》せらるることを為《う》ること六通《ろくつう》の羅漢《らかん》の如《ごと》くならん、

是《こ》の人悪心《ひとあくしん》を懐《いだ》き常《つね》に世俗《せぞく》の事《じ》を念《おも》い名《な》を阿練若《あれんにゃ》に仮《かっ》て好《この》んで我等《われら》が過《とが》

を出《いだ》さん、常《つね》に大衆《だいしゅ》の中に在《あ》って我等《われら》を毀《そし》らんと欲《ほっ》するが故《ゆえ》に国王・大《だい》臣《じん》・婆羅門《ばらもん》・居士及《こじおよ》び余《よ》の比丘衆《びくしゅ》に向《むか》って誹謗《ひぼう》して我《わ》が悪《あく》を説《と》いて是《こ》れ邪《じゃ》見《けん》の人・外道《げどう》の論議《ろんぎ》を説《と》くと謂《い》わん、濁劫悪世《じょっこうあくせ》の中には多く諸《もろもろ》の恐怖《くふ》有《あ》らん悪鬼其身《あっきそのみ》に入《い》って我《われ》を罵詈毀辱《めりきにく》せん、濁世《じょくせ》の悪比丘《あくびく》は仏の方便随宜《ほうべんずいぎ》の所説《しょせつ》の法を知らず悪口《あっく》し顰蹙《ひんじゅく》し数数《しばしば》擯《ひん》出《ずい》せられん」等云云《うんぬん》、

記《き》の八に云《いわ》く「文《もん》に三初《はじめ》に一行《いちぎょう》は通《つう》じて邪人《じゃにん》を明《あか》す即《すなわ》ち俗衆《ぞくしゅ》なり、次に一行《いちぎょう》は道門増上慢《どうもんぞうじょうまん》の者を明《あか》す、三に七行《しちぎょう》は僭聖増上慢《せんしょうぞうじょうまん》の者を明《あか》す、此《こ》の三の中に初《はじめ》は忍《しの》ぶ可《べ》し次の者は前《さき》に過《す》ぎたり第三最《もっと》も甚《はなは》だし後後《のちのち》の者は転識《うたたし》り難《がた》きを以《もっ》ての故《ゆえ》に」等云云《うんぬん》、

通解

以上、宝塔品《ほうとうほん》の三箇《さんか》の勅宣《ちょくせん》と、提婆達多品《だいばだったほん》の二箇《にか》の諫暁《かんぎょう》、あわせて五箇《ごか》の鳳詔《ほうしょう》に仏弟子《ぶつでし》たちは驚《おどろ》いて、勧持品《かんじほん》で弘経《ぐきょう》の誓《ちか》いを述《の》べた。

明鏡《めいきょう》であるその経文を出して、今の禅《ぜん》・律《りつ》・念仏《ねんぶつ》の者ら、ならびにそれらを支《ささ》える在《ざい》家《け》信者たちの謗法《ほうぼう》を、はっきりと明らかにしよう。

日蓮と名乗《なの》っていた者は、去年《きょねん》（文永《ぶんえい》八年＝1271年）九月十二日の深夜、子丑《ねうし》の時に、首をはねられた。

この者は、その魂魄《こんぱく》が佐渡《さど》の国に至《いた》って、年が改まった二月、雪深《ゆきぶか》い中でこの経文（勧《かん》持品《じほん》の文《もん》）を記《しる》して、有縁《うえん》の弟子に送るのであるから、そこに示《しめ》す三類《さんるい》の強敵《ごうてき》の難《なん》は恐《おそ》ろしいようであるが、真の法華経の行者《ぎょうじゃ》にとっては、決《けっ》して恐ろしいものではない。しかし、（何《なん》の覚悟もなく）経文を見る人は、どれほど怖《お》じ気《け》づくだろうか。

この経文は、釈迦《しゃか》、多宝《たほう》、十方《じっぽう》の諸仏《しょぶつ》が未来、すなわち日本の今の様子を映《うつ》し出《だ》された明鏡《めいきょう》である。形見《かたみ》とも見るべきものである。

勧持品《かんじほん》には、こう説《と》かれている。

「ただ願《ねが》うところは、釈尊《しゃくそん》よ、心配しない

でください。仏が入滅《にゅうめつ》された後《のち》、恐《おそ》るべき悪《あく》世《せ》の中において、私たちは法華経を広く説《と》こう。

その時、もろもろの無智《むち》の人があって、法華経の行者《ぎょうじゃ》の悪口《わるくち》を言ったり、罵《ののし》ったり、また刀《かたな》や杖《つえ》で打《う》つなどする者があるだろう。私たちは皆、それらを耐《た》え忍《しの》ぼう。

悪世《あくせ》の中の僧《そう》は、邪智《じゃち》をもち、心はへつらい曲《ま》がっており、まだ覚《さと》りを得ていないのに得たと思い、慢心《まんしん》が充満《じゅうまん》している。

あるいは、人里離《ひとざとはな》れた静《しず》かな所（阿練若《あれんにゃ》）に、粗末《そまつ》な袈裟《けさ》・衣《ころも》をつけて人の住んでいないところにいて、自分は真の修行《しゅぎょう》をしていると思って、世間の人々をいやしむ者がいるだろう。

内心《ないしん》は、利益《りえき》を貪《むさぼ》り執着《しゅうちゃく》するゆえに、在家《ざいけ》の人たち（白衣《びゃくえ》）に法を説《と》いて、世間から敬《うやま》われる姿《すがた》は、あたかも六神通《ろくじんずう》を得た阿羅漢《あらかん》のようである。

この人は悪心《あくしん》をいだき、常に世俗《せぞく》のことを思い、人里離《ひとざとはな》れた静《しず》かな所にいる修行者《しゅぎょうしゃ》という名《な》に隠《かく》れて、人々の中で法華経を実践《じっせん》する行者《ぎょうじゃ》の欠点《けってん》を好《この》んで言い出すだろう。

常に多くの人々の中で正法《しょうほう》の行者《ぎょうじゃ》を誹《そし》ろうとして、国王や大臣《だいじん》、バラモンや社会の有力者、およびその他の僧《そう》に向かって、正法の行者を謗って〝この者たちは邪見《じゃけん》の人であり、外道《げどう》の論議《ろんぎ》を説《と》いている〟と言うだろう。

濁悪《じょくあく》の世の中には、多くのもろもろの恐《おそ》ろしいことがある。悪鬼《あっき》が人々の身《み》に入《はい》って、正法《しょうほう》の行者《ぎょうじゃ》を謗《そし》り、辱《はずかし》めるだろう。

濁世《じょくせ》の悪僧《あくそう》は、仏の方便《ほうべん》の教え、衆生《しゅじょう》の機《き》根《こん》に従《したが》って説《と》かれた法を知らないで、それに執着《しゅうちゃく》し、真実の教えである法華経を行じる人々の悪口《わるくち》を言い、顰蹙《ひんしゅく》する（顔をしかめる）。（そのため法華経の行者《ぎょうじゃ》は）しばしば追《お》い出《だ》されるだろう」と。

『法華文句記《ほっけもんぐき》』第8巻には、こうある。

「この勧持品《かんじほん》の文《もん》は、三つに分けられる。はじめの一行《ぎょう》は、通《つう》じて邪見《じゃけん》の人を明かしている。すなわち俗衆増上慢《ぞくしゅぞうじょうまん》である。次の一行は、道門《どうもん》増上慢の者を明かしている。第三に、次の七行は、僭聖《せんしょう》増上慢の者を明かしている。

この三つの中で、はじめの俗衆増上慢《ぞくしゅぞうじょうまん》は耐《た》え忍《しの》ぶことができるが、第二は、第一のものよりも悪質《あくしつ》である。第三の僭聖《せんしょう》増上慢の迫害《はくがい》は、最《もっと》も甚《はなは》だしい。

第一よりも第二、第二よりも第三がより一《いっ》層《そう》、正体《しょうたい》を見抜《みぬ》きにくいからである」と。

解説

釈尊《しゃくそん》の滅後弘通《めつごぐつう》の勧《すす》めに背《そむ》く謗法《ほうぼう》の者たちの具体的な姿《すがた》を、勧持品《かんじほん》第13の二十行《ぎょう》の偈《げ》に説《と》かれる「三類《さんるい》の強敵《ごうてき》」によって明らかにされていく。

また、それを通して、この二十行《ぎょう》の偈《げ》に予言されている通りに三類《さんるい》の強敵《ごうてき》と戦う大聖人こそ、末法《まっぽう》の法華経の行者《ぎょうじゃ》であることが浮《う》き彫《ぼ》りにされる。

勧持品《かんじほん》は法華経の行者《ぎょうじゃ》を映《うつ》す明鏡《めいきょう》

宝塔品《ほうとうほん》における三箇《さんか》の勅宣《ちょくせん》と提婆達多品《だいばだったほん》における二箇《にか》の諫暁《かんぎょう》を合わせて五箇《ごか》の鳳詔《ほうしょう》という。

この五箇《ごか》によって、釈尊《しゃくそん》は法華経の滅後弘通《めつごぐつう》を勧《すす》めたのであるが、これに応《こた》えて菩薩《ぼさつ》たちが、滅後弘教《ぐきょう》の誓願《せいがん》を述《の》べたのが勧持品《かんじほん》である。

このとき菩薩《ぼさつ》たちが誓願《せいがん》の意を偈《げ》(韻文《いんぶん》)の形で述べたのが勧持品《かんじほん》の二十行《ぎょう》の偈であり、そこには三類《さんるい》の強敵《ごうてき》が出現することが述べられている。菩薩たちはこれらの難事《なんじ》を忍《しの》んで弘教《ぐきょう》することを誓《ちか》ったのである。

大聖人は、この二十行《ぎょう》の偈《げ》を明鏡《めいきょう》として、これに映《うつ》して、いま大聖人を迫害《はくがい》している当時の禅《ぜん》・律《りつ》・念仏《ねんぶつ》の者たち、ならびにそれらに帰依《きえ》する檀那《だんな》（在家《ざいけ》の信徒《しんと》）の謗法《ほうぼう》を明らかにしようと仰《おお》せになっている。

ここで「日蓮といゐし者は去年《こぞ》九月十二日子丑《ねうし》の時に頸《くび》はねられぬ」と仰《おお》せであるが、「去《こ》年《ぞ》九月十二日」とは、本抄御述作《ごじゅっさく》の前年に当たる文永《ぶんえい》八年（1271年）九月十二日、竜《たつ》の口《くち》の法難《ほうなん》に遭《あ》われた時のことである。

この竜《たつ》の口《くち》の法難《ほうなん》こそ勧持品《かんじほん》に説《と》かれている「及加刀杖《ぎゅうかとうじょう》（及《およ》び刀杖を加えん）」の難であり、ゆえに大聖人が法華経の行者《ぎょうじゃ》であられることは、この法華経勧持品の経文に照《て》らして疑《うたが》いない。結果的に大聖人の首を斬《き》ることはできなかったが、首を斬られる状況に臨《のぞ》まれたことから「頸《くび》はねられぬ」と仰《おお》せなのである。

しかし、この御文《ごもん》にはさらに深い元意《がんい》があり、大聖人の発迹顕本《ほっしゃくけんぽん》の意義が示《しめ》された明文《みょうもん》であると拝《はい》される。

大聖人は竜《たつ》の口《くち》の法難《ほうなん》を勝ち越えた時に、宿業《しゅくごう》や苦悩を抱《かか》えた凡夫《ぼんぷ》という迹《しゃく》（仮《かり》の姿《すがた》）を開いて、凡夫の身に、生命《せいめい》にそなわる本源的な、慈悲《じひ》と智慧《ちえ》にあふれる仏（久遠元初《くおんがんじょ》の自受用報身《じじゅゆうほうしん》如来《にょらい》）という本来の境地《きょうち》を顕《あらわ》されたのである。

すなわち、この御文に戻れば、宿業《しゅくごう》の報《むく》いとして苦悩を抱《かか》えた凡夫《ぼんぷ》という迹《しゃく》の身が終わることを「頸《くび》はねられぬ」と表現されたのであり、「魂魄《こんぱく》・佐土《さど》の国にいたりて」の「魂魄」等とは、万人成仏《ばんにんじょうぶつ》の妙法を広宣流布する久遠元初《くおんがんじょ》の自受用身《じじゅゆうしん》、末法《まっぽう》の御本仏《ごほんぶつ》としての生《せい》が始まることを示《しめ》されていると説明されている。これが日蓮大聖人の「発迹顕本《ほっしゃくけんぽん》」である。

竜《たつ》の口《くち》の法難《ほうなん》での発迹顕本《ほっしゃくけんぽん》ののち、大聖人は妙法と一体《いったい》の自身の生命《せいめい》を御図顕《ごずけん》した御本尊《ごほんぞん》を顕《あらわ》されていく。

「有縁《うえん》の弟子」とは、日蓮大聖人有縁の弟子ということで、竜《たつ》の口《くち》の法難《ほうなん》で殉死《じゅんし》の覚悟《かくご》でお供《とも》し、大聖人が本抄を使者《ししゃ》に託《たく》して送られた四条金吾《しじょうきんご》をはじめ、門下《もんか》一同の意である。

勧持品《かんじほん》の「濁劫悪世《じょっこうあくせ》の中には　多く諸《もろもろ》の恐怖《くふ》有《あ》らん」の文《もん》にあるように、日本国中の人々がことごとく法華経の大怨敵《だいおんてき》となっている「悪世」において、正法《しょうほう》を弘通《ぐつう》するにあたっては「恐《く》怖《ふ》」がつきまとう。したがって末法《まっぽう》の弘教《ぐきょう》は、一往《いちおう》は「をそ《畏》ろしくて」とされるありさまである。

しかし、恐《おそ》ろしい状態ではあるが、同じく勧持品《かんじほん》の文《もん》に「我《われ》は身命《しんみょう》を愛せず　但無上道《ただむじょうどう》を惜《お》しむのみ」とあるように、正法弘通《しょうほうぐつう》のために自身の身命を惜しまないとの決意に立った末法《まっぽう》の法華経の行者《ぎょうじゃ》にとっては、何も恐《おそ》れるものはない。それゆえ、「をそろし《怕》からず」なのである。

ただ、この「我不愛身命《がふあいしんみょう》」と覚悟《かくご》しない者にとっては、「をぢぬらむ（恐《おそ》れるだろう）」という状態になるのである。「みん《見》人」とは、覚悟もなくこの経文を見る人のことで、未曾有《みぞう》の大難《だいなん》を前にして怖《お》じ気《け》づき、自身に難《なん》の及《およ》ぶことを恐《おそ》れている、当時の臆病《おくびょう》な弟子・檀那《だんな》を指《さ》しての仰《おお》せと考えられる。

「此《こ》れは釈迦《しゃか》・多宝《たほう》……」の「此れ」が指示《しじ》しているのは、次に引かれる勧持品《かんじほん》の経文のことである。すなわち、この勧持品の経文は、未来の日本国、すなわち大聖人御在世《ございせ》の時代を映《うつ》し出《だ》す明鏡《めいきょう》であり、釈迦、多宝、十方《じっぽう》の諸仏《しょぶつ》という三仏《さんぶつ》が末法《まっぽう》のために遺《のこ》された「形見《かたみ》」であると思って見ていきなさいと仰《おお》せになっている。

三類《さんるい》の強敵《ごうてき》を説《と》く勧持品《かんじほん》の経文

そこで、末法《まっぽう》を映《うつ》し出《だ》す明鏡《めいきょう》として勧持品《かんじほん》の経文を挙《あ》げられる。引用の経文は、菩薩《ぼさつ》たちが仏滅後《ぶつめつご》の弘教《ぐきょう》と忍難《にんなん》を誓《ちか》って述べた、いわゆる「勧持品の二十行《ぎょう》の偈《げ》」である。第22段（本書

91ジペー以下）でも引用されたが、ここに重《かさ》ねて言及《げんきゅう》されている。

この勧持品《かんじほん》の二十行《ぎょう》の偈《げ》が説《と》く迫害者《はくがいしゃ》たちを、妙楽大師《みょうらくだいし》が三種に分け、それぞれに名《な》を付《ふ》したのが、いわゆる三類《さんるい》の強敵《ごうてき》である（法華経418ジペー）。

（1）俗衆増上慢《ぞくしゅぞうじょうまん》。「諸《もろもろ》の無智《むち》の人……我等《われら》は皆当《みなまさ》に忍《しの》ぶべし」

（2）道門増上慢《どうもんぞうじょうまん》。「悪世《あくせ》の中の比丘《びく》……我慢《がまん》の心は充満《じゅうまん》せん」

（3）僭聖増上慢《せんしょうぞうじょうまん》。「或《あるい》は阿練若《あれんにゃ》に……説《と》くと謂《い》わん」

これら三類《さんるい》の姿《すがた》を示《しめ》したうえで経文は、悪世《あくせ》の中にはもろもろの恐《おそ》るべきことがあり、悪鬼《あっき》が人々の身《み》に入って、正法《しょうほう》を持《たも》つ行者《ぎょうじゃ》を罵《ののし》ったり、辱《はずかし》めたりさせるだろう。濁世末法《じょくせまっぽう》の僧《そう》たちは愚癡《ぐち》なるがゆえに、仏が衆生《しゅじょう》の機根《きこん》にしたがって方便《ほうべん》・権教《ごんきょう》を説《と》いたことを知らないで、方便の教えに執着《しゅうちゃく》し、そのため法華経の行者を中傷《ちゅうしょう》・誹謗《ひぼう》し、顔をしかめて憎《にく》み、法華経の行者はしばしば所を追放《ついほう》されるだろう、と述べている。

最《もっと》も忍《しの》び難《がた》い僭聖増上慢《せんしょうぞうじょうまん》の迫害《はくがい》

以上の勧持品《かんじほん》の二十行《ぎょう》の偈《げ》に対応する注釈《ちゅうしゃく》、すなわち妙楽大師《みょうらくだいし》の『法華文句記《ほっけもんぐき》』巻《まき》8の文《もん》を引かれている。

「初《はじめ》に一行《ぎょう》」とは、偈文《げもん》の場合、四句《く》を一行としたのであり、前節《ぜんせつ》の「諸《もろもろ》の無智《むち》の人……我《われ》等《ら》は皆当《みなまさ》に忍《しの》ぶべし」の四句を指《さ》す。「次に一行」とは「悪世《あくせ》の中の比丘《びく》……我慢《がまん》の心は充満《じゅうまん》せん」の四句を指す。「三に七行」とは「或《あるい》は阿練若《あれんにゃ》に……説《と》くと謂《い》わん」の二十八句のことを指している。「此《こ》の三の中に」以下は、第三類《るい》の難《なん》が最《もっと》も耐《た》えがたいという意である。

第一類《るい》の俗衆増上慢《ぞくしゅぞうじょうまん》は、仏法に無知《むち》な在俗《ざいぞく》であるから、悪口罵詈《あっくめり》や、あるいは暴力《ぼうりょく》など単純な手段によるため、その害《がい》を忍《しの》ぶことは比較的容易《ひかくてきようい》である。

これに対し、第二類《るい》の道門増上慢《どうもんぞうじょうまん》による迫害《はくがい》は、暴力《ぼうりょく》は用《もち》いないが、人の心を動揺《どうよう》させるので、第一の俗衆《ぞくしゅ》より厳《きび》しく、さらに第三類の僭聖《せんしょう》増上慢による迫害は最《もっと》も甚《はなは》だしい。

その理由は、「転識《うたたし》り難《がた》き」とあるように、第一類《るい》よりも第二類、第二類よりも第三類の悪《あく》が次第に分かりづらくなるのであり、僭聖増上慢《せんしょうぞうじょうまん》は立派《りっぱ》な仏法者と見えるので、実は仏法の真《しん》義《ぎ》に反《はん》する者であると見抜《みぬ》くことが難《むずか》しいからである。

第38段ではこの後、同じく勧持品《かんじほん》の文《もん》についての智度法師《ちどほっし》の釈《しゃく》を挙《あ》げられ、三類《さんるい》の強敵《ごうてき》の特《とく》徴《ちょう》をより詳《くわ》しく示《しめ》される。

そして、さらに涅槃経《ねはんぎょう》・般泥洹経《はつないおんぎょう》を引いて、釈尊滅後《しゃくそんめつご》の悪世《あくせ》には人々が、正法《しょうほう》を誹謗《ひぼう》する偽《にせ》の聖者《せいじゃ》を見かけの立派《りっぱ》さから真の菩薩《ぼさつ》だと誤《あやま》って思ってしまうことを指摘される。

◆池田SGI会長の『開目抄講義』から

強敵《ごうてき》と戦う心こそ師子王《ししおう》の心です。戦う覚悟《かくご》と勇気があれば、その師子王の心に仏界《ぶっかい》の生命《せいめい》が涌現《ゆげん》する。そこに勝利への闘志《とうし》も智慧《ちえ》も生命力も涌《わ》き出《い》ずる。それゆえに、もはや何も恐《おそ》ろしくはないのです。

ゆえに、師子王《ししおう》たる大聖人、および師子王の子たる不惜身命《ふしゃくしんみょう》の共戦《きょうせん》の弟子にとってみれば「を《怕》そろしからず」です。

しかし、不惜身命《ふしゃくしんみょう》の覚悟《かくご》に立てず、臆病《おくびょう》で退転《たいてん》してしまいかねない弟子たちにとってみれば、「み《見》ん人いかに・をぢぬらむ」となる。

すなわち、この勧持品《かんじほん》の三類《さんるい》の強敵《ごうてき》の経文を覚悟《かくご》もなく見れば、どれだけ怖《お》じてしまうだろうかと御心配《ごしんぱい》されているのです。

臆病《おくびょう》はそれ自体が、魔《ま》に食い破《やぶ》られた姿《すがた》です。さらには、いつしか生命《せいめい》が深く食い破られて生命力も智慧《ちえ》も失《うしな》ってしまい、ついには人生全体が敗北《はいぼく》の坂《さか》を転《ころ》げ落《お》ちていくしかなくなる。ゆえに、大聖人は、そうであってはならないと戒《いまし》められているのです。

結局は、師匠と同じ覚悟《かくご》に立たなければ、魔《ま》に敗《やぶ》れます。ゆえに「開目抄《かいもくしょう》」では、〝師弟不二《ふに》の誓願《せいがん》に立て〟との弟子への呼びかけが全編に響《ひび》きわたっているのです。

◇

大聖人が発迹顕本《ほっしゃくけんぽん》されることによって、凡夫《ぼんぷ》の姿《すがた》のままで仏界《ぶっかい》の生命《せいめい》を現《あらわ》す「即身成仏《そくしんじょうぶつ》の道」が万人《ばんにん》に開かれたのです。

「開目抄《かいもくしょう》」につぶさに示《しめ》されているように、大聖人は相次《あいつ》ぐ大難《だいなん》を乗《の》り越《こ》えられ、障魔《しょうま》を打《う》ち破《やぶ》る激闘《げきとう》のなかで、発迹顕本《ほっしゃくけんぽん》という「生命《せいめい》根本の勝利」を勝ち取られたのです。

私たちも、いかなる障魔《しょうま》も恐《おそ》れず、勇気ある信心を貫《つらぬ》けば、何があっても無明《むみょう》を破《やぶ》り、法性《ほっしょう》を顕《あらわ》す自分自身を確立することができる。それが、私たちの発迹顕本《ほっしゃくけんぽん》です。そして、この「わが発迹顕本」が一生成仏《いっしょうじょうぶつ》を決《けっ》する根本になるのです。

「一人を手本《てほん》として一切衆生平等《いっさいしゅじょうびょうどう》なること是《か》くの如《ごと》し」（564ジページ）と仰《おお》せの通り、日蓮大聖人の発迹顕本《ほっしゃくけんぽん》は、末代《まつだい》のあらゆる凡夫《ぼんぷ》に通《つう》じる成仏《じょうぶつ》の「根本原理」を示《しめ》されている。また、その「証明」であり、「手本」なのです。

妙法への揺《ゆ》るがぬ信があれば、万人《ばんにん》が、自己《じこ》の凡夫《ぼんぷ》の肉身《にくしん》に、宇宙大の境涯《きょうがい》を広げることができる。

いわば、末法《まっぽう》の全民衆の発迹顕本《ほっしゃくけんぽん》の最初の一人となられたのが日蓮大聖人であられる。

第39段から第40段の大意

第39段「三類《さんるい》について注釈《ちゅうしゃく》する」（225ページ8行目〜226ページ10行目）では、まず三類の強敵《ごうてき》を明かした経文に、日蓮大聖人の御在世《ございせ》当時の諸宗の僧《そう》の様相《ようそう》が全《まった》く一致《いっち》していることを指摘され、末法《まっぽう》が悪世《あくせ》であるとする他の経文を再度《さいど》確認される。末法悪世の今日《こんにち》に三類の強敵がいることが明白《めいはく》なら、彼らが迫害《はくがい》する相手である法華経の行者《ぎょうじゃ》がいることも確実であると示《しめ》される。そのうえで、外典《げてん》でも予言が当たる例や付法蔵経《ふほうぞうきょう》の予言が的中《てきちゅう》した例を挙《あ》げて、法華経の予言もまた現実のものとなることを明確にされる。

第40段「俗衆増上慢《ぞくしゅぞうじょうまん》・道門《どうもん》増上慢を明かす」（226ページ11行目〜227ページ15行目）では、三類《さんるい》の強敵《ごうてき》のうち第一の「俗衆増上慢」と第二の「道門増上慢」について明らかにされている。

さらに、釈迦《しゃか》、多宝《たほう》、十方《じっぽう》の諸仏《しょぶつ》が法華経こそ真実永遠の成仏《じょうぶつ》の法であることを保証《ほしょう》し令法《りょうぼう》久住《くじゅう》を図《はか》ったのに対して、法然《ほうねん》ら念仏者《ねんぶつしゃ》が「法華経は末法《まっぽう》では念仏よりも前に功力《くりき》を失《うしな》ってしまう」という邪説《じゃせつ》を広めたのは、これらの仏に対する怨敵《おんてき》であると破折《はしゃく》されている。

第41段　第三の僭聖増上慢《せんしょうぞうじょうまん》を明かす

（２２７ページ16行目～２２９ページ９行目）

※ここでは、２２７ページ16行目～２２８ページ11行目と２２９ページ５行目～９行目を収録

第三は、法華経に云《いわ》く「或《あるい》は阿練若《あれんにゃ》に有《あ》り納衣《のうえ》にして空閑《くうげん》に在《あ》って乃至《ないし》白衣《びゃくえ》の与《ため》に法を説《と》いて世《よ》に恭敬《くぎょう》せらるることを為《う》ること六通《ろくつう》の羅漢《らかん》の如《ごと》くならん」等云云《うんぬん》、

六巻の般泥洹経《はつないおんぎょう》に云《いわ》く「羅漢《らかん》に似《に》たる一闡提《いっせんだい》有《あ》って悪業《あくごう》を行《ぎょう》じ一闡提に似たる阿羅漢《あらかん》あって慈心《じしん》を作《な》さん、羅漢に似たる一闡提有《あ》りとは是諸《このもろもろ》の衆生《しゅじょう》の方等《ほうどう》を誹謗《ひぼう》するなり一闡提に似たる阿羅漢とは声聞《しょうもん》を毀呰《きし》して広《ひろ》く方等《ほうどう》を説《と》き衆生《しゅじょう》に語《かた》って言《いわ》く我汝等《われなんだち》と倶《とも》に是《こ》れ菩薩《ぼさつ》なり所以《ゆえん》は何《いか》ん一切皆《いっさいみな》

如来《にょらい》の性《しょう》有《あ》るが故《ゆえ》に然《し》かも彼《か》の衆生《しゅじょう》は一闡提と謂《い》わん」等云云《うんぬん》、

涅槃経《ねはんぎょう》に云《いわ》く「我《わ》れ涅槃《ねはん》の後《のち》・像法《ぞうほう》の中に当《まさ》に比丘《びく》有《あ》るべし持律《じりつ》に似像《じぞう》して少《わず》かに経典を読誦《どくじゅ》し飲食《おんじき》を貪嗜《とんし》して其《そ》の身《み》を長養《じょうよう》せん袈裟《けさ》を服《き》ると雖《いえど》も猶《なお》猟師《りょうし》の細視徐行《さいしじょこう》するが如《ごと》く猫《ねこ》の鼠《ねずみ》を伺《うかが》うが如《ごと》し、常《つね》に是《こ》の言《ことば》を唱《とな》えん我《われ》羅漢《らかん》を得《え》たりと外《そと》には賢善《けんぜん》を現《あらわ》し内《うち》には貪嫉《とんしつ》を懐《いだ》く唖法《あほう》を受けたる婆羅《ばら》門《もん》等の如《ごと》く実《じつ》には沙門《しゃもん》に非《あら》ずして沙門《しゃもん》の像《かたち》を現《げん》じ邪見熾盛《じゃけんしじょう》にして正法《しょうほう》を誹《ひ》謗《ぼう》せん」等云云《うんぬん》、

妙楽云《みょうらくいわ》く「第三最《もっと》も甚《はなはだ》し後後《のちのち》の者転識《うたし》り難《がた》きを以《もっ》ての故《ゆえ》に」等云云《うんぬん》、

東春云《とうじゅんいわ》く「第三に或有阿練若《わくうあれんにゃ》より下《しも》の三偈《さんげ》は即是出家《すなわちこれしゅっけ》の処《ところ》に一切《いっさい》の悪《あく》人《にん》を摂《せっ》す」等云云《うんぬん》、

東春《とうじゅん》に「即是出家《すなわちこれしゅっけ》の処《ところ》に一切《いっさい》の悪人《あくにん》を摂《せっ》する」等とは当世《とうせい》・日本国に

は何《いず》れの処《ところ》ぞや、叡山《えいざん》か園城《おんじょう》か東寺《とうじ》か南都《なんと》か建仁寺《けんにんじ》か寿福寺《じゅふくじ》か建長寺《けんちょうじ》か・よくよく・たづぬべし、

延暦寺《えんりゃくじ》の出家《しゅっけ》の頭《かしら》に甲冑《かっちゅう》をよろうを・さすべきか、園城寺《おんじょうじ》の五分法身《ごぶんほっしん》の膚《はだ》に鎧杖《がいじょう》を帯《たい》せるか、彼等《かれら》は経文に納衣在空閑《のうえざいくうかん》と指《さ》すにはにず為世所恭《いせしょく》敬《ぎょう》・如六通羅漢《にょろくつうらかん》と人《ひと》をもはず又転難識故《またてんなんしきこ》というべしや

華洛《からく》には聖一《しょういち》等・鎌倉《かまくら》には良観《りょうかん》等ににたり、人《ひと》をあだむ《怨》ことなかれ眼《まなこ》あらば経文に我《わ》が身《み》をあわせよ、

◇

六巻の般泥洹経《はつないおんぎょう》に云《いわ》く「究竟《くきょう》の処《ところ》を見ずとは彼《か》の一闡提《いっせんだい》の輩《やから》の究竟の悪《あく》業《ごう》を見ざるなり」等云云《うんぬん》、

妙楽《みょうらく》云《いわ》く「第三最《もっと》も甚《はなは》だし転識《うたたし》り難《がた》きが故《ゆえ》に」等、

無眼《むげん》の者・一眼《いちげん》の者・邪見《じゃけん》の者は末法《まっぽう》の始《はじめ》の三類《さんるい》を見るべからず一分《いちぶん》の仏眼《ぶつげん》を得るもの此《こ》れをしるべし、向国王大臣婆羅門居士《こうこくおうだいじんばらもんこじ》等云云《うんぬん》、東春《とうじゅん》に云《いわ》く「公処《こうしょ》に向《むか》い法を毀《そし》り人《ひと》を謗《ぼう》ず」等云云《うんぬん》、夫《そ》れ昔像法《むかしぞうほう》の末《まつ》には護命《ごみょう》・修円《しゅえん》等・奏状《そうじょう》をささげて伝教大師《でんぎょうだいし》を讒奏《ざんそう》す、今末法《まっぽう》の始《はじめ》には良観《りょうかん》・念阿《ねんあ》等偽書《ぎしょ》を注《ちゅう》して将軍家《しょうぐんけ》にささぐ・あに三類《さんるい》の怨《おん》敵《てき》にあらずや。

通解

第三類《るい》の怨敵《おんてき》は、法華経に次のように説《と》かれている。

「あるいは、人里離《ひとざとはな》れた静《しず》かな所に、粗末《そまつ》な袈裟《けさ》・衣《ころも》をつけて人の住んでいないところにいて（中略）在家《ざいけ》の人たちに法を説《と》いて、世間から敬《うやま》われる姿《すがた》は、あたかも六神通《ろくじんずう》を得た阿羅漢《あらかん》のようである」と。

六巻本の般泥洹経《はつないおんぎょう》には、次のようにある。

「阿羅漢《あらかん》に似《に》た一闡提《いっせんだい》があって、悪業《あくごう》を行《ぎょう》ずる。これと反対に、一闡提に似た阿羅漢があって、慈悲《じひ》の心を起こすだろう。

『阿羅漢《あらかん》に似《に》た一闡提《いっせんだい》がある』というのは、その者たちが大乗経《だいじょうきょう》を謗《そし》るということである。

『一闡提《いっせんだい》に似《に》た阿羅漢《あらかん》』とは、声聞《しょうもん》を誹《そし》り、卑《いや》しめて、広く大乗《だいじょう》の教えを説《と》く者である。そして衆生《しゅじょう》に語っていうには、『私はあなたがたとともに菩薩《ぼさつ》である。理由はなぜか。一切《いっさい》の人々には皆、仏性《ぶっしょう》（仏の性分《しょうぶん》）があるからである』と。しかし、それを聞いた衆生は、かえって私を一闡提だと言うだろう」と。

涅槃経《ねはんぎょう》には、次のようにある。

「私（釈尊《しゃくそん》）が入滅《にゅうめつ》した後、教えが形骸化《けいがいか》した時代（像法《ぞうほう》）において、次のような出家者《しゅっけしゃ》が現《あらわ》れるだろう。

それは、形は戒律《かいりつ》を持《たも》っているように見せかけて、わずかに経を読誦《どくじゅ》し、飲食《いんしょく》を貪《むさぼ》ってわが身《み》を養《やしな》っている。

袈裟《けさ》を着ているとはいっても、信徒《しんと》の布施《ふせ》を狙《ねら》うさまは、猟師《りょうし》が注意深く目を配《くば》り獲物《えもの》に近づくようであり、ネコがネズミを捕《と》らえようとしているようなものである。

そして、常にこの言葉を唱えるだろう『自分は阿羅漢《あらかん》の覚《さと》りを得た』と。外面《がいめん》は賢人《けんじん》・善人《ぜんにん》のように装《よそお》っているが、内面《ないめん》は貪《むさぼ》りや、嫉妬《しっと》の気持ちをいだき、無言《むごん》の修行《しゅぎょう》をしているバラモンなどのようである。

実際《じっさい》には出家者《しゅっけしゃ》でもないのに、出家者の姿《すがた》をしており、邪見《じゃけん》が非常《ひじょう》に盛《さか》んで、正法《しょうほう》を謗《そし》るだろう」と。

妙楽《みょうらく》は、「第三の僭聖増上慢《せんしょうぞうじょうまん》の迫害《はくがい》は、最《もっと》も甚《はなは》だしい。第一より第二、第二より第三がより一層《いっそう》、正体《しょうたい》を見抜《みぬ》きにくいからである」(『法華文句記《ほっけもんぐき》』)と言っている。

『東春《とうじゅん》』には、「第三に『或有阿練若《わくうあれんにゃ》』以下の三偈《げ》が僭聖増上慢《せんしょうぞうじょうまん》で、この出家者《しゅっけしゃ》のところに一切《いっさい》の悪人《あくにん》が集まるのである」といっている。

『東春《とうじゅん》』にある、「出家者《しゅっけしゃ》のところに一切《いっさい》の悪人《あくにん》が集まる」というのは、今の世の日本国には、どこの出家者であろうか。比叡山《ひえいざん》か、園城寺《おんじょうじ》か、東寺《とうじ》か、奈良《なら》の諸寺《しょじ》か、建仁寺《けんにんじ》か、寿福寺《じゅふくじ》か、建長寺《けんちょうじ》か、よくよくたずね考えるべきである。

比叡山延暦寺《ひえいざんえんりゃくじ》の僧《そう》たちが出家《しゅっけ》の頭に甲冑《かっちゅう》を身《み》につけているのを指《さ》すべきだろうか。園城《おんじょう》寺《じ》の僧たちが五分法身《ごぶんほっしん》(仏・阿羅漢《あらかん》がそなえている五つの功徳《くどく》を有《ゆう》する身《み》)の膚《はだ》に、鎧《よろい》・杖《つえ》をまとっているのを指すべきだろうか。

しかし彼らは、経文に「粗末《そまつ》な袈裟《けさ》・衣《ころも》をつけて人の住んでいないところにいて」と指摘しているのには似ていないし、「世間から敬《うやま》われる姿は、あたかも六神通《ろくじんずう》を得た阿羅漢《あらかん》のようである」と、人は思っていない。

また、彼らを「より一層《いっそう》、正体《しょうたい》を見抜《みぬ》きにくいからである」というべきだろうか。それは考えにくい。

こうしてみると、第三類《るい》の怨敵《おんてき》は、京都《きょうと》では聖一《しょういち》ら、鎌倉《かまくら》では良観《りょうかん》らに似ている。

こう言われたからといって、人を恨《うら》んではならない。眼《まなこ》があるなら、経文にわが身《み》を合わせてみよ。

◇

六巻本の般泥洹経《はつないおんぎょう》には、「究極《きゅうきょく》のところを見ないとは、かの一闡提《いっせんだい》の輩《やから》がつくる究極の悪業《あくごう》、すなわち法華経誹謗《ひぼう》が底《そこ》しれず深くて見えないことである」とある。

妙楽《みょうらく》は「第三の僭聖増上慢《せんしょうぞうじょうまん》の迫害《はくがい》は、最《もっと》も甚《はなは》だしい。第一より第二、第二より第三が一《いっ》層《そう》、正体《しょうたい》を見抜《みぬ》きにくいからである」と言っている。

仏教に無知《むち》な者や、仏教の一部分しか知らない者や、邪見《じゃけん》の者は、末法《まっぽう》のはじめの三類《さんるい》の強敵《ごうてき》を見分けることができないだろう。ただ、一分《いちぶん》の仏眼《ぶつげん》を得た者が、これを知ることができるのである。

法華経には、「国王や大臣《だいじん》、バラモンや社

会の有力者たちに向かって」とあり、これについて『東春《とうじゅん》』には、「公《おおやけ》の場で正法《しょうほう》を誹《そし》り、その行者《ぎょうじゃ》をけなす」と解釈している。

昔《むかし》、像法《ぞうほう》時代の末《すえ》には、護命《ごみょう》や修円《しゅえん》ら（法《ほっ》相宗《そうしゅう》の僧《そう》）が奏状《そうじょう》を朝廷《ちょうてい》にささげて、伝教大《でんぎょうだい》師《し》を無実《むじつ》の罪《つみ》で訴《うった》えた。

今、末法《まっぽう》のはじめには、良観《りょうかん》や念阿《ねんあ》らが偽《ぎ》書《しょ》をつくって、将軍家《しょうぐんけ》にささげている。これこそ第三類《るい》の怨敵《おんてき》ではないだろうか。

語訳

【聖一《しょういち》】十三世紀、禅宗《ぜんしゅう》の僧《そう》、円爾《えんに》・弁円《べんえん》のこと。朝廷《ちょうてい》の実力者《じつりょくしゃ》の帰依《きえ》を受け京都《きょうと》に東福寺《とうふくじ》を開いた。北条時頼《ほうじょうときより》に授戒《じゅかい》するなど、国政《こくせい》の要人《ようじん》に影響力をもっていた。没後《ぼつご》、国師号《こくしごう》を得て、聖一国師と呼ばれた。

【良観《りょうかん》】十三〜十四世紀、真言律宗《しんごんりっしゅう》の僧《そう》で、鎌倉の極楽寺《ごくらくじ》に住《じゅう》した良観房忍性《りょうかんぼうにんしょう》のこと。幕府《ばくふ》権力に取り入って、種々《しゅじゅ》の利権《りけん》を手にする一方、大聖人に敵対《てきたい》し、大聖人や門下《もんか》に対する数々《かずかず》の迫害《はくがい》の黒幕《くろまく》となった。

【念阿《ねんあ》】然阿《ねんあ》のこと。十三世紀、浄土宗鎮西派《じょうどしゅうちんぜいは》の第三祖《そ》・良忠《りょうちゅう》のこと。法然《ほうねん》の孫弟子。大聖人を迫害《はくがい》した中心人物の一人。

解説

第41段では、第三の「僭聖増上慢《せんしょうぞうじょうまん》」について、経文や注釈《ちゅうしゃく》を挙《あ》げて示《しめ》されている。

まず、〝出家者《しゅっけしゃ》として静《しず》かなところにいて、六神通《ろくじんずう》を得た阿羅漢《あらかん》のように人々から尊敬されている〟という経文の条件にかなうのは、比叡山延暦寺《ひえいざんえんりゃくじ》や園城寺《おんじょうじ》の僧兵《そうへい》のように一見《いっけん》して悪者《わるもの》と分かる連中《れんちゅう》のことではなく、京都《きょうと》では聖一《しょういち》ら、鎌倉《かまくら》では良観《りょうかん》らに当たると指摘されている。

また、世間の人々から多大《ただい》な尊敬を受けていた良観《りょうかん》・然阿《ねんあ》らが法華経の行者《ぎょうじゃ》である大聖人を誹謗《ひぼう》して権力者を動かし、大聖人に迫害《はくがい》を加えさせたが、まさに彼らこそが第三の僭聖増上慢《せんしょうぞうじょうまん》であると断じられているのである。

経釈《きょうしゃく》に照《て》らして僭聖増上慢《せんしょうぞうじょうまん》を釈《しゃく》す

初《はじ》めに、法華経勧持品《かんじほん》第13に説《と》かれる二十行《ぎょう》の偈《げ》の文《もん》などを引き、第三「僭聖増上慢《せんしょうぞうじょうまん》」とは、いかなるものかを示《しめ》されている。これらの文は第38段でも引かれているが、論点《ろんてん》を明確にするために再び引かれたものと考えられる。

「僭聖《せんしょう》」とは、聖者《せいじゃ》のように装《よそお》い、法華経の行者《ぎょうじゃ》を誹《そし》る者を指《さ》す。妙楽大師《みょうらくだいし》が「増上慢《ぞうじょうまん》」の名《な》を付《ふ》したのは、その本質が慢心《まんしん》のためおごり高ぶっていることにあるからだと考えられる。

ここで、僭聖増上慢《せんしょうぞうじょうまん》の特徴《とくちょう》を、経釈《きょうしゃく》から列挙《れっきょ》したい。

①社会的評価《ひょうか》——世間の人々からは、現実の苦悩や煩悩《ぼんのう》を超越《ちょうえつ》し、果徳《かとく》を得た聖人《しょうにん》のごとく尊《とうと》ばれている。また本人もそのように装《よそお》っている。

②その内心《ないしん》の本質——内心は邪見《じゃけん》が強く、俗世間《ぞくせけん》の事《こと》を思い、貪欲《とんよく》に執着《しゅうちゃく》している愚癡《ぐち》の者である。

③正法《しょうほう》の者に対する行為《こうい》——正法を持《たも》つ者のことを人々に悪く言い誹謗《ひぼう》する。

④権力と癒着《ゆちゃく》——ついには、国の権力者に訴《うった》えて、法華経の行者《ぎょうじゃ》を迫害《はくがい》しようとする。

このように僭聖増上慢《せんしょうぞうじょうまん》は、第一の俗衆《ぞくしゅ》増上慢、第二の道門《どうもん》増上慢とは大きく異《こと》なり、はるかに邪悪《じゃあく》な知恵《ちえ》のたけた極悪《ごくあく》の存在である。

特に、第二の道門増上慢《どうもんぞうじょうまん》と僧侶《そうりょ》という立場は共通しているものの、修行《しゅぎょう》に徹底《てってい》している聖者《せいじゃ》とみせかけて多くの人々の尊敬を集めているという意味で社会的に大きな影響力をもっていることに特徴《とくちょう》がある。一切《いっさい》の悪人《あくにん》、すなわち正法《しょうほう》に敵対《てきたい》する人々を集め動かし大きな勢力《せいりょく》となって、法華経の行者《ぎょうじゃ》を迫害《はくがい》するのである。

聖一《しょういち》や良観《りょうかん》を僭聖増上慢《せんしょうぞうじょうまん》と喝破《かっぱ》

次に、『東春《とうじゅん》』の「出家《しゅっけ》の処《ところ》に一切《いっさい》の悪人《あくにん》を摂《せっ》す」を踏《ふ》まえて、僭聖増上慢《せんしょうぞうじょうまん》は具体的に誰人《たれびと》に相当《そうとう》するのかを検討されていく。

比叡山《ひえいざん》・園城寺《おんじょうじ》(以上は天台宗《てんだいしゅう》)、東寺《とうじ》(京都《きょうと》、真言宗《しんごんしゅう》)、南都《なんと》(奈良《なら》、南都六宗《ろくしゅう》)、建仁寺《けんにんじ》(京都《きょうと》、禅宗《ぜんしゅう》)、寿福寺《じゅふくじ》・建長寺《けんちょうじ》(以上は鎌倉《かまくら》、禅宗《ぜんしゅう》)などを挙《あ》げ、見るからに高僧とは思えない延暦寺《えんりゃくじ》や園城寺の僧兵《そうへい》たちは該当《がいとう》しないとされる。

そして、京都《きょうと》(華洛《からく》)では禅宗《ぜんしゅう》の聖一《しょういち》、鎌倉《かまくら》では律宗《りっしゅう》の極楽寺《ごくらくじ》良観《りょうかん》が僭聖増上慢《せんしょうぞうじょうまん》に当たると結論されている。

というのは、見かけは戒律《かいりつ》を厳守《げんしゅ》し納衣《のうえ》（粗末《そまつ》な衣《ころも》）を着て人里離《ひとざとはな》れた場所にいて、人々から聖者《せいじゃ》のように尊敬されているので、その邪悪《じゃあく》な本性《ほんしょう》を見抜《みぬ》くことが難《むずか》しい、といった僣聖増《せんしょうぞう》上慢《じょうまん》の条件にあてはまるのが彼らだからである。

しかし、大聖人は、このように指摘されたからといって大聖人を恨《うら》むのではなく、自《みずか》らを反《はん》省《せい》せよと戒《いまし》めて「人をあだむ《怨》ことなかれ眼《まなこ》あらば経文に我《わ》が身《み》をあわせよ」と仰《おお》せになっている。

この後、聖一《しょういち》との関連で、特に禅宗《ぜんしゅう》を破折《はしゃく》されている。

そして、再び勧持品《かんじほん》の偈《げ》と『東春《とうじゅん》』の文《もん》を引いて、公権力《こうけんりょく》に対して法華経の行者《ぎょうじゃ》を誹謗《ひぼう》する者が僣聖増上慢《せんしょうぞうじょうまん》であることを強調されている。すなわち、像法《ぞうほう》の末《まつ》には護命《ごみょう》・修円《しゅえん》が奏上《そうじょう》をささげて伝教大師《でんぎょうだいし》を讒奏《ざんそう》し、末法《まっぽう》の初《はじ》めには良観《りょうかん》・然阿《ねんあ》らが根拠《こんきょ》の無《な》い訴状《そじょう》で幕府《ばくふ》の権力者に大聖人を讒言《ざんげん》しているのである。

これは、大聖人こそ僣聖増上慢《せんしょうぞうじょうまん》の正体《しょうたい》を見抜《みぬ》く仏眼《ぶつげん》を得た人であることを示唆《しさ》しているものと拝《はい》することができる。

第42段の大意

第42段「諸宗の非《ひ》を排除《はいじょ》する」（229㌻10行目～18行目）では、当時の日本に法華経の行者《ぎょうじゃ》がいないことを述べられている。

まず、本来は法華経を擁護《ようご》すべき天台宗《てんだいしゅう》の僧《そう》たちまで、念仏《ねんぶつ》・禅《ぜん》に屈服《くっぷく》するにいたっている現実を指摘されている。

また、世間的な悪事《あくじ》で流罪《るざい》されたり非難《ひなん》されたりしている僧侶《そうりょ》も、法華経のために迫害《はくがい》を受けたのではないから、法華経の行者《ぎょうじゃ》ではないことが示《しめ》される。

これに対して大聖人の場合は世間の罪《つみ》によって難《なん》に遭《あ》われたのでは全《まった》くなく、そのことごとくが法華経の経文通りに正法《しょうほう》を弘通《ぐつう》されたことによるのであり、したがって、大聖人こそ法華経の行者《ぎょうじゃ》であるといえることが示《しめ》されている。

第43段　日蓮大聖人が法華経の行者《ぎょうじゃ》であることを顕《あらわ》す

（230ページ1行目〜7行目）

仏語《ぶつご》むなしからざれば三類《さんるい》の怨敵《おんてき》すでに国中《こくちゅう》に充満《じゅうまん》せり、金言《きんげん》のやぶるべきかのゆへに法華経の行者《ぎょうじゃ》なし・いかがせん・いかがせん、抑《そもそも》たれやの人か衆俗《しゅぞく》に悪口罵詈《あっくめり》せらるる誰《たれ》の僧《そう》か刀杖《とうじょう》を加《くわ》へらるる、誰の僧をか法華経のゆへに公家《くげ》・武家《ぶけ》に奏《そう》する・誰の僧か数数見擯出《さくさくけんひんずい》と度度《たびたび》ながさるる、日蓮より外《ほか》に日本国に取《と》り出《いだ》さんとするに人《ひと》なし、日蓮は法華経の行者《ぎょうじゃ》にあらず天《てん》これを・すて給《たも》うゆへに、誰《たれ》をか当世《とうせい》の法華経の行者《ぎょうじゃ》として仏語《ぶつご》を実語《じつご》とせん、仏と提婆《だいば》とは身《み》と影《かげ》とのごとし生生《しょうじょう》にはなれず聖徳太子《しょうとくたいし》と守屋《もりや》とは蓮華の花菓《けか》・同時なるがごとし、法華経の行者《ぎょうじゃ》あらば必《かなら》ず三類《さんるい》の怨敵《おんてき》あるべし、三類はすでにあり法華経の行者は誰《たれ》なるらむ、求《もと》めて師《し》とすべし一眼《いちげん》の亀《かめ》の浮木《ふぼく》に値《あ》うなるべし。

通解

仏の言葉に偽《いつわ》りはないので、三類《さんるい》の怨敵《おんてき》は、すでに国中《くにじゅう》に充満《じゅうまん》している。

しかし、仏の金言《きんげん》が破《やぶ》れるということだろうか、法華経の行者《ぎょうじゃ》が見当《みあ》たらない。これは一体《いったい》どうしたらよいのだろうか。どうしたらよいのだろうか。

そもそも、どの人が法華経のために多くの俗人《ぞくにん》に悪口《わるくち》を言われ、罵《ののし》られているだろうか。

どの僧《そう》が刀《かたな》で切《き》り付《つ》けられ、杖《つえ》で打《う》たれただろうか。

どの僧《そう》が法華経のゆえに朝廷《ちょうてい》や武家《ぶけ》に訴《うった》え

られただろうか。

どの僧《そう》が「しばしば追《お》い出《だ》される」（勧持《かんじ》品《ほん》）との文《もん》のままに度々《たびたび》、流罪《るざい》に遭《あ》っただろうか。

日蓮以外に、日本国でこのような人を取り出そうとしても、他に人はいない。

ところが、日蓮は法華経の行者《ぎょうじゃ》ではない。なぜなら、天が見捨《みす》てられたからである。

一体《いったい》、今の世で、誰を法華経の行者《ぎょうじゃ》として、仏の言葉を真実の言葉として証明できるのか。

釈尊《しゃくそん》と提婆達多《だいばだった》とは、身《み》とその影《かげ》のような関係である。いつの世に生まれても常に一緒である。

聖徳太子《しょうとくたいし》と、それに敵対《てきたい》した物部守屋《もののべのもりや》とは、蓮華の花と実《み》が同時に成《な》るように、同時代に生まれた。

これと同じく、法華経の行者《ぎょうじゃ》がいれば、必ず三類《さんるい》の怨敵《おんてき》が現《あらわ》れる。

三類《さんるい》の怨敵《おんてき》は、すでにいる。法華経の行者《ぎょうじゃ》は一体《いったい》、誰だろうか。探《さが》し求《もと》めて師とすべきである。

（法華経の行者《ぎょうじゃ》に出会うことは）一眼《いちげん》の亀《かめ》が浮《ふ》木《ぼく》にあうようにまれなことである。

語訳

【聖徳太子《しょうとくたいし》と守屋《もりや》】聖徳太子（六～七世紀）は厩戸皇子《うまやどのおうじ》のことで、蘇我馬子《そがのうまこ》とともに仏教を擁護《ようご》した。守屋とは物部守屋《もののべのもりや》のことで、排仏《はいぶつ》を唱えて対抗《たいこう》し寺や仏像《ぶつぞう》を焼《や》いたとされる。

解説

この第43段では、ここまでの結論として、勧持品《かんじほん》の二十行《ぎょう》の偈《げ》に説《と》かれた難《なん》にことごとく遭《あ》っている人は日蓮大聖人以外にいないこと、しかし、法華経の行者《ぎょうじゃ》に諸天《しょてん》の加護《かご》があるはずだという点から言えば、大聖人は法華経の行者とは言えないことになり、では、誰が真の法華経の行者なのかとの疑問《ぎもん》を提起《ていき》されている。

大聖人こそ経文身読《しんどく》の法華経の行者《ぎょうじゃ》

仏の言葉に偽《いつわ》りはなく、事実、法華経をないがしろにし、法華経を誹謗《ひぼう》している三類《さんるい》の強敵《ごうてき》はすでに日本国中に充満《じゅうまん》している。ところが、法華経の行者《ぎょうじゃ》がいないとするなら、仏の金言《きんげん》が破《やぶ》れてしまうことになる。

したがって、末法《まっぽう》の法華経の行者《ぎょうじゃ》が受ける迫害《はくがい》の様相《ようそう》を示《しめ》す勧持品《かんじほん》に照《て》らして、経文通りの難《なん》に遭《あ》っているのは誰かを検討しなければならない。

そして、勧持品《かんじほん》の「衆俗《しゅぞく》に悪口罵詈《あっくめり》せらるる」「刀杖《とうじょう》を加《くわ》へらるる」「法華経のゆへに公家《くげ》・武家《ぶけ》に奏《そう》する」「数数見擯出《さくさくけんひんずい》と度度《たびたび》ながさるる」という難《なん》を事実のうえで受けているのは、日本国で日蓮大聖人以外にはいないことは明らかである。

このように、大聖人こそが末法《まっぽう》の法華経の行者《ぎょうじゃ》であることは、経文によって明らかとなるのである。

言《い》い換《か》えれば、経文通りの実践《じっせん》があり難《なん》を受けていなければ、法華経の行者《ぎょうじゃ》である証明とはならないのである。

仏と魔《ま》の存在は表裏一体《ひょうりいったい》

ところが、世間の人々の眼《まなこ》からすれば、法華経の行者《ぎょうじゃ》には諸天《しょてん》の加護《かご》があるはずなのに、大聖人は大難《だいなん》にばかり遭《あ》われているのだから、法華経の行者《ぎょうじゃ》ではないことになる。

この諸天《しょてん》の加護《かご》をめぐる疑問《ぎもん》は、当時の多くの弟子・檀那《だんな》たちが、抱《いだ》いていた疑《うたが》いでもあった。

したがって、この疑問《ぎもん》の解決を抜きにしては、大聖人御自身《ごじしん》が法華経の行者《ぎょうじゃ》であることを門《もん》下《か》の人々に納得《なっとく》させられなかったのである。次段《じだん》第44段からの内容は、この疑難《ぎなん》の解決に向けて展開されていく。

しかしその前提《ぜんてい》として、これまでに示《しめ》されたように三類《さんるい》の強敵《ごうてき》の存在は明らかであっても、法華経の行者《ぎょうじゃ》がいなければ仏の言葉は〝うそ〟ということになってしまう。

正法《しょうほう》を弘《ひろ》める仏に対し、それを妨《さまた》げる魔《ま》は、身《み》と影《かげ》のように、生まれるたびに離《はな》れず一緒に存在するのである。その事例《じれい》として、釈尊《しゃくそん》と提婆達多《だいばだった》、また聖徳太子《しょうとくたいし》と物部守屋《もののべのもりや》がそれぞれ同時に存在していたことを挙《あ》げられている。

すなわち、三類《さんるい》の強敵《ごうてき》があるなら法華経の行者《ぎょうじゃ》がいなければならないはずである。それでは一体《いったい》、法華経の行者は誰なのだろうか。この法華経の行者こそ、求めて師とすべき存在なのである。

この「求めて師とすべし」との一節は、法華経を身読《しんどく》した「法華経の行者《ぎょうじゃ》」こそ、末法の一切衆生《いっさいしゅじょう》から仰《あお》がれるべき師匠にほかならないことを示唆《しさ》されているのである。

まさに、三類《さんるい》の強敵《ごうてき》による大難《だいなん》に遭《あ》いつつ法華経を弘通《ぐつう》する真実の法華経の行者《ぎょうじゃ》、すなわち日蓮大聖人こそ末法《まっぽう》の衆生《しゅじょう》にとっての師であり、その師に巡《めぐ》り会えることは、一眼《いちげん》の亀《かめ》が浮木《ふぼく》に合うようなものにほかならないのである。

◆池田SGI会長の『開目抄講義』から

仏法といっても、「法」は目に見えません。善《ぜん》なる法は、法華経の行者《ぎょうじゃ》の戦う実践《じっせん》の振《ふ》る舞《ま》いのなかに顕現《けんげん》するのです。

しかしながら、三類《さんるい》の強敵《ごうてき》と戦い勝利する法華経の行者《ぎょうじゃ》に出会うことは稀《まれ》です。真の仏法の指導者には会いがたいのです。

ゆえに「求めて師とすべし一眼《いちげん》の亀《かめ》の浮木《ふぼく》に値《あ》うなるべし」（230ジペー）と仰《おお》せです。「求めて師とすべし」です。

師弟は、どこまでも弟子が師を求めぬく実践《じっせん》のなかにしかありません。自身が求めぬいた時に、戦う師匠の偉大な姿《すがた》が明瞭《めいりょう》に浮《う》かび上がってきます。その意味で、本抄の「開目《かいもく》」とは、〝元品《がんぽん》の無明《むみょう》・僭聖増上慢《せんしょうぞうじょうまん》と戦う真の法華経の行者《ぎょうじゃ》の姿に目覚《めざ》めよ〟という意味であるとともに、「開目」の真意は、〝師を求め、師とともに魔性《ましょう》と戦いぬく自分自身に目覚めよ〟と、弟子の闘争を呼びかけられていることにあると拝《はい》することができるのです。

第44段　法華経の行者《ぎょうじゃ》が難《なん》に遭《あ》う理由を明かす

（230ページ8行目～231ページ18行目）

有《あ》る人云《ひとい》わく当世《とうせい》の三類《さんるい》はほぼ有《あ》るににたり、但《ただ》し法華経の行者《ぎょうじゃ》なし汝《なんじ》を法華経の行者《ぎょうじゃ》といはんとすれば大《おおい》なる相違《そうい》あり、此《こ》の経に云《いわ》く「天の諸《もろもろ》の童子《どうじ》以《もっ》て給使《きゅうじ》を為《な》さん、刀杖《とうじょう》も加えず、毒《どく》も害《がい》すること能《あた》わざらん」

又云《またいわ》く「若《も》し人悪罵《ひとあくめ》すれば口則閉塞《こうそくへいそく》す」等、

又云《またいわ》く「現世《げんぜ》には安穏《あんのん》にして後《のち》・善処《ぜんしょ》に生《うま》れん」等云云《うんぬん》、

又《また》「頭破《こうべわ》れて七分《しちぶん》と作《な》ること阿梨樹《ありじゅ》の枝《えだ》の如《ごと》くならん」

又云《またいわ》く「亦現世《またげんぜ》に於《おい》て其《そ》の福報《ふくほう》を得《え》ん」等

又云《またいわ》く「若《も》し復是《またこ》の経典を受持《じゅじ》する者を見て其《そ》の過悪《かあく》を出《いだ》せば若《も》しは実《じつ》にもあれ若《も》しは不実《ふじつ》にもあれ此《こ》の人現世《ひとげんぜ》に白癩《びゃくらい》の病《やまい》を得《え》ん」等云云《うんぬん》、

答えて云《いわ》く汝《なんじ》が疑《うたが》い大《おおい》に吉《よ》しついでに不審《ふしん》を晴《はら》さん、

不軽品《ふきょうぼん》に云《いわ》く「悪口罵詈《あっくめり》」等、又云《またいわ》く「或《あるい》は杖木瓦石《じょうもくがしゃく》を以《もっ》て之《これ》を打擲《ちょうちゃく》す」

等云云《うんぬん》、

涅槃経《ねはんぎょう》に云《いわ》く「若《も》しは殺《せつ》若《も》しは害《がい》」等云云《うんぬん》、

法華経に云《いわ》く「而《し》かも此《こ》の経《きょう》は如来《にょらい》の現在すら猶怨嫉多《なおおんしつおお》し」等云云《うんぬん》、

仏は小指《こゆび》を提婆《だいば》にやぶられ九横《くおう》の大難《だいなん》に値《あ》い給う此《これ》は法華経の行者《ぎょうじゃ》にあらずや、不軽菩薩《ふきょうぼさつ》は一乗《いちじょう》の行者《ぎょうじゃ》といはれまじきか、

目連《もくれん》は竹杖《ちくじょう》に殺《ころ》さる法華経記莂《きべつ》の後《のち》なり、付法蔵《ふほうぞう》の第十四の提婆菩薩《だいばぼさつ》・第二十五の師子尊者《ししそんじゃ》の二人は人《ひと》に殺《ころ》されぬ、此等《これら》は法華経の行者《ぎょうじゃ》にはあら

ざるか、
竺《じく》の道生《どうしょう》は蘇山《そざん》に流《なが》されぬ法道《ほうどう》は火印《かなやき》を面《おもて》にやいて江南《こうなん》にうつさる・此《これ》等《ら》は一乗《いちじょう》の持者《じしゃ》にあらざるか、
外典《げてん》の者なりしかども白居易《はくきょい》北野《きたの》の天神《てんじん》は遠流《おんる》せらる賢人《けんじん》にあらざるか、
事《こと》の心を案《あん》ずるに前生《ぜんしょう》に法華経・誹謗《ひぼう》の罪《つみ》なきもの今生《こんじょう》に法華経を行《ぎょう》ずこれを世間の失《とが》によせ或《あるい》は罪《つみ》なきをあだ《怨》すれば忽《たちまち》に現罰《げんばち》あるか・修羅《しゅら》が帝《たい》釈《しゃく》をいる《射》・金翅鳥《こんじちょう》の阿耨池《あのくち》に入《い》る等必《かなら》ず返って一時《いちじ》に損《そん》ずるがごとし、
天台《てんだい》云《いわ》く「今我《わ》が疾苦《しっく》は皆《みな》過去に由《よ》る今生《こんじょう》の修福《しゅうふく》は報《むくい》・将来《しょうらい》に在《あ》り」等云云《うんぬん》、
心地観経《しんじかんぎょう》に曰《いわ》く「過去の因《いん》を知らんと欲《ほっ》せば其《そ》の現在の果《か》を見よ未来の果を知らんと欲《ほっ》せば其《そ》の現在の因を見よ」等云云《うんぬん》、

不軽品《ふきょうぼん》に云《いわ》く「其《そ》の罪畢已《つみおわって》」等云云《うんぬん》、不軽菩薩《ふきょうぼさつ》は過去に法華経を謗《ぼう》じ給《たも》う罪《つみ》・身《み》に有《あ》るゆへに瓦石《がしゃく》をかほるとみへたり、又順次生《またじゅんじしょう》に必ず地獄《じごく》に堕《お》つべき者は重罪《じゅうざい》を造《つく》るとも現罰《げんばち》なし一闡提人《いっせんだいにん》これなり、

涅槃経《ねはんぎょう》に云《いわ》く「迦葉菩薩仏《かしょうぼさつほとけ》に白《もう》して言《もうさ》く世尊《せそん》・仏の所説《しょせつ》の如《ごと》く大涅槃《だいねはん》の光一切衆生《ひかりいっさいしゅじょう》の毛孔《もうく》に入《い》る」等云云《うんぬん》、又云《またいわ》く「迦葉菩薩仏《かしょうぼさつほとけ》に白《もう》して言《もうさ》く世尊《せそん》云何《いか》んぞ未《いま》だ菩提《ぼだい》の心を発《おこ》さざる者・菩提《ぼだい》の因《いん》を得《え》ん」等云云《うんぬん》、仏《ほとけ》・此《こ》の問《とい》を答えて云《いわ》く「仏迦葉《ほとけかしょう》に告《のたま》わく若《も》し是《こ》の大涅槃経《だいねはんぎょう》を聞くこと有《あ》って我菩提心《われぼだいしん》を発《おこ》すことを用《もち》いずと言って正法《しょうほう》を誹謗《ひぼう》せん、是《こ》の人即時《ひとそくじ》に夜夢《よるゆめ》の中に羅刹《らせつ》の像《かたち》を見て心中怖畏《しんちゅうふい》す羅刹《らせつ》語《いわ》って言く咄《つたな》し善男子汝今若《ぜんなんしなんじいまも》し菩提心《ぼだいしん》を発《おこ》さずんば当《まさ》に汝《なんじ》が命《いのち》を断つべし是《こ》の人惶怖《ひときょうふ》し寤《さ》め已《おわ》って即《すなわ》ち

菩提《ぼだい》の心を発《おこ》す当《まさ》に是《こ》の人是《ひとこ》れ大菩薩《だいぼさつ》なりと知るべし」等云云《うんぬん》、いたうの大悪人《だいあくにん》ならざる者が正法《しょうほう》を誹謗《ひぼう》すれば即時《そくじ》に夢《ゆめ》みて・ひるがへる心生《こころしょう》ず、

又云《またいわ》く「枯木《こもく》・石山《しゃくせん》」等、

又云《またいわ》く「燋種甘雨《しょうしゅかんう》に遇《あ》うと雖《いえど》も」等・

又《また》「明珠淤泥《みょうじゅおでい》」等、

又云《またいわ》く「人の手に創《きず》あるに毒薬《どくやく》を捉《と》るが如《ごと》し」等、

又云《またいわ》く「大雨空《だいうくう》に住《じゅう》せず」等云云《うんぬん》、

此等《これら》多《おお》くの譬《たとえ》あり、

詮《せん》ずるところ上品《じょうぼん》の一闡提人《いっせんだいにん》になりぬれば順次生《じゅんじしょう》に必《かなら》ず無間獄《むけんごく》に堕《お》つべきゆへに現罰《げんばち》なし

例《れい》せば夏《か》の桀《けつ》・殷《いん》の紂《ちゅう》の世《よ》には天変《てんぺん》なし重科《じゅうか》有《あっ》て必《かなら》ず世《よ》ほろぶべきゆへか、

又守護神此国《またしゅごしんこのくに》をすつるゆへに現罰《げんばち》なきか謗法《ほうぼう》の世《よ》をば守護神すて去《さ》り諸《しょ》天《てん》まほるべからずかるがゆへに正法《しょうほう》を行《ぎょう》ずるものにしるしなし還《かえ》って大難《だいなん》に値《あ》うべし

金光明経《こんこうみょうきょう》に云《いわ》く「善業《ぜんごう》を修《しゅ》する者は日日《ひび》に衰減《すいげん》す」等云云《うんぬん》、

悪国《あっこく》・悪時《あくじ》これなり具《つぶ》さには立正安国論《りっしょうあんこくろん》にかんがへたるがごとし。

通解

ある人が次のように言っていた。今の世に　三類《さんるい》の強敵《ごうてき》は、ほぼ現《あらわ》れたといってよい。しかし、法華経の行者《ぎょうじゃ》はいない。あなたを法華経の行者といおうとすれば、法華経の経文と大きな違いがある。

この経には次のようにある。

まず「天のもろもろの童子《どうじ》がきて、法華経の行者《ぎょうじゃ》に仕《つか》えるだろう。（このため）行者に害《がい》を加えようとしても、刀《かたな》や杖《つえ》も役に立たず、毒《どく》も害することができないだろう」（安楽行品《あんらくぎょうぼん》）とある。

また「もし人が法華経の行者《ぎょうじゃ》を口悪《くちわる》く罵《ののし》れば、口《くち》は閉《と》じふさがってしまうだろう」（安《あん》楽行品《らくぎょうぼん》）とある。

また「法華経を持《たも》つ人は、現世《げんせ》は安穏《あんのん》であり、後生《ごしょう》は善《よ》いところに生まれるだろう」（薬草喩品《やくそうゆほん》）とある。

また「（法華経を持《たも》つ人を悩ます者は）頭《こうべ》が七つに割《わ》れて阿梨樹《ありじゅ》の枝《えだ》のようになるだろう」（陀羅尼品《だらにほん》）とある。

また「また（法華経を持《たも》つ者は）現世《げんせ》において、その福徳《ふくとく》の果報《かほう》を得るだろう」（普賢品《ふげんぼん》）とある。

また「もしまた法華経を受持《じゅじ》する者を見て、その人の過《あやま》ちや悪《あく》を取り出して指摘するならば、たとえそれが事実であっても、また は事実でなくても、この人は現世《げんせ》において重《じゅう》病《びょう》に苦しむだろう」（普賢品《ふげんぼん》）とある。

答えていうには、あなたの疑《うたが》いは大変に最《もっと》もである。この機会に不審《ふしん》を晴《は》らそう。

不軽品《ふきょうぼん》には「（法華経の行者《ぎょうじゃ》は）悪口《わるくち》を言われ、罵《ののし》られる」とある。

また同品《どうほん》には「あるいは杖《つえ》や棒《ぼう》で打《う》たれたり、瓦《かわら》や石《いし》を投《な》げつけられたりする」とある。

涅槃経《ねはんぎょう》には「殺《ころ》されたり、害《がい》されたりする」とある。

法華経には、「しかも法華経を弘通《ぐつう》する者には、釈尊《しゃくそん》の在世《ざいせ》ですら、なお反発《はんぱつ》・敵対《てきたい》する者が多い」（法師品《ほっしほん》）とある。

釈尊《しゃくそん》は提婆達多《だいばだった》から命《いのち》をねらわれて、足の小指《こゆび》を傷《きず》つけられるなど、九つの大難《だいなん》に遭《あ》われた。これは仏が法華経の行者《ぎょうじゃ》でないということなのだろうか。

不軽菩薩《ふきょうぼさつ》は、一乗《いちじょう》（法華経）の行者《ぎょうじゃ》といえないということだろうか。

目連尊者《もくれんそんじゃ》は、竹杖外道《ちくじょうげどう》に殺《ころ》された。これは法華経で成仏《じょうぶつ》の記別《きべつ》を受けた後である。

付法蔵《ふほうぞう》の第十四の提婆菩薩《だいばぼさつ》と第二十五の師《し》子尊者《しそんじゃ》の二人は、ともに人に殺《ころ》された。これらは法華経の行者《ぎょうじゃ》ではないのだろうか。

中国でも、竺道生《じくどうしょう》は蘇山《そざん》に流された。法道《ほうどう》は焼《や》き印《いん》を顔に押《お》されて江南《こうなん》に流罪《るざい》された。これらは、一乗《いちじょう》の教えを持《たも》った人ではなかったか。

外典《げてん》の人であるが、白居易《はくきょい》や、北野天神《きたのてんじん》として祭《まつ》られている菅原道真《すがわらのみちざね》は、遠方《えんぽう》へ流罪《るざい》された。これらの人は賢人《けんじん》ではないということか。

矛盾《むじゅん》するように見えるこれらのことの意味を考えると、まず、過去世《かこせ》に法華経誹謗《ひぼう》の罪《つみ》がない者が今世《こんぜ》で法華経を行《ぎょう》じている場合、これを世間の上の過《あやま》ちにこと寄《よ》せたり、あるいは罪もないのに迫害《はくがい》すれば、たちまちに現《げん》罰《ばち》があるだろう。

これは、阿修羅《あしゅら》が帝釈《たいしゃく》に矢《や》を射《い》たり、金翅《こんじ》鳥《ちょう》が竜《りゅう》を食べようとして阿耨池《あのくち》に入ったりすれば、必ずたちまちにその報《むく》いを受けてその身《み》を損《そこ》なったようなものである。

天台大師《てんだいだいし》は「今の自身の病苦《びょうく》は皆、過去世《かこせ》（の業《ごう》）による。今生《こんじょう》に行《おこな》っている福徳《ふくとく》を得るための修行《しゅぎょう》は、未来世《みらいせ》に報《むく》いがある」（『法《ほっ》華玄義《けげんぎ》』）と述べている。

心地観経《しんじかんぎょう》には「過去世《かこせ》に作った因《いん》を知りたいと思うなら、その現在における結果を見よ。未来世《みらいせ》の結果を知ろうと思うなら、その現在の因を見よ」とある。

不軽品《ふきょうぼん》には、「その罪《つみ》が終《お》わって」とある。不軽菩薩《ぼさつ》は、過去世《かこせ》に法華経を謗《そし》った罪があるので、瓦礫《がれき》を投《な》げつけられたという意味である。

また、次の生《せい》で必ず地獄《じごく》に堕《お》ちると決まっている者は、重罪《じゅうざい》をつくっていても現罰《げんばち》（はっきりとした罰）を受けない。一闡提《いっせんだい》の人がこれである。

（必ずしも地獄《じごく》に堕《お》ちると決まっていない人については）涅槃経《ねはんぎょう》には、次のような問答《もんどう》がある。

「迦葉菩薩《かしょうぼさつ》が仏に申《もう》し上げて言うには『世《せ》尊《そん》よ、仏が説《と》かれているように、大涅槃《だいねはん》の光《ひかり》は一切衆生《いっさいしゅじょう》の毛穴《けあな》に入るだろう』と」。また、さらに「迦葉菩薩が仏に申し上げて言うには『世尊よ、どうしていまだ菩提《ぼだい》を求める心を起こしていない者が、菩提の因《いん》を得ることができるのでしょうか』と」と。

仏がこの問《と》いに答えていうには「仏が迦葉《かしょう》に告《つ》げていわれる。『もし（ある人が）この大《だい》涅槃経《ねはんぎょう》を聞きながら、私は菩提《ぼだい》を求める心を起こさないといって、正法《しょうほう》を誹謗《ひぼう》したとする。この人は、直《ただ》ちにその夜、夢の中で羅刹《らせつ》の姿《すがた》を見て、心中《しんちゅう》に恐《おそ》れの気持ちを起こした。羅刹が語っていうには〝つたないかな、善男子《ぜんなんし》よ、お前が今、もし菩提心《ぼだいしん》を起こさなければ、お前の命《いのち》を断つだろう〟と。この人は怖《お》じ恐れて、目覚《めざ》めてから直《ただ》ちに菩提心を起こした。まさにこの人は大菩薩《だいぼさつ》であると知りなさい』と」とある。

このように、甚《はなは》だしい大悪人《だいあくにん》でない者は、正法《しょうほう》を誹謗《ひぼう》すれば、即座《そくざ》に夢をみて反省《はんせい》する心が生まれると述べているのである。

（これに対し一闡提《いっせんだい》については）「大雨は大地を潤《うるお》すが、枯《か》れ木《き》や石の山には水がとどまることはない」、また「煎《い》った種《たね》は甘雨《かんう》（恵《めぐ》みの雨）にあっても芽《め》を出さない」、また「清《きよ》らかな水に変える力《ちから》のある玉《たま》を入れても泥《どろ》のままである」、また「人の手に傷《きず》があるのに毒薬《どくやく》を手にするようなものだ」、また「大雨は空にとどまらない」――。

これら多くの譬喩《ひゆ》をもって示《しめ》されるように、結局、甚《はなは》だしい一闡提人《いっせんだいにん》になってしまった場合は、次の生《せい》で必ず無間地獄《むけんじごく》に堕《お》ちることになっているので、今世《こんぜ》での現罰《げんばち》はない。

これは例えば、中国・夏《か》の桀王《けつおう》や殷《いん》の紂王《ちゅうおう》の世には天変地異《てんぺんちい》はなかった。重《おも》い罪《つみ》のため、必ずその王朝《おうちょう》が滅《ほろ》びることが定《さだ》まっていたためだろう。

また、守護《しゅご》の諸天善神《しょてんぜんじん》がこの国を捨《す》ててしまっているゆえに現罰《げんばち》がないのか。謗法《ほうぼう》の世は守護《しゅご》の善神《ぜんじん》も捨《す》て去《さ》り、諸天《しょてん》が守ることはない。

このため、正法《しょうほう》を行《ぎょう》じる者に対し、諸天《しょてん》が守護《しゅご》の働きを顕《あらわ》さず、かえって正法の行者《ぎょうじゃ》は大難《だいなん》に遭《あ》うのである。

金光明経《こんこうみょうきょう》には「善業《ぜんごう》を修《おさ》める人は日々に減《げん》少《しょう》する」とある。

これが悪国《あっこく》・悪時《あくじ》のさまである。

具体的には、「立正安国論《りっしょうあんこくろん》」で考察した通りである。

語訳

【目連《もくれん》】釈尊《しゃくそん》の十大弟子の一人《ひとり》。神通《じんずう》第一といわれた。摩訶目犍連《まかもっけんれん》、目犍連ともいう。竹杖外道《ちくじょうげどう》に殺《ころ》されたと伝えられる。

【記莂《きべつ》】記別《きべつ》とも書く。仏が弟子の未来の成仏《じょうぶつ》の様相《ようそう》を明らかにすること。

【付法蔵《ふほうぞう》】釈尊《しゃくそん》の付嘱《ふぞく》を受けて、仏の滅後《めつご》の正法《しょうほう》時代千年の間《あいだ》に出現してインド・西域《せいいき》に仏法を弘《ひろ》めた人々。

【提婆菩薩《だいばぼさつ》】付法蔵《ふほうぞう》の第十四・迦那《かな》提婆のこと。外道《げどう》を論破《ろんぱ》したが、それを恨《うら》んだ外道の弟子に殺《ころ》されたという。

【師子尊者《ししそんじゃ》】付法蔵《ふほうぞう》の最後の伝灯者《でんとうしゃ》。外道《げどう》を信じた檀弥羅王《だんみらおう》に首をはねられたという。

【竺の道生《じくどうしょう》】中国の東晋《とうしん》・南北朝《なんぼくちょう》時代の僧《そう》。鳩摩羅什《くまらじゅう》の弟子。諸学者に排斥《はいせき》され、都《みやこ》を離《はな》れた。

【法道《ほうどう》】中国・宋《そう》の僧《そう》。皇帝《こうてい》・徽宗《きそう》による弾圧で、顔に焼き印をあてられて流罪《るざい》された。

【帝釈《たいしゃく》】古代インドの世界観で、一つの世界の中心にあるとされる須弥山《しゅみせん》の頂《いただき》に住《じゅう》し四天王《してんのう》らの諸天《しょてん》を従《したが》え、その世界を守護《しゅご》する主神《しゅしん》とされた。

【迦葉菩薩《かしょうぼさつ》】迦葉童子《どうじ》、迦葉童子菩薩ともいう。涅槃経《ねはんぎょう》の迦葉菩薩品における聴衆《ちょうしゅう》の代表。釈尊《しゃくそん》の十大弟子の一人《ひとり》である声聞《しょうもん》の摩訶《まか》迦葉とは別人《べつじん》。

解説

法華経の行者《ぎょうじゃ》は諸天《しょてん》から加護《かご》されるはずであるとの文証《もんしょう》を挙《あ》げての質問に対して、法華経の行者には苦難《くなん》があるとの経文、また釈尊《しゃくそん》や不軽菩薩《ふきょうぼさつ》らの受難《じゅなん》の先例《せんれい》を挙げて、難に遭《あ》っているから法華経の行者ではないとは言えないことを示《しめ》される。

そのうえで、法華経の行者《ぎょうじゃ》を迫害《はくがい》する者に罰《ばち》の現証《げんしょう》が出ることがなく、諸天《しょてん》の加護《かご》が現《あらわ》れない場合があり、それはどのような理由によるのかを示《しめ》されている。

行者守護《ぎょうじゃしゅご》、謗者現罰《ぼうしゃげんばち》の経文

「有《あ》る人」の疑問《ぎもん》として〝大聖人を法華経の行者《ぎょうじゃ》であるとすると、経文と大きく違ってしまうのではないか〟との指摘が示《しめ》される。

ここで挙《あ》げられている経文は、以下の六つである。

(1) 法華経の行者《ぎょうじゃ》に対しては、天のもろもろの童子《どうじ》が来て給仕《きゅうじ》する。また、諸天《しょてん》の加護《かご》によって刀杖《とうじょう》も加えることができず、毒《どく》も害《がい》することはできない（安楽行品《あんらくぎょうぼん》）。

（2）もし人が法華経の行者《ぎょうじゃ》を悪口罵詈《あっくめり》したなら、その人の口《くち》は閉塞《へいそく》する（安楽行品《あんらくぎょうぼん》）。

（3）法華経の行者《ぎょうじゃ》は現世《げんせ》においては安穏《あんのん》であり、後生《ごしょう》には善処《ぜんしょ》に生まれる（薬草喩品《やくそうゆほん》）。

（4）法華経の行者《ぎょうじゃ》を悩ますものは、頭が七分《しちぶん》に割《わ》れて阿梨樹《ありじゅ》の枝《えだ》のようになる（陀羅尼品《だらにほん》）。

（5）仏の滅後《めつご》に法華経を受持《じゅじ》し読誦《どくじゅ》する者は、所願《しょがん》が成就《じょうじゅ》し、また、現世《げんせ》においてその福《ふく》報《ほう》を得ることができる（普賢品《ふげんぼん》）。

（6）もし、この法華経を受持《じゅじ》する者を見てその過失《かしつ》・欠点《けってん》を言い出すなら、そのことが実《じつ》であれ不実《ふじつ》であれ、この人は現世《げんせ》において重病《じゅうびょう》で苦しむ（普賢品《ふげんぼん》）。

ここで「有《あ》る人」が大聖人に対する疑問《ぎもん》として引用している内容は、大別《たいべつ》すれば二点となる。

一つは、法華経の行者《ぎょうじゃ》は諸天《しょてん》の守護《しゅご》を受け、現世安穏《げんぜあんのん》であるはずであるという点〈引用の（1）（3）（5）〉。

二つは、法華経の行者《ぎょうじゃ》に対して誹謗《ひぼう》・迫害《はくがい》を加える者には現罰《げんばち》があるという点〈引用の（2）（4）（6）〉である。

菩薩《ぼさつ》や賢人《けんじん》には迫害《はくがい》は当然

ここでは、「汝《なんじ》が疑《うたが》い大《おお》に吉《よ》しついでに不審《ふしん》を晴《はら》さん」と仰《おお》せになったうえで、質問者が挙《あ》げた経文に〝法華経の行者《ぎょうじゃ》は諸天《しょてん》の加護《かご》により安穏《あんのん》である〟といわれているのとは逆《ぎゃく》に、〝法華経の行者には種々《しゅじゅ》の苦難《くなん》がある〟というのも厳然《げんぜん》たる仏説《ぶっせつ》であること、しかも現実に先例《せんれい》があることを示《しめ》されている。

つまり、法華経を受持《じゅじ》する人は諸天《しょてん》に守られ安穏《あんのん》であるというのも仏説《ぶっせつ》であるが、逆《ぎゃく》に、法華経の行者《ぎょうじゃ》は種々《しゅじゅ》の難《なん》に遭《あ》うというのも仏説であり、この両説《りょうせつ》は全《まった》く反対《はんたい》の内容で食い違ってしまうのである。

しかし、仏法を護《まも》り弘《ひろ》めるために命《いのち》にかかわる難《なん》に遭《あ》った先哲《せんてつ》の例は、あまりにも多い。

諸天《しょてん》の加護《かご》がないのは法華経の行者《ぎょうじゃ》でない証拠《しょうこ》だというのであれば、釈尊《しゃくそん》自身をはじめ不軽《ふきょう》菩薩《ぼさつ》たちは、みな法華経の行者ではないということになる。

この仰《おお》せは、第45段の「詮《せん》ずるところは天もすて給《たま》え」（御書232ジペー）以下の仰《おお》せに通《つう》じていくが、法華経の行者《ぎょうじゃ》自身の決意としては、諸天《しょてん》の加護《かご》の有無《うむ》が問題なのではなく、いかなる難《なん》にあっても退《しりぞ》くことなく弘通《ぐつう》を続けることが大事なのである。

現罰《げんばち》がない理由を三点から示《しめ》す

さらに、先の「有《あ》る人」が引用した後半の質問、すなわち法華経の行者《ぎょうじゃ》を迫害《はくがい》する者には現《げん》罰《ばち》があるはずだとの疑難《ぎなん》に対し、現罰が出ない場合があることを三点にわたって説明される。

①謗法《ほうぼう》の罪《つみ》がある行者《ぎょうじゃ》を迫害《はくがい》した場合

第一は、法華経の行者《ぎょうじゃ》が過去世《かこせ》に法華経誹謗《ひぼう》の罪《つみ》をつくっていない場合は、この人を世間の失《とが》にこと寄《よ》せて、あるいは、まったく世《せ》法上《ほうじょう》の罪が一分《いちぶん》もないのに敵対《てきたい》すれば、迫害《はくがい》を加えた側《がわ》にたちまち現罰《げんばち》があると述べられている。

逆《ぎゃく》に言えば、法華経の行者《ぎょうじゃ》自身が謗法《ほうぼう》の宿業《しゅくごう》をもっている場合は、迫害者《はくがいしゃ》に直《ただ》ちには現罰《げんばち》が出ないということである。

現罰《げんばち》によって身《み》を滅《ほろ》ぼした例として、大聖人は、帝釈《たいしゃく》に敵対《てきたい》し敗《やぶ》れた修羅《しゅら》と、阿耨池《あのくち》に入って竜《りゅう》を食《く》おうとしてわが身《み》を損《そこ》ねてしまった金翅鳥《こんじちょう》との故事《こじ》を用《もち》いられている。

次の天台大師《てんだいだいし》の『法華玄義《ほっけげんぎ》』と心地観経《しんじかんぎょう》の文《もん》は、三世《さんぜ》にわたる業《ごう》の因果《いんが》を示《しめ》したものである。

不軽菩薩《ふきょうぼさつ》の場合、四衆《ししゅ》（出家《しゅっけ》・在家《ざいけ》の男女）から迫害《はくがい》されることによって「其《そ》の罪《つみ》は畢《お》え已《お》わって（其罪畢已《ございひっい》）」と不軽品《ふきょうぼん》にあり、これは不軽菩薩自身が過去の法華誹謗《ほっけひぼう》の宿業《しゅくごう》があったことを示《しめ》している。つまり、これが理由で不軽菩薩を迫害した人々に現罰《げんばち》がなかったのである。

この法華経の行者《ぎょうじゃ》の宿業《しゅくごう》については後《のち》にさらに詳《くわ》しく論じられる。

②誹謗者《ひぼうしゃ》の堕地獄《だじごく》が必然《ひつぜん》の場合

法華経の行者《ぎょうじゃ》を誹謗《ひぼう》した者に現罰《げんばち》が出ない第二の理由として、大聖人は、誹謗・迫害《はくがい》している者が次の生《せい》に必ず地獄《じごく》に堕《お》ちることが定《さだ》まっている場合は、今世《こんぜ》の法華《ほっけ》誹謗という重罪《じゅうざい》に対して現罰はない。一闡提人《いっせんだいにん》はこれにあたると仰《おお》せである。

一闡提人《いっせんだいにん》でない場合は、現罰《げんばち》を受けて菩提心《ぼだいしん》（仏の覚《さと》りを求める心）を起こして成仏《じょうぶつ》できる。

このことの裏《うら》づけとして涅槃経《ねはんぎょう》での釈尊《しゃくそん》と迦葉菩薩《かしょうぼさつ》の問答《もんどう》を挙《あ》げられている。

涅槃経《ねはんぎょう》には、釈尊《しゃくそん》が涅槃に臨《のぞ》んで放《はな》った光《ひかり》が一切衆生《いっさいしゅじょう》の毛穴《けあな》に入った。これによって、たとえ衆生自身に菩提《ぼだい》の心がなくても必ず菩提の因縁《いんねん》が作られたというのである。

このように、本人が菩提心《ぼだいしん》を起こさなくても菩提の因《いん》を得られるとは納得《なっとく》できないとの迦葉《かしょう》菩薩《ぼさつ》の質問に答えて釈尊《しゃくそん》は、正法《しょうほう》を誹謗《ひぼう》した者が、夢の中で羅刹《らせつ》から菩提心を起こさなければ命《いのち》を断つと迫《せま》られ、夢から覚《さ》めて菩提の心を発《おこ》し、大菩薩になったという例を示《しめ》す。

大聖人はこれを説明されて、「いたう《甚》の大悪人《だいあくにん》」でなければ、正法誹謗《しょうほうひぼう》の罪《つみ》を犯《おか》しても、その罰《ばち》を縁《えん》として心をひるがえすことがあるとされている。つまり、甚《はなは》だしい悪業《あくごう》の人でない場合は、今世《こんぜ》のうちに目覚《めざ》めさせてくれる現罰《げんばち》が出るのである。

ところが、「いたう《甚》の大悪人《だいあくにん》」すなわち一闡提人《いっせんだいにん》の場合は、死後《しご》、無間地獄《むけんじごく》に堕《お》ちることが確定しているので、菩提心《ぼだいしん》を起こさせるような罰《ばち》が現《あらわ》れない。

大聖人は結論として、「上品《じょうぼん》の一闡提人《いっせんだいにん》」は、すぐ次の生に無間地獄《むけんじごく》に堕《お》ちることが決定しているために、現罰《げんばち》が起こりようがないことを示《しめ》される。現罰とは、その人を今世《こんぜ》のうちに正《しょう》法《ほう》の軌道《きどう》に戻らせようとする「警告《けいこく》」の働きでもある。すでに堕地獄《だじごく》が必定《ひつじょう》の人には「警告」が不要《ふよう》であり、したがって現罰は出ないのである。

③一国謗法《いっこくほうぼう》で諸天善神《しょてんぜんじん》が去《さ》った場合

第三の理由として、「守護神此国《しゅごしんこのくに》をすつるゆへに現罰《げんばち》なきか」と仰《おお》せである。すなわち、一《いっ》国《こく》が謗法《ほうぼう》と化《か》した時は、諸天善神《しょてんぜんじん》がこの国を捨《す》て去《さ》ってしまって、そのため法華経の行者《ぎょうじゃ》への加護《かご》がなく、誹謗《ひぼう》した者への治罰《じばつ》もないので、現罰がないのである。

金光明経《こんこうみょうきょう》には、悪国《あっこく》・悪時《あくじ》においては、諸天《しょてん》の守護《しゅご》がないので、かえって善業《ぜんごう》を修《おさ》めている者ほど迫害《はくがい》を受けて日々、衰滅《すいげん》すると説《と》かれている。逆《ぎゃく》に、このような諸天が捨《す》て去《さ》るような国・時代こそ、まさに悪国・悪時なのである。

このように悪国《あっこく》・悪時《あくじ》に諸天《しょてん》が国を捨《す》て去《さ》るということは、文応元年《ぶんおうがんねん》（1260年）に提出された「立正安国論《りっしょうあんこくろん》」のなかで詳《くわ》しく説《と》かれているので、「具《つぶ》さには立正安国論にかんがへたるがごとし」と仰《おお》せになっている。

第45段　法華経の行者《ぎょうじゃ》としての誓願《せいがん》

（232ページ1行目～6行目）

詮《せん》ずるところは天もすて給《たま》え諸難《しょなん》にもあえ身命《しんみょう》を期《ご》とせん、身子《しんじ》が六十劫《こう》の菩薩《ぼさつ》の行《ぎょう》を退《たい》せし乞眼《こつげん》の婆羅門《ばらもん》の責《せめ》を堪《た》えざるゆへ、久《く》遠大通《おんだいつう》の者の三五《さんご》の塵《じん》をふる悪知識《あくちしき》に値《あ》うゆへなり、善《ぜん》に付《つ》け悪《あく》につけ法華経をすつるは地獄《じごく》の業《ごう》なるべし、大願《だいがん》を立てん日本国の位《くらい》をゆづらむ、法華経をすてて観経《かんぎょう》等について後《ご》生《しょう》をご《期》せよ、父母の頸《くび》を刎《はね》ん念仏申《ねんぶつもう》さずば、なんどの種種《しゅじゅ》の大難《だいなん》・出来《しゅったい》すとも智者《ちしゃ》に我義《わがぎ》やぶられずば用《もち》いじとなり、其《そ》の外《ほか》の大難《だいなん》・風の前の塵《ちり》なるべし、我《われ》日本の柱《はしら》とならむ我《われ》日本の眼目《がんもく》とならむ我《われ》日本の大船《たいせん》とならむ等とちかいし願《ねがい》やぶるべからず。

通解

結局のところは、天も私を捨《す》てるがよい。いかなる難《なん》にも遭《あ》おう。身命《しんみょう》をなげうつ覚悟《かくご》である。

舎利弗《しゃりほつ》が過去世《かこせ》に六十劫《こう》という長い間《あいだ》、修《しゅ》行《ぎょう》してきた菩薩行《ぼさつぎょう》を途中《とちゅう》で退転《たいてん》したのは、舎利弗の眼《まなこ》を求めたバラモンの責《せ》め苦《く》に堪《た》えられなかったからである。

久遠五百塵点劫《くおんごひゃくじんてんごう》、および三千塵点劫の昔《むかし》に、法華経の下種《げしゅ》を受けながら、退転《たいてん》して悪《あく》道《どう》に堕《お》ち、五百塵点劫や三千塵点劫という長《ちょう》遠《おん》の時間を経《へ》たのは、悪知識《あくちしき》にあって惑《まど》わされたからである。

善《ぜん》につけ悪《あく》につけ、法華経を捨《す》てることは地獄《じごく》に堕《お》ちる業《ごう》となる。

「私は、大願《だいがん》を立てよう。たとえ、『日本国の王の位《くらい》を譲《ゆず》るから、法華経を捨《す》てて観無量《かんむりょう》寿経《じゅきょう》などに付《つ》き従《したが》って、後生《ごしょう》の浄土《じょうど》への往生《おうじょう》を目指《めざ》せ』と誘惑《ゆうわく》されたり、『念仏《ねんぶつ》を称《とな》えなければ父母の首《くび》をはねる』と脅《おど》されるなどの種々《しゅじゅ》の大難《だいなん》が出てきても、私の正《ただ》しい法義《ほうぎ》が智者《ちしゃ》に破《やぶ》られることがない限り、彼らの要求《ようきゅう》を決《けっ》して受け入れることはない。それ以外の大難《だいなん》は、私にとっては風の前の塵《ちり》のような、とるに足《た》りないものである。私は日本の柱《はしら》となろう。私は日本の眼目《がんもく》となろう。私は日本の大船《たいせん》となろう」などと誓《ちか》った大願《だいがん》は、決《けっ》して破《やぶ》ることはない。

解説

前段の第44段では、〝日蓮大聖人が法華経の行者《ぎょうじゃ》であるなら、どうして諸天善神《しょてんぜんじん》の加護《かご》がないのか〟、また〝大聖人を誹謗《ひぼう》する人々になぜ現罰《げんばち》が出ないのか〟との疑問《ぎもん》に対して経文と道理に照《て》らして答えられたが、それを受けて本段では、法華経の行者としての大聖人御自身《ごじしん》の御《ご》心境《しんきょう》そのものを明かされる。

その内容は、法華経の行者《ぎょうじゃ》であることの肝要《かんよう》の条件である末法《まっぽう》の一切衆生《いっさいしゅじょう》の救済《きゅうさい》、すなわち広宣流布への「大願《だいがん》」であり、その実現のための不惜身命《ふしゃくしんみょう》の「覚悟《かくご》」である。大難《だいなん》を越える根本の力《ちから》である大願を弟子たちに教えられているのである。

末法《まっぽう》の一切衆生《いっさいしゅじょう》を救《すく》う大誓願《だいせいがん》

法華経の行者《ぎょうじゃ》として、一切衆生《いっさいしゅじょう》を救《すく》いきろうとの大聖人の御心境《ごしんきょう》と御決意《ごけつい》を明かされた御文である。

冒頭《ぼうとう》の「詮《せん》ずるところは天もすて給《たま》え諸難《しょなん》にもあえ身命《しんみょう》を期《ご》とせん」との一節は、法華経のために身命をなげうつ決意に立った大聖人にとって、諸天《しょてん》の加護《かご》があるかないかは重要な問題ではないとされているのである。

「身命《しんみょう》を期《ご》とする」以上、命《いのち》にかかわる大難《だいなん》が起き、しかも諸天《しょてん》の加護《かご》がなかったとしても、今さら疑《うたが》うことも恐《おそ》れることもないからである。

そして、仏道修行《ぶつどうしゅぎょう》を退転《たいてん》した前例《ぜんれい》として、乞眼《こつげん》のバラモンの責《せ》めにこらえきれなかった「身《しん》子《じ》」の過去世《かこせ》を挙《あ》げられている。

「身子《しんじ》」とは舎利弗《しゃりほつ》のことで、過去世《かこせ》に菩薩道《ぼさつどう》を修行《しゅぎょう》してすでに六十劫《こう》を経《へ》た折《おり》、第六天《だいろくてん》の魔王《まおう》がバラモンの姿《すがた》となって眼《まなこ》の布施《ふせ》を求めた。舎利弗は眼を与えたが、そのバラモンはその眼が臭《くさ》いと唾《つば》を吐《は》き、地に捨《す》て踏《ふ》みつけた。このありさまを見た舎利弗は、救《すく》い難《がた》いとの思いにとらわれ、菩薩の利他行《りたぎょう》を退転《たいてん》し小乗教《しょうじょうきょう》に堕《だ》してしまう。

この舎利弗《しゃりほつ》の例は、六十劫《こう》の長きにわたって積《つ》み重《かさ》ねた菩薩《ぼさつ》の修行《しゅぎょう》も、退転《たいてん》してしまえば無《む》駄《だ》になってしまうことを示《しめ》されている。

大聖人は、さらに法華経の信仰を退転《たいてん》することの恐《おそ》ろしさを仰《おお》せになっている。

「久遠大通《くおんだいつう》の者」とは、久遠下種《げしゅ》と大通結縁《けちえん》の者を指《さ》す。「久遠下種《くおんげしゅ》」の者とは、法華経寿量品《じゅりょうほん》で説《と》かれる五百塵点劫《ごひゃくじんてんごう》の昔《むかし》に成道《じょうどう》した釈尊《しゃくそん》から下種を受けた者をいい、「大通結縁《だいつうけちえん》」の者とは、化城喩品《けじょうゆほん》で説《と》かれる三千塵点劫の昔《むかし》に、大通智勝仏《だいつうちしょうぶつ》の十六番目の王子《おうじ》（釈尊《しゃくそん》の因位《いんい》の姿《すがた》）から化導《けどう》された者を指《さ》す。

これらの者はいずれも法華経に結縁《けちえん》しながら、そのあと悪知識《あくちしき》にあって退転《たいてん》したために、前《ぜん》者《しゃ》は五百塵点劫《ごひゃくじんてんごう》、後者《こうしゃ》は三千塵点劫という長遠《ちょうおん》の間《あいだ》、悪道《あくどう》を流転《るてん》しなければならなかった。

「身子《しんじ》」「久遠大通《くおんだいつう》の者」の例の結論として、大聖人は、善《ぜん》につけ悪《あく》につけ、法華経を捨《す》てること自体が地獄《じごく》に堕《お》ちる業《ごう》となると示《しめ》される。

ここでいわれる〝善《ぜん》〟とは、自身にとって快《こころよ》いこと、つまりわずかな安楽《あんらく》や快楽《かいらく》にとらわれていく場合である。逆《ぎゃく》に〝悪《あく》〟とは自分にとって不快《ふかい》で苦しいこと、つまり苦難《くなん》によって退転《たいてん》する場合である。

いかなる縁《えん》によるにせよ、せっかく妙法の信仰をしながら、これを捨《す》てるということは、ただ成仏《じょうぶつ》を遂《と》げられないだけではなく、深い苦悩に沈《しず》みゆく因《いん》となるのである。私たちは、難《なん》を乗り越える勇気ある信心、生涯不退《しょうがいふたい》の信心をあらためて銘記《めいき》したい。

また、「大願《だいがん》を立てん」以下では、大聖人が立てられた一切衆生救済《いっさいしゅじょうきゅうさい》の大願《だいがん》を述べられ、その大願は、どんなことがあっても捨《す》てるものではないと仰《おお》せになっている。

すなわち、「法華経を捨《す》てて観経《かんぎょう》などの念仏《ねんぶつ》信仰に入ったら、日本国の王位《おうい》を譲《ゆず》ろう」との誘惑《ゆうわく》や、「念仏《ねんぶつ》を称《とな》えなければ父母の首をはねる」との脅迫《きょうはく》も、「わが義《ぎ》が智者《ちしゃ》に破《やぶ》られる」ことがない限り、すなわち自分の法義《ほうぎ》が誤《あやま》りでない限り、そうしたものに従《したが》うことはないと不退《ふたい》転《てん》の覚悟《かくご》を示《しめ》されている。

そして、「わが義《ぎ》が智者《ちしゃ》に破《やぶ》られる」ほかの、どのような迫害《はくがい》・大難《だいなん》も風の前の塵《ちり》のようなものだと仰《おお》せになっている。

最後に大聖人は、御自身《ごじしん》が立てられた〝私は日本の柱《はしら》となろう、私は日本の眼目《がんもく》となろう、私は日本の大船《たいせん》となろう〟との一切衆生救済《いっさいしゅじょうきゅうさい》の誓願《せいがん》はどんなことがあっても破《やぶ》ることはないと仰《おお》せになっている。

ここで「日本」と仰《おお》せだが、もとより本抄は末法《まっぽう》における一切衆生《いっさいしゅじょう》の主《しゅ》・師《し》・親《しん》を探究《たんきゅう》されたものであり、大聖人のお心は日本一国《いっこく》だけに限定されたものではない。現実の日本の救済《きゅうさい》を出発点として、全世界の一切衆生《いっさいしゅじょう》の救済を目指《めざ》されたのである。末法の典型《てんけい》である日本を救《すく》うことなくして、末法の一切衆生の救済の第一歩《だいいっぽ》はあり得ないからである。

また、「柱《はしら》」とは主徳《しゅとく》、「眼目《がんもく》」とは師徳《しとく》、「大船《たいせん》」とは親徳《しんとく》に当たる。あるいは、いずれも三徳《さんとく》を内《うち》に含《ふく》んだ師徳を表《あらわ》すと捉《とら》えることもできる。この一節は、大聖人が一切衆生《いっさいしゅじょう》に対して主師親《しゅししん》の三徳をお持ちであることを表されている。

この一切衆生救済《いっさいしゅじょうきゅうさい》の「大願《だいがん》」を何があっても貫《つらぬ》くことこそが、法華経の行者《ぎょうじゃ》であることの根本条件なのである。

◆池田SGI会長の『開目抄講義』から

「ちかいし願《ねがい》やぶるべからず」——この御文は、ひとたび誓《ちか》った誓願《せいがん》は、未来永劫《えいごう》に断じて破《やぶ》ることはない、との御断言《ごだんげん》です。

この仏の大願《だいがん》をわが誓願《せいがん》として生きぬく強き信心の人にこそ、仏界の生命《せいめい》が涌現《ゆげん》するのです。

わが創価学会は、この「誓願《せいがん》」を不惜身命《ふしゃくしんみょう》で貫《つらぬ》き通してきたからこそ、すべてに大勝利することができたのです。

「誓願《せいがん》」は、悪世末法《あくせまっぽう》に法を弘《ひろ》めるうえで根幹《こんかん》の柱《はしら》です。正義に生きる強い誓《ちか》いの心がなければ、濁世《じょくせ》の激流《げきりゅう》を押し返すことなどできません。魔性《ましょう》を打ち返すことはできません。

いかなる大難《だいなん》をも恐《おそ》れない。いかなる苦難《くなん》にも怯《おび》えない。その勇気を生み出す根源の力《ちから》が、広宣流布の誓願《せいがん》です。

誓願《せいがん》に生きれば、どのような障魔《しょうま》が出来《しゅったい》しても、悠然《ゆうぜん》たる王者の魂《たましい》が光ります。どのような宿命《しゅくめい》が襲来《しゅうらい》しても、毅然《きぜん》たる勇者の魂が輝《かがや》きます。

そして「わが誓願《せいがん》の心」が破《やぶ》られることがなければ、あらゆる障魔《しょうま》にも宿命《しゅくめい》にも負けることは断じてありません。また、仏法者にとって、「誓願の心」が破られるのは最大の敗北《はいぼく》です。これまでの退転者《たいてんしゃ》、反逆者《はんぎゃくしゃ》は、増上慢《ぞうじょうまん》となり、名聞名利《みょうもんみょうり》に流され、誓《ちか》いの精神が腐《くさ》って、惨《みじ》めに破れ去《さ》っていきました。ゆえに「心こそ大切」なのです。「不退《ふたい》の心」を持ち、「誓願の心」を貫《つらぬ》くことが人間勝利の真髄《しんずい》であることを、日蓮大聖人は教えられているのです。

◇

大聖人は「日本の柱《はしら》」「日本の眼目《がんもく》」「日本の大船《たいせん》」と仰《おお》せです。

言うまでもなく、「日本の」とは日本中心主義ではなく、一国謗法《いっこくほうぼう》という末法《まっぽう》の典型《てんけい》とも言うべき、深い悪世《あくせ》の様相《ようそう》を呈《てい》した国土《こくど》だからです。娑婆《しゃば》世界の中で、最《もっと》も苦しんでいる衆生《しゅじょう》と国土を救《すく》えれば全人類を救えます。

大聖人御在世《ございせ》の日本は、精神の支柱《しちゅう》を失《うしな》って崩壊寸前《ほうかいすんぜん》の状況でした。謗法《ほうぼう》の毒《どく》を弘《ひろ》める悪僧《あくそう》が充満《じゅうまん》し、民衆は苦悩の海に漂《ただよ》っていたのです。

柱《はしら》がなければ家は倒壊《とうかい》します。精神の柱なき社会。悪知識《あくちしき》が充満《じゅうまん》する社会。目的なき漂流《ひょうりゅう》の社会。その精神の荒野《こうや》に、日蓮大聖人は、ただ一人で立ち上がられたのです。

私が、倒壊《とうかい》した国の精神の柱《はしら》となろう。
私が、混迷《こんめい》した思想の正邪《せいじゃ》を見分ける眼目《がんもく》となろう。
私が、漂流《ひょうりゅう》した民衆を救《すく》う大船《たいせん》となろう、と。
この偉大なる誓願《せいがん》は、大聖人の御生涯《ごしょうがい》にわたって貫《つらぬ》かれたものです。

第46段　転重軽受《てんじゅうきょうじゅ》を明かす

（２３２ジペ７行目～２３３ジペ５行目）

疑《うたが》って云《いわ》くいかにとして汝《なんじ》が流罪《るざい》・死罪《しざい》等を過去の宿習《しゅくじゅう》としらむ、答えて云《いわ》く銅鏡《どうきょう》は色形《しきぎょう》を顕《あら》わす秦王《しんのう》・験偽《けんぎ》の鏡《かがみ》は現在の罪《つみ》を顕《あら》わす仏法の鏡《かがみ》は過去《かこ》の業因《ごういん》を現《げん》ず、

般泥洹経《はつないおんぎょう》に云《いわ》く「善男子《ぜんなんし》過去《かこ》に曾《かつ》て無量《むりょう》の諸罪種種《しょざいしゅじゅ》の悪業《あくごう》を作《つく》るに是《こ》の諸《もろもろ》の罪報《ざいほう》は或《あるい》は軽易《きょうい》せられ・或《あるい》は形状醜陋《ぎょうじょうしゅうる》・衣服《えぶく》足《た》らず・飲食麤疎《おんじきそそ》・財《ざい》を求《もと》むるに利《り》あらず・貧賤《ひんせん》の家邪見《いえじゃけん》の家に生《うま》れ・或《あるい》は王難《おうなん》に遭《あ》い・及《およ》び余《よ》の種種《しゅじゅ》の人間の苦報《くほう》あらん現世《げんぜ》に軽《かる》く受《うく》るは斯《こ》れ護法《ごほう》の功徳力《くどくりき》に由《よ》るが故《ゆえ》なり」云云《うんぬん》、

此《こ》の経文・日蓮が身《み》に宛《あたか》も符契《ふけい》のごとし狐疑《こぎ》の氷《こおり》とけぬ千万の難《なん》も由《よし》なし一一《いちいち》の句《く》を我《わ》が身《み》にあわせん、或被軽易等云云《わくひきょういうんぬん》、法華経に云《いわ》く「軽賤憎嫉《きょうせんぞうしつ》」等云云・二十余年《よねん》が間《あいだ》の軽《きょう》慢《まん》せらる、或《あるい》は形状醜陋《ぎょうじょうしゅうる》・又云《またいわ》く衣服不足《えぶくふそく》は予《よ》が身《み》なり飲食麤疎《おんじきそそ》は予《よ》が身《み》なり求財《ぐざい》不利《ふり》は予《よ》が身《み》なり生貧賤家《しょうひんせんけ》は予《よ》が身《み》なり、或遭王難等《わくぞうおうなんとう》・此《こ》の経文疑《きょうもんうたが》うべしや、

法華経に云《いわ》く「数数擯出《しばしばひんずい》せられん」此《こ》の経文に云《いわ》く「種種《しゅじゅ》」等云云《うんぬん》、斯由護法功徳力故《しゅゆごほうくどくりきこ》等とは摩訶止観《まかしかん》の第五に云《いわ》く「散善微弱《さんぜんびじゃく》なるは動《どう》せしむること能《あた》わず今止観《いましかん》を修《しゅ》して健病虧《こんびょうかけ》ざれば生死《しょうじ》の輪《わ》を動《どう》ず」等云云《うんぬん》、又《また》云《いわ》く「三障四魔紛然《さんしょうしまふんぜん》として競《きそ》い起《おこ》る」等云云

我《わ》れ無始《むし》よりこのかた悪王《あくおう》と生《うま》れて法華経の行者《ぎょうじゃ》の衣食《えじき》・田畠《でんぱた》等を奪《うば》いとりせしこと・かずしらず、当世《とうせい》・日本国の諸人《しょにん》の法華経の山寺《さんじ》をたうす《倒》がごとし、又《また》法華経の行者《ぎょうじゃ》の頸《くび》を刎《はねる》こと其《そ》の数《かず》をしらず

此等《これら》の重罪《じゅうざい》はたせるもあり・いまだ・はたさざるも・あるらん、果《はた》すも余残《よざん》いまだ・つきず

生死《しょうじ》を離《はな》るる時は必《かなら》ず此《こ》の重罪《じゅうざい》をけしはてて出離《しゅつり》すべし、

功徳《くどく》は浅軽《せんきょう》なり此等《これら》の罪《つみ》は深重《じんじゅう》なり、

権経《ごんきょう》を行《ぎょう》ぜしには此《こ》の重罪《じゅうざい》いまだ・をこらず鉄《くろがね》を熱《やく》にいたう《甚》・きたわざればきず隠《かく》れてみえず、度度《たびたび》せむれば・きずあらはる、麻子《あさのみ》を・しぼるに・つよくせめざれば油少《あぶらすくな》きがごとし、

今《い》ま日蓮・強盛《ごうじょう》に国土《こくど》の謗法《ほうぼう》を責《せ》むれば此《こ》の大難《だいなん》の来《きた》るは過去の重罪《じゅうざい》の

今生《こんじょう》の護法《ごほう》に招《まね》き出《い》だせるなるべし、鉄《くろがね》は火に値《あ》わざれば黒《くろ》し火と合いぬれば赤《あか》し木をもって急流《はやきながれ》をかけば波山《なみやま》のごとし睡《ねむ》れる師子《しし》に手をつくれば大《おおい》に吼《ほ》ゆ。

通解

疑《うたが》って言うには、どうしてあなたの流罪《るざい》や死罪《しざい》などが過去世《かこせ》からの宿業《しゅくごう》によると分かるのか。

答えて言うには、銅《どう》の鏡《かがみ》は姿《すがた》や形をはっきりと映《うつ》し出《だ》す。

中国・秦《しん》の始皇帝《しこうてい》の用《もち》いたという験偽《けんぎ》の鏡《かがみ》は、今世《こんぜ》の罪《つみ》を映《うつ》し出《だ》したという。

仏法の鏡《かがみ》は、過去世《かこせ》の業因《ごういん》を映《うつ》し出《だ》す。

般泥洹経《はつないおんぎょう》には、「善男子《ぜんなんし》よ。過去世《かこせ》に数《かぞ》え切《き》れないほどの諸罪《しょざい》、種々《しゅじゅ》の悪業《あくごう》を作った場合、このもろもろの罪《つみ》の報《むく》いとして、人に軽《かろ》んじられ、あるいは姿《すがた》や顔かたちが醜《みにく》く、衣《い》服《ふく》が不足《ふそく》したり、飲食物《いんしょくぶつ》が粗末《そまつ》で不自由《ふじゆう》したり、財宝《ざいほう》をいくら求めても利益《りえき》がなく、貧《まず》しく卑《いや》しい身分《みぶん》の家や邪教《じゃきょう》を信じる家に生まれたり、あるいは権力者による難《なん》に遭《あ》ったり、その他の種々の人間としての苦しみの報いを受けるだろう。これらの報いを現世《げんせ》で軽《かる》く受けるのは、仏法を護《まも》る功徳《くどく》の力《ちから》によるゆえである」と説《と》かれている。

この経文は、日蓮の身《み》にあたかも割《わ》り符《ふ》を合わすように一致《いっち》している。

これによって、なぜ難《なん》に遭《あ》うのかという疑《うたが》いが解《と》けた。千万の疑難《ぎなん》も、もはや何《なん》でもないことである。一々《いちいち》の句《く》をわが身《み》に引き合わせてみよう。

「あるいは人に軽《かろ》んじられ」、また法華経譬《ひ》喩品《ゆほん》にも「軽んじられ、卑《いや》しまれ、憎《にく》まれ、ねたまれる」と説《と》かれているように、私は二十年余《あま》りの間《あいだ》、軽んじられ、あなどられてきた。

「あるいは姿《すがた》や顔かたちが醜《みにく》い」、また「衣《い》服《ふく》が不足《ふそく》する」というのは、私の身《み》の上《うえ》である。

「飲食物《いんしょくぶつ》が粗末《そまつ》で不自由《ふじゆう》する」とは、私の身《み》の上《うえ》である。

「財宝《ざいほう》をいくら求めても利益《りえき》がない」というのは、私の身《み》の上《うえ》である。

「貧《まず》しく卑《いや》しい身分の家に生まれる」というのは、私の身《み》の上《うえ》である。

「あるいは権力者による難《なん》に遭《あ》う」というのも、今まさにその通りで、この経文を疑《うたが》うことができようか。

法華経勧持品《かんじほん》には、「しばしば追《お》い出《だ》されるだろう」とあり、般泥洹経《はつないおんぎょう》には「その他の種々《しゅじゅ》の人間としての苦しみの報《むく》い」と説《と》かれている。

「これは仏法を護《まも》る功徳《くどく》の力《ちから》によるゆえである」とあるのは、『摩訶止観《まかしかん》』第5巻に「散《さん》乱《らん》した心で行う微弱《びじゃく》な善《ぜん》の修行《しゅぎょう》では、宿業《しゅくごう》を揺《ゆ》り動《うご》かすことはできないが、今、止観《しかん》を修行すれば、健康と病《やまい》の両方《りょうほう》の状態を欠《か》けずに観察《かんさつ》し把握《はあく》するので、生死《しょうじ》を繰《く》り返《かえ》す輪廻《りんね》の輪《わ》が動くのである」と。

また、『摩訶止観《まかしかん》』に「(修行《しゅぎょう》に励《はげ》み仏法を理解しようと努力《どりょく》を重《かさ》ねたなら)三障四魔《さんしょうしま》が紛然《ふんぜん》と競《きそ》い起こる」と説《と》かれている。

私は無始《むし》の昔《むかし》から今に至《いた》るまで、悪王《あくおう》と生まれて、法華経の行者《ぎょうじゃ》の衣服《いふく》や食べ物、田畑《たはた》などを奪《うば》い取《と》ってきたことは数知《かずし》れない。それは、今の世の日本国のもろもろの人が、法華経の寺々《てらでら》を破壊《はかい》しているのと同じである。また、法華経の行者の首《くび》をはねたことは数知れない。

これらの重罪《じゅうざい》の中には、すでに報《むく》いを受けて終わったものもあれば、まだ終わっていないものもあるだろう。一応、報いは受けたけれども、その残滓《ざんし》がまだ尽《つ》きていないものも生死《しょうじ》の迷苦《めいく》を離《はな》れて成仏《じょうぶつ》する時には、必ずこの重罪《じゅうざい》を消《け》し切《き》って、苦しみの境涯《きょうがい》から離れていくのである。

これまで積《つ》んできた功徳《くどく》は浅く軽《かる》い。これらの罪《つみ》は深く重《おも》い。権経《ごんきょう》を修行《しゅぎょう》していた時には、この重罪《じゅうざい》の報《むく》いは起こってこなかった。

たとえば鉄《てつ》を焼《や》く時、強く鍛《きた》えないと、その中の傷《きず》は隠《かく》れたままで見えない。度々《たびたび》、強く責《せ》めて鍛えると傷が現《あらわ》れてくるようなものである。

また、麻《あさ》の種子《しゅし》をしぼる時、強く責《せ》めてしぼらないと取れる油《あぶら》が少ないようなものである。

今、日蓮は強盛《ごうじょう》に日本国中の謗法《ほうぼう》を責《せ》めたので、この大難《だいなん》が起こってきたのであり、これは過去世《かこせ》につくった重罪《じゅうざい》が、今世《こんぜ》の護法《ごほう》の実践《じっせん》で招《まね》き出《だ》されてきたものだろう。

鉄《てつ》は火にあわなければ黒いままである。火とあえば赤くなる。木をもって急流《きゅうりゅう》をかければ、波《なみ》が山のように起こる。眠《ねむ》っている獅子《しし》に手をつければ、大いに吼《ほ》える。これらと同じ原理なのである。

語訳

【摩訶止観《まかしかん》】天台三大部《てんだいさんだいぶ》の一つ、『摩訶止観』全十巻のこと。天台大師《だいし》の出世《しゅっせ》の本懐《ほんかい》ともいわれる。一心三観《いっしんさんがん》・一念三千《いちねんさんぜん》の法門を説《と》き、これを己心《こしん》に証得《しょうとく》する修行《しゅぎょう》の方途《ほうと》を示《しめ》した書《しょ》。天台の講述《こうじゅつ》を弟子の章安《しょうあん》大師灌頂《かんじょう》が筆録《ひつろく》した。

解説

この段は「転重軽受《てんじゅうきょうじゅ》」の利益《りやく》について明かされるところである。

法華経弘通《ぐつう》のゆえに難《なん》に遭《あ》うことによって、自身の無始《むし》以来の罪障《ざいしょう》を消滅《しょうめつ》することができることを示《しめ》されて、いかなる大難があっても不退《ふたい》の信心を貫《つらぬ》いていくよう門下《もんか》に促《うなが》されるのである。

過去世《かこせ》の業因《ごういん》を映《うつ》す仏法の鏡《かがみ》

先に、諸天《しょてん》の加護《かご》がない理由として、法華経の行者《ぎょうじゃ》に過去世《かこせ》の業《ごう》があり、今世《こんぜ》の難《なん》がその過去の宿習《しゅくじゅう》の報《むく》いである場合を挙《あ》げられたのに対し、何を根拠《こんきょ》に流罪《るざい》（伊豆《いず》流罪、佐渡《さど》流罪）・死《し》罪《ざい》（竜《たつ》の口《くち》の法難《ほうなん》）といった諸難《しょなん》を、自身の過去の宿習の報いと知ることができるのか、との疑問《ぎもん》を挙《あ》げられている。

それに対して、日蓮大聖人は、「仏法の鏡《かがみ》」に照《て》らせば過去の業因《ごういん》が明らかになると答えられている。

すなわち、普通の銅鏡《どうきょう》は外面的《がいめんてき》な色形《しきぎょう》のみを映《うつ》す。秦《しん》の始皇帝《しこうてい》が用《もち》いたとされる「験偽《けんぎ》の鏡《かがみ》」は人の心を映し出したというが、それでもその人の現在の罪《つみ》しか映さない。

それに対して、「仏法の鏡《かがみ》」は三世《さんぜ》の因果《いんが》の法理を説《と》き、したがって過去世《かこせ》の業因《ごういん》を映《うつ》すことができると仰《おお》せになっている。

その「仏法の鏡《かがみ》」として、般泥洹経《はつないおんぎょう》を引用されている。

そこには、過去の悪業《あくごう》の報《むく》いとして、（1）あるいは人から軽《かろ》んじられ（2）あるいは姿《すがた》・形が醜《みにく》くなり（3）あるいは衣服《いふく》が足《た》りなくなる（4）あるいは飲食《いんしょく》が粗末《そまつ》で不足《ふそく》する（5）財《ざい》を求めても利益《りえき》にならず（6）貧《まず》しく身分《みぶん》の低い家に生まれ（7）邪見《じゃけん》の家に生まれ（8）あるいは王難《おうなん》に遭《あ》うという八種類があり、しかし護法《ごほう》の功徳力《くどくりき》によって、これらの報いも現世《げんせ》に軽《かる》く受けることができると説《と》かれている。

業苦《ごうく》を滅《めっ》する護法《ごほう》の功徳力《くどくりき》

この般泥洹経《はつないおんぎょう》の文《もん》に、大聖人御自身《ごじしん》の姿《すがた》が寸分《すんぶん》も違《たが》わずに符合《ふごう》していると仰《おお》せになっている。

これによって、現在受けている種々《しゅじゅ》の難《なん》が過去の業因《ごういん》の報《むく》いで、しかも、本来ならば未来世《みらいせ》にもわたって受けるべき苦《く》を今世《こんぜ》に軽《かる》く受けていることが明らかであるとされている。すなわち、現在に受ける千万に及《およ》ぶ難《なん》の原因は、過去世《かこせ》の宿業《しゅくごう》にあることは一点の疑《うたが》いもなく明確であると仰《おお》せになっている。

大聖人が身読《しんどく》された法華経の勧持品《かんじほん》二十行の偈《げ》の「数数見擯出《さくさくけんひんずい》」の一文《もん》も挙《あ》げられ、大聖人はこれらの八難《なん》などをすべて一身《いっしん》に受けているゆえに、この八種の大難《だいなん》は大聖人にこそ、ことごとく当てはまると仰《おお》せになっているのである。

そして、般泥洹経《はつないおんぎょう》の「余《よ》の種種《しゅじゅ》の人間の苦報《くほう》あらん現世《げんぜ》に軽《かる》く受くるは斯《こ》れ護法《ごほう》の功徳力《くどくりき》に由《よ》るが故《ゆえ》なり」の文《もん》により、こうした大難《だいなん》に今世《こんぜ》において遭《あ》うのは護法の功徳力によると述べ、この護法の功徳力について『摩訶止観《まかしかん》』巻《まき》五の文を引用して説明されている。

次に大聖人は、同じく『摩訶止観《まかしかん》』巻《まき》五の「三障四魔紛然《さんしょうしまふんぜん》として競《きそ》い起《おこ》る」を引用されている。

正法《しょうほう》を正《ただ》しく行《ぎょう》じれば成仏《じょうぶつ》を妨《さまた》げる働きである三障四魔《さんしょうしま》が競《きそ》い起こるということは、自身の過去世《かこせ》の業《ごう》を現《あらわ》して消滅《しょうめつ》するためであり、成仏へと大きく前進している証《あかし》なのである。

すなわち、大聖人が過去世《かこせ》の業《ごう》に原因のある「八種の大難《だいなん》」や「種々《しゅじゅ》の苦報《くほう》」を現在に受けているのは、その成仏《じょうぶつ》のための実践《じっせん》が正しいという証拠《しょうこ》となることを『摩訶止観《まかしかん》』の二つの文《もん》は示《しめ》しており、したがって、難を受けていること自体、成仏への軌道《きどう》を進んでいることの証拠なのである。

「軽《かる》く受けている」とは、妙法を弘通《ぐつう》し妙法を護《まも》り抜《ぬ》くことによって、本来ならば八種の大《だい》難《なん》の一つ一つを現在世《げんざいせ》のみでなく未来世《みらいせ》の多くの生死《しょうじ》にわたって受けていかなければならないところを、護法《ごほう》の実践《じっせん》の功徳力《くどくりき》によって現在世に一挙《いっきょ》に軽く受け、過去の悪業《あくごう》すべてを消滅《しょうめつ》できることをいう。
大聖人は、このように種々《しゅじゅ》の難《なん》を、過去《かこ》の宿業《しゅくごう》を転換《てんかん》している証拠《しょうこ》とされ、むしろ難に遭《あ》われたことは喜《よろこ》びであると仰《おお》せなのである。

法華経の行者《ぎょうじゃ》への迫害《はくがい》が重罪《じゅうざい》に

正法《しょうほう》を護持《ごじ》した功徳力《くどくりき》によって、過去世《かこせ》の罪障《ざいしょう》を今世《こんぜ》に招《まね》き寄《よ》せて受けることができる。そのことを説明されるにあたって、大聖人はまず、過去世の謗法《ほうぼう》の重罪《じゅうざい》を二つ挙《あ》げられている。

一つめに、悪王《あくおう》と生まれて、法華経の行者《ぎょうじゃ》の衣服《いふく》、田畑《たはた》などを奪《うば》い取《と》ったとされ、それはちょうど、大聖人御在世《ございせ》当時の日本国の人々が天台宗《てんだいしゅう》の法華経の寺院《じいん》を破壊《はかい》しているようなものであるとされている。

二つめは、法華経の行者《ぎょうじゃ》の首を数《かぞ》え切《き》れないほど、はねたことである。

しかも、これらの重罪《じゅうざい》のうち、罪障《ざいしょう》をすでに消滅《しょうめつ》したものもあれば、まだ消滅していないものの、「余残《よざん》」が尽《つ》きていないものもあると仰《おお》せである。これは、法華経誹謗《ひぼう》の罪《つみ》は容易《ようい》に消滅できないものであることを示《しめ》される趣旨と拝《はい》される。

それとともに、これからまだ種々《しゅじゅ》の大難《だいなん》が起きてくるだろうと、門下《もんか》の覚悟《かくご》を促《うなが》されているのである。

そして、無始《むし》以来の無量《むりょう》の重罪《じゅうざい》を消滅《しょうめつ》してこそ、生死《しょうじ》の苦しみの境涯《きょうがい》から離《はな》れるのであると述べられる。

さらに、次のように仰《おお》せである。過去世《かこせ》の功徳善根《くどくぜんこん》は少なく、それに比《くら》べ謗法《ほうぼう》の罪業《ざいごう》は極《きわ》めて重《おも》い。しかも、権教《ごんきょう》を行《ぎょう》じたのでは罪業の報《むく》いは現《あらわ》れない。このことを鉄《てつ》と麻《あさ》の種子《しゅし》の譬《たと》えを通して示《しめ》されている。

法華経護持《ごじ》の功徳力《くどくりき》によって、はじめて罪障《ざいしょう》を今世《こんぜ》で一度に現《あらわ》すことができるのであり、また同時に、法華経をただ持《たも》つだけではなく、強盛《ごうじょう》な法華弘通《ほっけぐつう》の実践《じっせん》によって、はじめて過去の罪障消滅《しょうめつ》が可能になるのである。そのためにも大願《だいがん》を立てて、法華弘通の実践を貫《つらぬ》いていくことが大切なのである。

大難《だいなん》は転重軽受《てんじゅうきょうじゅ》の利益《りやく》

大聖人が国中《くにじゅう》に充満《じゅうまん》している謗法《ほうぼう》を責《せ》められたことによって、竜《たつ》の口《くち》の法難《ほうなん》、佐渡流罪《さどるざい》という大難《だいなん》が起きたのであり、これは過去の重罪《じゅうざい》を今世《こんぜ》に招《まね》き出《だ》したのであると仰《おお》せになっている。

その例として、鉄《てつ》は火で焼《や》けば赤くなり、急流《きゅうりゅう》を木でかけば山のような波《なみ》ができる。眠《ねむ》れる獅子《しし》に手をかければ獅子は大いに吼《ほ》えるのであると仰《おお》せである。

これらは、何も手を加えなければ変化はないが、あえて手を加えてこそ苦難《くなん》が現《あらわ》れ、問題の本質的解決につながるということの譬《たと》えである。

謗法《ほうぼう》を呵責《かしゃく》し正法《しょうほう》を護持《ごじ》する実践《じっせん》の功徳《くどく》によって、過去世《かこせ》の無量《むりょう》の重罪《じゅうざい》が一時に招《まね》き出《だ》され、それによって難《なん》が生《しょう》じるが、しかしそれは、死後来世《しごらいせ》に受けるべき重《おも》い報《むく》いを今世《こんぜ》に軽《かる》く受け宿業《しゅくごう》をすべて消《け》し去《さ》ることになるのである。これは転重軽受《てんじゅうきょうじゅ》の法門と呼ばれる。

◆池田SGI会長の『開目抄講義』から

どんな苦難《くなん》も恐《おそ》れない。どんな困難《こんなん》も嘆《なげ》かない。雄々《おお》しく立ち向かっていく。この師子王《ししおう》の心を取り出《いだ》して、「宿命《しゅくめい》」を「使命」に変え、偉大なる人間革命の勝利の劇《げき》を演《えん》じているのが、わが久遠《くおん》の同志《どうし》の大境涯《だいきょうがい》といえます。

したがって、仏法者にとっての敗北《はいぼく》とは、苦難《くなん》が起こることではなく、その苦難と戦わないことです。戦わないで逃げたとき、苦難は本当に宿命《しゅくめい》になってしまう。

生《せい》ある限り戦い続ける。生きて生きて生きぬいて、戦って戦って戦いぬいていく。この人生の真髄《しんずい》を教える大聖人の宿命転換《しゅくめいてんかん》の哲学は、従来《じゅうらい》の宗教の苦難に対するとらえ方を一変《いっぺん》する、偉大なる宗教革命でもあるのです。

第47段　求めずとも得られる大利益《だいりやく》

（233ページ6行目～234ページ11行目）

涅槃経《ねはんぎょう》に曰《いわ》く「譬《たと》えば貧女《ひんにょ》の如《ごと》し居家救護《こけくご》の者有《あ》ること無《な》く加《くわ》うるに復《また》病苦飢渇《びょうくけかち》に逼《せ》められて遊行乞丐《ゆぎょうこつがい》す、他《た》の客舎《きゃくしゃ》に止《とど》まり一子《いっし》を寄生《きしょう》す是《こ》の客舎《きゃくしゃ》の主《あるじ》駈逐《くちく》して去《さ》らしむ、其《そ》の産《さん》して未《いま》だ久《ひさ》しからず是《こ》の児《こ》を携抱《けいほう》して他国《たこく》に至《いた》らんと欲《ほっ》し、其《そ》の中路《ちゅうろ》に於《おい》て悪風雨《あくふうう》に遇《あい》て寒苦《かんく》並《なら》び至《いた》り多《おお》く蚊虻蜂螫毒虫《ぶんぼうほうしゃどくむし》の唼《す》い食《く》う所《ところ》となる、恒河《ごうが》に逕由《けいゆ》し児《こ》を抱《だ》いて渡《わた》る其《そ》の水漂疾《みずひょうしつ》なれども而《しか》も放《はな》ち捨《す》てず是《ここ》に於《おい》て母子《ははこ》遂《つい》に共倶《とも》に没《ぼっ》しぬ、

是《か》くの如《ごと》き女人《にょにん》慈念《じねん》の功徳《くどく》命終《みょうじゅう》の後《のち》梵天《ぼんてん》に生《しょう》ず、
文殊師利《もんじゅしり》若《も》し善男子《ぜんなんし》有《あ》って正法《しょうほう》を護《まも》らんと欲せば彼《か》の貧女《ひんにょ》の恒河《ごうが》に在《あ》って子《こ》を愛念《あいねん》するが為《ため》に身命《しんみょう》を捨《す》つるが如《ごと》くせよ、
善男子《ぜんなんし》護法《ごほう》の菩薩《ぼさつ》も亦《また》是《か》くの如《ごと》くなるべし、
寧《むし》ろ身命《しんみょう》を捨《す》てよ是《か》くの如《ごと》きの人《ひと》解脱《げだつ》を求《もと》めずと雖《いえど》も解脱《げだつ》自《おのずか》ら至《いた》ること彼《か》の貧女《ひんにょ》の梵天《ぼんてん》を求《もと》めざれども梵天《ぼんてん》自《おのずか》ら至《いた》るが如《ごと》し」等云云《うんぬん》、
此《こ》の経文は章安大師《しょうあんだいし》・三障《さんしょう》をもって釈《しゃく》し給《たま》へり、それをみるべし、
貧人《びんにん》とは法財《ほうざい》のなきなり女人《にょにん》とは一分《いちぶん》の慈《じ》ある者なり、
客舎《きゃくしゃ》とは穢土《えど》なり一子《いっし》とは法華経の信心・了因《りょういん》の子《こ》なり舎主駈逐《しゃしゅくちく》とは流《る》罪《ざい》せらる其《そ》の産《さん》して未《いま》だ久《ひさ》しからずとはいまだ信じて・ひさしからず、
悪風《あくふう》とは流罪《るざい》の勅宣《ちょくせん》なり蚊虻《ぶんぼう》等とは諸《もろもろ》の無智《むち》の人有《ひとあ》り悪口罵詈《あっくめり》等なり母

子共《とも》に没《ぼっ》すとは終《つい》に法華経の信心をやぶらずして頸《くび》を刎《はね》らるるなり、梵天《ぼんてん》とは仏界《ぶっかい》に生《うま》るるをいうなり引業《いんごう》と申《もう》すは仏界までかはらず、日本・漢土《かんど》の万国《ばんこく》の諸人《しょにん》を殺《ころ》すとも五逆《ごぎゃく》・謗法《ほうぼう》なければ無間《むけん》地獄《じごく》には堕《お》ちず、余《よ》の悪道《あくどう》にして多歳《たさい》をふ《経》べし、色天《しきてん》に生《うま》るること万戒《まんかい》を持《たも》てども万善《まんぜん》を修《しゅ》すれども散善《さんぜん》にては生《うま》れず、

又梵天王《またぼんてんのう》となる事《こと》・有漏《うろ》の引業《いんごう》の上に慈悲《じひ》を加えて生《しょう》ずべし、今此《いまこ》の貧女《ひんにょ》が子《こ》を念《おも》うゆへに梵天《ぼんてん》に生《うま》る常《つね》の性相《しょうそう》には相違《そうい》せり、章安《しょうあん》の二はあれども詮《せん》ずるところは子《こ》を念《おも》う慈念《じねん》より外《ほか》の事《こと》なし、念《ねん》を一境《いっきょう》にする、定《じょう》に似《に》たり専子《もっぱらこ》を思う又慈悲《またじひ》にも・にたり、かるがゆへに他事《たじ》なけれども天《てん》に生《うま》るるか、

又仏《またほとけ》になる道は華厳《けごん》の唯心法界《ゆいしんほっかい》・三論《さんろん》の八不《はっぷ》・法相《ほっそう》の唯識《ゆいしき》・真言《しんごん》の五輪《ごりん》

観《かん》等も実《じつ》には叶《かな》うべしともみへず、但天台《ただてんだい》の一念三千《いちねんさんぜん》こそ仏になるべき道とみゆれ、

此《こ》の一念三千《いちねんさんぜん》も我等《われら》一分《いちぶん》の慧解《えげ》もなし、而《しかれ》ども一代経経《いちだいきょうぎょう》の中には此《こ》の経《きょう》計《ばか》り一念三千の玉《たま》をいだけり、余経《よきょう》の理《り》は玉《たま》に・にたる黄石《おうしゃく》なり沙《いさご》をしぼるに油《あぶら》なし石女《うまずめ》に子《こ》のなきがごとし、

諸経は智者《ちしゃ》・猶仏《なおほとけ》にならず此《こ》の経は愚人《ぐにん》も仏因《ぶついん》を種《うゆ》べし不求解脱《ふぐげだつ》・解脱自至《じし》等と云云《うんぬん》、

我並《われなら》びに我《わ》が弟子・諸難《しょなん》ありとも疑《うたが》う心なくば自然《じねん》に仏界《ぶっかい》にいたるべし、天《てん》の加護《かご》なき事《こと》を疑《うたが》はざれ現世《げんぜ》の安穏《あんのん》ならざる事《こと》をなげかざれ、我《わ》が弟子に朝夕教《ちょうせきおし》えしかども・疑《うたが》いを・をこして皆《みな》すてけんつた《拙》なき者のならひは約束せし事《こと》を・まことの時はわするるなるべし、

妻子《さいし》を不便《ふびん》と・をもうゆへ現身《げんしん》にわかれん事《こと》を・なげくらん、多生曠劫《たしょうこうごう》にしたしみし妻子《さいし》には心とはなれしか仏道《ぶつどう》のために・はなれしか、いつも同《おな》じわかれなるべし、我《われ》法華経の信心をやぶらずして霊山《りょうぜん》にまいりて返《かえり》てみちびけかし。

通解

涅槃経《ねはんぎょう》には次のように説《と》かれている。

「譬《たと》えば、一人の貧《まず》しい女性がいる。その人は居《い》るべき家もなく、助けてくれる者もいない。それに加えて病苦《びょうく》や飢《う》え、のどの渇《かわ》きに責《せ》められながら、さまよい、物乞《ものご》いをしていた。

ある時、ゆかりもない宿《やど》にとどまって子どもを産《う》んだが、この宿の主人《しゅじん》は、この女性を追《お》い出《だ》してしまった。

出産《しゅっさん》してまだ日もたっていないこの子を抱《だ》

いて、他の国に行こうとした。

ところが、その途中《とちゅう》でひどい風雨《ふうう》にあって寒《さむ》さや苦しみに責《せ》められ、多くの蚊《か》や虻《あぶ》や蜂《はち》や刺《さ》す虫や毒虫《どくむし》などに食《く》われた。

ガンジス川（恒河《ごうが》）にさしかかって、子を抱《だ》いて渡《わた》り始めた。その水は急流《きゅうりゅう》であったが、子どもを放《はな》さなかったため、ついに母子《ぼし》ともに沈《しず》んでしまった。

この女性は、子を慈《いつく》しみ思った功徳《くどく》によって、亡《な》くなった後、梵天《ぼんてん》に生まれた。

文殊師利《もんじゅしり》よ、もし善男子《ぜんなんし》がいて正法《しょうほう》を護《まも》ろうとするなら、この貧《まず》しい女性がガンジス川で子どもを愛し思うゆえに自《みずか》らの命《いのち》を捨《す》てたようにせよ。

善男子《ぜんなんし》よ、法を護《まも》ろうとする菩薩《ぼさつ》もまた、まさにこの例のようになるだろう。

むしろ正法《しょうほう》を護《まも》るためには命《いのち》を捨《す》てよ。このような人が、解脱《げだつ》（苦しみからの根源的解放）を求めなくても解脱が自然と訪《おとず》れることは、この貧《まず》しい女性が梵天《ぼんてん》に生まれることなどは求めなかったのに梵天に自然と至《いた》ったようなものである」と。

この経文については、章安大師《しょうあんだいし》が三障《さんしょう》に当てはめながら解釈している。それを参照するがよい。

ここで「貧《まず》しい人」というのは、法の財《たから》がないことである。「女人《にょにん》」というのは、一分《いちぶん》の慈悲《じひ》がある人のことである。

「宿《やど》」というのは、穢土《えど》のことである。

「一人の子」というのは、法華経の信心であり、(正了縁《しょうりょうえん》の三因仏性《さんいんぶっしょう》のうちの)了因《りょういん》仏性という子である。

「宿《やど》の主人《しゅじん》が追《お》い出《だ》す」というのは、流罪《るざい》にされることである。

「出産してまだ日もたっていない」というのは、まだ信じて日が浅いことである。

「悪風《あくふう》」というのは、流罪《るざい》の命令である。

「蚊《か》・虻《あぶ》」などというのは「もろもろの無智《むち》の人が悪口《わるくち》を言い、罵《ののし》る」ことである。

「母子《ぼし》とも沈《しず》んだ」というのは、最後まで法華経の信心を破《やぶ》ることなくして、首《くび》をはねられることである。


「梵天《ぼんてん》に生まれる」というのは、仏界《ぶっかい》に生まれることをいうのである。

次の生《せい》の境涯《きょうがい》を決める引業《いんごう》というのは、(六道《ろくどう》や九界《きゅうかい》だけでなく)仏界《ぶっかい》にも当てはまる。

日本・中国の万国《ばんこく》の人々を殺《ころ》したとしても、五逆罪《ごぎゃくざい》や謗法《ほうぼう》がなければ、無間地獄《むけんじごく》には堕《お》ちない。それ以外の悪道《あくどう》で、多くの歳月《さいげつ》を過《す》ごすのである。

天界《てんかい》のうちの色界《しきかい》に生まれることは、多くの戒《かい》を持《たも》ち多くの善業《ぜんごう》を修《おさ》めても、散乱《さんらん》した心で行えば、生まれることはできない。

また、梵天《ぼんてん》の王となることは、煩悩《ぼんのう》が残っている有漏《うろ》の禅定《ぜんじょう》の修行《しゅぎょう》を引業《いんごう》として、これに慈悲《じひ》の行《ぎょう》を加えて生まれることができる。

今、この貧《まず》しい女性が子を思う慈悲《じひ》の心のゆえに梵天《ぼんてん》に生まれたのは、通常の因果《いんが》の様相《ようそう》とは違っている。

それについては、章安大師《しょうあんだいし》が二つの理由をあげて解釈しているが、結局は、子を思う慈悲心《じひしん》よりほかに梵天《ぼんてん》に生《しょう》じた因《いん》はない。

思いを一つの対象《たいしょう》に定《さだ》めているのは、禅定《ぜんじょう》と同じである。もっぱら子どものことを思うのは、また慈悲《じひ》にも似ている。このような理由で、他に何《なん》の善根《ぜんこん》もないけれども天に生まれたと言えよう。

また仏に成《な》る道について、華厳宗《けごんしゅう》は唯心法界《ゆいしんほっかい》、三論宗《さんろんしゅう》は八不中道《はっぷちゅうどう》、法相宗《ほっそうしゅう》は唯識《ゆいしき》、真言宗《しんごんしゅう》は五輪観《ごりんかん》などを立てているが、これらは実際にはかなうとは思えない。

ただ天台宗《てんだいしゅう》の一念三千《いちねんさんぜん》こそ、仏に成《な》ることができる道であると思われる。

この一念三千《いちねんさんぜん》についても、私たちには智慧《ちえ》による理解が一分《いちぶん》もない。しかし、釈尊一代《しゃくそんいちだい》の諸経の中で、この法華経だけが一念三千の宝玉《ほうぎょく》をいだいている。

他の経の法理は、宝玉《ほうぎょく》に似ているが、ただの黄色《きいろ》い石《いし》である。涅槃経《ねはんぎょう》に「砂《すな》をしぼっても油《あぶら》は出ない」「子を生んでいない女性に子どもはいない」とあるようなものである。

諸経は智者《ちしゃ》ですら仏に成《な》らない。この経（法華経）は愚《おろ》かな人でも仏と成る因《いん》を植《う》えることができる。

「解脱《げだつ》を求めなくても、解脱が自然と訪《おとず》れる」とあるのは、このことである。

私ならびに私の弟子は、諸難《しょなん》があっても、疑《うたが》う心がなければ、自然に仏界《ぶっかい》に至《いた》ることができる。

諸天《しょてん》の加護《かご》がないからといって疑《うたが》ってはいけない。現世《げんせ》が安穏《あんのん》でないことを嘆《なげ》いてはいけない。

私の弟子に朝夕《あさゆう》、このことを教えてきたけれども、疑《うたが》いを起こして皆、信心を捨《す》ててしまったようである。

拙《つたな》い者の習性《しゅうせい》として、約束したことをいざという時には忘れてしまうものである。妻子《さいし》をふびんと思うため、この現世《げんせ》の別《わか》れを嘆《なげ》くのだろう。

しかし、これまでの極《きわ》めて多くの生死流転《しょうじるてん》の中で、なれ親《した》しんだ妻子《さいし》には、自分から願《ねが》って離《はな》れただろうか。それとも仏道《ぶつどう》を成就《じょうじゅ》するために離れただろうか。いずれにしても必ず別《わか》れが待っているのである。

まず、自分が法華経の信心を破《やぶ》らずに成仏《じょうぶつ》して霊山浄土《りょうぜんじょうど》へ赴《おもむ》き、そのうえで妻子《さいし》を導《みちび》くがよい。

語訳

【文殊師利《もんじゅしり》】釈尊《しゃくそん》に次《つ》ぐ高位《こうい》に位置付けられる、迹化《しゃっけ》の菩薩《ぼさつ》の上首《じょうしゅ》。

【穢土《えど》】煩悩《ぼんのう》にあふれ苦悩に満《み》ちた、汚《けが》れた国土《こくど》のこと。浄土《じょうど》に対する語。

【引業《いんごう》】業のうち、次の生《せい》における生命境涯《せいめいきょうがい》を決定する最《もっと》も強力なもの。

【五逆《ごぎゃく》・謗法《ほうぼう》】最《もっと》も重《おも》い罪業《ざいごう》とされる五逆罪《ごぎゃくざい》（父を殺《ころ》す、母を殺す、阿羅漢《あらかん》を殺す、仏身《ぶっしん》より血を出す、和合僧《わごうそう》を破《やぶ》る）と、正法《しょうほう》を信じず誹謗《ひぼう》すること。これらを犯《おか》した場合に、最低の苦悩の境涯《きょうがい》である無間地獄《むけんじごく》に堕《お》ちるとされる。

【多生曠劫《たしょうこうごう》】何回もこの世に生まれては死に、死んではまた生まれて経《へ》る長い期間。

【霊山《りょうぜん》】古代インドのマガダ国《こく》の首都《しゅと》・王舎城近郊《おうしゃじょうきんこう》にある山。霊鷲山《りょうじゅせん》のこと。法華経が説《と》かれたとされる場所で、法華経寿量品《じゅりょうほん》では久遠《くおん》の仏が常住《じょうじゅう》する浄土《じょうど》とされる。

解説

前段の第46段では、法華経の行者《ぎょうじゃ》が正法弘通《しょうほうぐつう》ゆえの難《なん》に遭《あ》うことによって得る功徳《くどく》のうち、過去世《かこせ》の罪障《ざいしょう》を転重軽受《てんじゅうきょうじゅ》する功徳について明かされた。それに続いて本段では、成仏《じょうぶつ》という大《だい》利益《りやく》が求めずしておのずから得られることを示《しめ》されている。

涅槃経《ねはんぎょう》に説《と》かれる「貧女《ひんにょ》の譬《たと》え」

成仏《じょうぶつ》の大利益《だいりやく》が求めずしておのずから得られることを明かすにあたって、まず「貧女《ひんにょ》の譬《たと》え」を説《と》いた涅槃経《ねはんぎょう》の文《もん》を引かれる。

この涅槃経《ねはんぎょう》の文《もん》は、貧女《ひんにょ》がわが身《み》を顧《かえり》みず、あらゆる苦難《くなん》に遭《あ》いながら、子どもをどこまでも手放《てばな》さなかった慈悲《じひ》の心を通して、正法護持《しょうほうごじ》の精神を教えたものである。すなわち、文殊師《もんじゅし》利《り》に対して釈尊《しゃくそん》が語った後半に、不惜身命《ふしゃくしんみょう》で正法を守護《しゅご》することによって、解脱《げだつ》（苦しみから根源的に解放された成仏《じょうぶつ》の自在《じざい》の境涯《きょうがい》）を求めずしておのずから解脱が得られることを教えられている。

「貧女《ひんにょ》の譬《たと》え」を御自身《ごじしん》に約される

次に、大聖人の釈《しゃく》が展開され、とりわけ「貧女《ひんにょ》の譬《たと》え」を御自身《ごじしん》の立場に約して解釈されていく。

まず、貧女《ひんにょ》について、「貧《ひん》」とは法財《ほうざい》（仏道修行《ぶつどうしゅぎょう》の結果として得たもの）のない者をいい、また、子をいとおしむ母の一念《いちねん》は慈悲《じひ》に通《つう》じるゆえに、「女人《にょにん》」とは一分《いちぶん》の慈悲《じひ》をもつ者をいうと仰《おお》せである。

次に「客舎《きゃくしゃ》とは穢土《えど》なり」と仰《おお》せになり、「客舎」を煩悩《ぼんのう》・生死《しょうじ》の苦《く》に満《み》ちた現実世界であるとされている。

そして、貧女《ひんにょ》が産《う》んだ「一子《いっし》」とは「法華経の信心・了因《りょういん》の子なり」と仰《おお》せである。「了因」とは、三因仏性《さんいんぶっしょう》のうちの了因仏性のことである。

「三因仏性《さんいんぶっしょう》」とは、正因《しょういん》仏性（一切衆生《いっさいしゅじょう》が生命《せいめい》そのものに本然的《ほんねんてき》にそなえている仏性）、了因《りょういん》仏性（法性《ほっしょう》・真如《しんにょ》の理《り》を照《て》らしあらわす智慧《ちえ》）、縁因《えんいん》仏性（了因を助縁《じょえん》して正因を開発していくすべての善《ぜん》行《こう》）をいう。すなわち、自《みずか》ら覚《さと》りを得た仏がその覚りをそのまま説《と》いたのが法華経であるから、法華経そのものが了因であり、凡夫《ぼんぷ》にあってはこの法華経への信心の心が了因仏性なのである。

この法華経の信心を離《はな》さないことを、貧女《ひんにょ》がわが子を放《はな》さない譬《たと》えをもって示《しめ》されたのである。

次に「舎主駈逐《しゃしゅくちく》」とは流罪《るざい》されることであり、「其《そ》の産《さん》して未《いま》だ久《ひさ》しからず」とは、まだ信じて日が浅いということであるとされている。

また、「悪風《あくふう》とは流罪《るざい》の勅宣《ちょくせん》なり蚊虻《ぶんぼう》等とは諸《もろもろ》の無智《むち》の人有《あ》り悪口罵詈《あっくめり》等なり」と、大聖人御自身《ごじしん》が受けられた難《なん》にあてはめられている。

そして貧女《ひんにょ》がガンジス川の急流《きゅうりゅう》を子を抱《だ》いて渡《わた》ろうとして、最後まで子を放《はな》さなかった結果、母子《ぼし》ともに没《ぼっ》したことについては、「終《つい》に法華経の信心をやぶらずして頸《くび》を刎《はね》らるるなり」と仰《おお》せになっている。

大聖人御自身《ごじしん》においては、竜《たつ》の口《くち》の法難《ほうなん》がそれに当たるのである。すなわち法華経の信心に命《いのち》をささげたことにより法華経の命である仏の魂《たましい》が身《み》に現《あらわ》れるのである。

そして貧女《ひんにょ》が死後《しご》に生まれた「梵天《ぼんてん》」とは、大聖人にあっては「仏界《ぶっかい》」であるとされている。

ここで大聖人は、「詮《せん》ずるところは子を念《おも》う慈念《じねん》より外《ほか》の事《こと》なし」と仰《おお》せになり、しょせんは子を一途《いちず》に思う慈念によってこそ貧女《ひんにょ》は梵天《ぼんてん》に生まれたのであり、それ以外のどのような因《いん》によるのでもないと結論されている。

「念《ねん》を一境《いっきょう》にする」とは、貧女《ひんにょ》が自分の思いの対象を子どもに定《さだ》めていることを指《さ》し、これは、まさしく定善《じょうぜん》（雑念《ざつねん》を止《と》め、思いを一処《いっしょ》に定めて修《しゅ》する善行《ぜんこう》）に似ており、そのうえ自分のことを捨《す》てて一途《いちず》に子を思う心は慈悲《じひ》にも通《つう》じている。それゆえ、貧女は梵天《ぼんてん》に生まれたと仰《おお》せになっている。すなわち貧女の子を思う一念《いちねん》のなかに、すでに禅定《ぜんじょう》と慈悲の二面がそなわっていたことを示《しめ》されているのである。

次に、仏に生まれるための引業《いんごう》について述べられる。初《はじ》めに諸宗が成仏《じょうぶつ》への道として立てた教義《きょうぎ》を挙《あ》げられ、いずれも成仏をかなえるものではないと破折《はしゃく》され、ただ天台大師《てんだいだいし》の立てた一《いち》念三千《ねんさんぜん》のみが成仏の道であると仰《おお》せである。

しかし、天台大師《てんだいだいし》の立てた一念三千《いちねんさんぜん》の深義《じんぎ》について、末法《まっぽう》の凡夫《ぼんぷ》は理解できる智慧《ちえ》を持っていない。それでも、釈尊一代《しゃくそんいちだい》の教えの中で法華経にのみ仏種《ぶっしゅ》である一念三千の玉《たま》があり、この法華経を受持《じゅじ》することによって成仏《じょうぶつ》できると教えられるのである。

法華経のみが一念三千《いちねんさんぜん》の仏種《ぶっしゅ》をいだいている経であるから、一分《いちぶん》の慧解《えげ》もない愚人《ぐにん》であっても、この法華経を信受《しんじゅ》することによって成仏《じょうぶつ》の因《いん》を植《う》えることができるのであり、この法華経を、貧女《ひんにょ》が子を愛念《あいねん》したように受持《じゅじ》し抜くなら、解脱《げだつ》を求めずして解脱におのずから至《いた》るのである。

成仏《じょうぶつ》を目指《めざ》す信心の根本姿勢《しせい》を示《しめ》す

成仏《じょうぶつ》の種子《しゅし》である妙法《みょうほう》を受持《じゅじ》し抜くことが、求めずして成仏の境涯《きょうがい》に至《いた》る要諦《ようてい》であるがゆえに、門下《もんか》に対して、いかなる苦難《くなん》にも屈《くっ》することなく信心を貫《つらぬ》いていけば、必ず仏界《ぶっかい》に至ることを述べられ、励《はげ》まされているのである。

「我《われ》並びに我《わ》が弟子」との仰《おお》せは、そうした成仏《じょうぶつ》の原理は師である大聖人にとっても、弟子にとっても変わりがないということであり、大聖人と同じように不惜身命《ふしゃくしんみょう》の強き信心と実践《じっせん》を貫《つらぬ》きなさいというお心である。

「諸難《しょなん》ありとも疑《うたが》う心なくば自然《じねん》に仏界《ぶっかい》にいたるべし」と仰《おお》せになっているのは、不退《ふたい》の信心の堅持《けんじ》・持続《じぞく》こそ成仏《じょうぶつ》の要諦《ようてい》であるとの教えである。

「疑《うたが》う心なくば」とは、「疑い無《な》きを信と曰《い》う」というように、信心をどこまでも失《うしな》わないことである。諸天《しょてん》の加護《かご》がないからといって妙法を疑ってはならない、現世《げんせ》が安穏《あんのん》でないからといって嘆《なげ》いてはならないと厳《きび》しく教えられているのである。

むしろ、正法《しょうほう》を信じ行《ぎょう》じて難《なん》に遭《あ》うのは、過去世《かこせ》の謗法《ほうぼう》の罪《つみ》を軽《かる》く受けて消している「転重《てんじゅう》軽受《きょうじゅ》」の姿《すがた》であり、成仏《じょうぶつ》への軌道《きどう》を進んでいる証《あかし》である。したがって、難が起こった時こそ、自《みず》らの境涯《きょうがい》を開き成仏《じょうぶつ》の道を開く絶好《ぜっこう》のチャンスと捉《とら》え、決《けっ》して妙法を疑《うたが》ったり嘆《なげ》いてはならないのである。

大聖人は御自身《ごじしん》の御境地《ごきょうち》を、先の第45段で「詮《せん》ずるところは天もすて給《たま》え諸難《しょなん》にもあえ身命《しんみょう》を期《ご》とせん」（御書232ジペー）と仰《おお》せになった。このように絶対の確信に立った人にとって、もはや諸天《しょてん》の加護《かご》の有無《うむ》は問題ではない。現世《げんせ》の安穏《あんのん》を期待する心とも無縁《むえん》である。

ところが信心の浅い人は、ひとたび難《なん》に直面するや、疑《うたが》いの心を起こし退転《たいてん》しかねない。しょせん、ただ諸天《しょてん》が守ってくれて、現世《げんせ》が安穏《あんのん》であることを願《ねが》っているのは、成仏《じょうぶつ》の法を説《と》いた法華経を信じ切れていないということである。本来、成仏の境地《きょうち》とは、自己《じこ》を最高度に完成し何ものにも揺《ゆ》るがない自分自身を確立することである。ゆえに、諸天の加護《かご》を頼《たよ》りにしていくだけの姿勢《しせい》そのものが、成仏を目指《めざ》す方向とは異《こと》なっているのである。

こうした信心の心構《こころがま》えを大聖人は、常日《つねひ》ごろ門下《もんか》に対し、繰《く》り返《かえ》し指導《しどう》されてきたのであるが、実際《じっさい》に難《なん》が起こり、苦しみに直面した「まことの時」に、この大聖人の戒《いまし》めを忘れてしまうのが凡夫《ぼんぷ》の愚《おろ》かさである。そのことを大聖人は「我《わ》が弟子に朝夕《ちょうせき》教えしかども・疑《うたが》いを・をこして皆すてけんつたなき《拙》者のならひは約束せし事《こと》を・まことの時はわするるなるべし」と仰《おお》せである。

「まことの時」とは、いざ、わが身《み》に大難《だいなん》が起こった時のことである。その時、疑《うたが》いの心を起こして退転《たいてん》するか、それとも疑うことなく最後まで信心を貫《つらぬ》き通すかで、生死流転《しょうじるてん》の苦しみに沈《しず》むか成仏《じょうぶつ》へ進むかに分かれるのである。結局、日ごろの信心の積《つ》み重《かさ》ねが、この「まことの時」に如実《にょじつ》にあらわれるのである。

最後に、どのような人も無始《むし》以来の無数《むすう》の生死流転《しょうじるてん》において、その都度《つど》、妻子《さいし》との別《わか》れはあったのであるが、その別れの相《そう》を直視《ちょくし》して、いつかは別れざるをえないのであれば、まず自《みずか》らが信心を貫《つらぬ》き通して成仏《じょうぶつ》の境涯《きょうがい》を得て、そのうえで妻子を霊山《りょうぜん》に導《みちび》くべきであると示《しめ》されている。

◆池田SGI会長の『開目抄講義』から

「疑《うたが》う心なくば自然《じねん》に仏界《ぶっかい》にいたるべし」と仰《おお》せのように、「信」の一念《いちねん》のみが、疑いや嘆《なげ》きなどの無明《むみょう》の生命《せいめい》を打《う》ち破《やぶ》って、妙法蓮華経の力用《りきゆう》を生命に現《あらわ》す力《ちから》を持っています。

しかし、「無明《むみょう》」の力《ちから》もまことに執拗《しつよう》であり、根深《ねぶか》い。本当に無明と戦っていかなければならない時に、私たちの心に忍《しの》び寄《よ》り、生命《せいめい》を侵《おか》していくのが無明です。

その愚《おろ》かさを「つたなき者《拙》のならひは約束せし事を・まことの時はわするるなるべし」と戒《いまし》められています。

強盛《ごうじょう》な「信心」を起こすべき時に、反対に、不信《ふしん》を抱《いだ》き、疑《うたが》いを起こして退転《たいてん》してしまうならば、あまりにも愚《おろ》かなことだ。〝今が「成仏《じょうぶつ》への時」ではないか！　この大難《だいなん》を突破《とっぱ》すれば、永遠の幸福を成就《じょうじゅ》することができる！〟との大聖人の魂《たましい》の叫《さけ》びが伝わってきます。

何があっても疑《うたが》わない。何が起ころうとも嘆《なげ》かない。その強靭《きょうじん》な魂《たましい》を持った人は、何も恐《おそ》れるものはない。

創価学会の歴史においても、戦前に牧口先生が投獄《とうごく》された時、戦後の再建期《さいけんき》に戸田先生の事《じ》業《ぎょう》が大変だった時、そして、宗門《しゅうもん》が三類《さんるい》の強敵《ごうてき》としての牙《きば》をむき出しにしてきた時など、これまで大難《だいなん》に直面した時は幾《いく》たびとなくあった。この時に、何をしたのか、どうしたのか。そこに弟子として、仏法者としての本質があらわになっていくのです。

「まことの時」に戦う信心にこそ「仏界《ぶっかい》」が輝《かがや》くことを、断じて忘れてはならない。これが本抄の一つの結論であると拝《はい》することができます。

第48段　時に適《かな》った弘教《ぐきょう》を明かす

（234ジペー12行目～235ジペー13行目）

※ここでは、234ジペー12行目～14行目と235ジペー7行目～13行目を収録

疑《うたが》って云《いわ》く念仏者《ねんぶつしゃ》と禅宗《ぜんしゅう》等を無間《むけん》と申《もう》すは諍《あらそ》う心あり修羅道《しゅらどう》にや堕《お》つべかるらむ、

又《また》法華経の安楽行品《あんらくぎょうぼん》に云《いわ》く「楽《ねが》って人及《ひとおよ》び経典の過《とが》を説《と》かざれ亦諸余《またしょよ》の法師《ほっし》を軽慢《きょうまん》せざれ」等云云《うんぬん》、汝此《なんじこ》の経文に相違《そうい》するゆへに天にすてられたるか、

◇

汝《なんじ》が不審《ふしん》をば世間の学者・多分・道理とをもう、いかに諫暁《かんぎょう》すれども日

蓮が弟子《でし》等《ら》も此《こ》のをもひをすてず一闡提人《いっせんだいにん》の・ごとくなるゆへに先《ま》づ天《てん》台《だい》・妙楽《みょうらく》等の釈《しゃく》をいだして・かれが邪難《じゃなん》をふせぐ、

夫《そ》れ摂受《しょうじゅ》・折伏《しゃくぶく》と申《もう》す法門は水火《すいか》のごとし火は水をいとう水は火をにくむ、摂受の者は折伏をわらう折伏の者は摂受をかなしむ、無智《むち》・悪人《あくにん》の国《こく》土《ど》に充満《じゅうまん》の時は摂受を前《さき》とす安楽行品《あんらくぎょうぼん》のごとし、邪智《じゃち》・謗法《ほうぼう》の者の多き時は折伏を前《さき》とす常不軽品《じょうふきょうぼん》のごとし、

譬《たと》へば熱《あつ》き時に寒水《かんすい》を用《もち》い寒《さむ》き時に火をこのむがごとし、草木《そうもく》は日輪《にちりん》の眷属《けんぞく》・寒月《かんげつ》に苦《く》をう諸水《しょすい》は月輪《げつりん》の所従《しょじゅう》・熱時《ねつじ》に本性《ほんしょう》を失《うしな》う、末法《まっぽう》に摂受《しょうじゅ》・折伏《しゃくぶく》あるべし所謂悪国《いわゆるあっこく》・破法《はほう》の両国《りょうごく》あるべきゆへなり、日本国の当世《とうせい》は悪国か破法の国かと・しるべし。

通解

疑《うたが》っていうには、念仏者《ねんぶつしゃ》と禅宗《ぜんしゅう》などに対して無間地獄《むけんじごく》に堕《お》ちると言っているのは、争《あらそ》う心がある。修羅道《しゅらどう》に堕ちることになるからだろうか。

また法華経の安楽行品《あんらくぎょうぼん》には「好《この》んで人や経典の欠点《けってん》をあげつらってはいけない。また他のもろもろの法師《ほっし》たちを軽《かろ》んじたりしてはいけない」とあるが、あなたはこの経文に相違《そうい》しているから諸天《しょてん》に見捨《みす》てられたのではないのか。

◇

あなたの不審《ふしん》を、世間の学者の多くは道理であると思うに違《ちが》いない。どのように諫《いさ》め、真実を明らかにしても、日蓮の弟子らも、このような思いを捨《す》てていない。あたかも一闡《いっせん》提人《だいにん》のようであるので、まず天台《てんだい》・妙楽《みょうらく》などの釈《しゃく》を出して、そのような誤《あやま》った非難《ひなん》を防《ふせ》いだのである。

そもそも摂受《しょうじゅ》・折伏《しゃくぶく》という二つの法門は、水と火のように相《あい》いれないものである。火は水を嫌《きら》い、水は火を憎《にく》む。摂受の者は折伏を笑う。折伏の者は摂受を悲しむ。

無智《むち》・悪人《あくにん》が国土《こくど》に充満《じゅうまん》している時は、摂受《しょうじゅ》を優先《ゆうせん》させるのがよい。安楽行品《あんらくぎょうぼん》に説《と》かれている通りである。邪智《じゃち》・謗法《ほうぼう》の者が多い時は、折伏《しゃくぶく》を優先させるべきである。常不軽品《じょうふきょうぼん》に説かれている通りである。

譬《たと》えば、熱《あつ》い時に冷《つめ》たい水を用《もち》い、寒《さむ》い時に火を好《この》むようなものである。草木《くさき》は太陽の眷属《けんぞく》で、寒い月に苦《く》をなめる。水は月の所従《しょじゅう》で、熱い時には本来の性質《せいしつ》を失《うしな》ってしまう。末法《まっぽう》において、摂受《しょうじゅ》と折伏《しゃくぶく》の両方がある。いわゆる悪国《あっこく》と破法《はほう》の両方の国があるからである。しかしながら、日本国の今の時代は、悪国か破法の国かをわきまえなければならない。

解説

これまで本抄では、第23段から日蓮大聖人に諸天《しょてん》の加護《かご》がなぜないのか、その理由が明らかにされ、そのことを通して、末法《まっぽう》の民衆《みんしゅう》を救《すく》う大聖人の大願《だいがん》こそ、大聖人が法華経の行者《ぎょうじゃ》であるゆえんであることが示《しめ》されてきた。

そして、転重軽受《てんじゅうきょうじゅ》（宿命転換《しゅくめいてんかん》）と不求自得《ふぐじとく》の成仏《じょうぶつ》という法華経の行者《ぎょうじゃ》の功徳《くどく》を挙《あ》げ、門下《もんか》たちに対しても、師の大聖人と同じく、いかなる大難《だいなん》に遭《あ》っても決定《けつじょう》した信心を貫《つらぬ》くことの重要性を指導されてきた。

第48段からは、折伏《しゃくぶく》が末法《まっぽう》における正《ただ》しい実践《じっせん》であることが示《しめ》される。まず本段では、摂《しょう》受《じゅ》・折伏のどちらをとるべきかは「時による」ことが経・釈《しゃく》を引いて示《しめ》されている。

諸宗破折《はしゃく》に対する世間の批判《ひはん》

世間の人々が大聖人に向かって唱えた批判《ひはん》が挙《あ》げられている。

すなわち、大聖人が念仏者《ねんぶつしゃ》や禅宗《ぜんしゅう》などを無間地獄《むけんじごく》に堕《お》ちる邪法《じゃほう》であると呵責《かしゃく》されたことに対して、そのように他宗《たしゅう》の人々を批判《ひはん》するのは「諍《あらそ》う心」があるからであり、かえって大聖人こそ修羅道《しゅらどう》に堕ちるのではないか、という批判である。

また「人や経典の欠点《けってん》を好《この》んで説《と》いてはいけない」という法華経安楽行品《あんらくぎょうぼん》の文《もん》を挙《あ》げて、大聖人は法華経に背《そむ》いているのではないかという批判《ひはん》もなされた。

この疑問《ぎもん》は、外《そと》からだけではなく、法難《ほうなん》の渦中《かちゅう》にあって、大聖人に疑問を抱《いだ》いた一部の門下《もんか》に共通した思いであったと考えられる。

仏法の弘教《ぐきょう》に摂《しょう》・折《しゃく》の二門

この批判《ひはん》に対して、大聖人は天台大師《てんだいだいし》らの釈《しゃく》を引いて答えられる。

初《はじ》めに天台大師《てんだいだいし》の『摩訶止観《まかしかん》』では、「仏に両説《りょうせつ》あり」として、釈尊《しゃくそん》が仏法の教化法《きょうけほう》として摂《しょう》・折《しゃく》の二つを説《と》いたのであり、どちらも衆生利益《しゅじょうりやく》のためであると述べられている。

「摂《しょう》」とは、「摂受《しょうじゅ》」すなわち「摂引容受《しょういんようじゅ》」のことで、弘通《ぐつう》において相手の見解《けんかい》を容認《ようにん》しつつ、寛容《かんよう》の姿勢《しせい》で次第に正法《しょうほう》へと誘引《ゆういん》していく化導法《けどうほう》をいう。

「折《しゃく》」とは、「折伏《しゃくぶく》」を意味している。

いずれも仏法を教えて人を導《みちび》いていく化導法《けどうほう》であるが、実践《じっせん》する人自身《じしん》の仏道修行《ぶつどうしゅぎょう》の面も含《ふく》まれている。すなわち、摂受《しょうじゅ》には慈悲《じひ》を自《みずか》ら実践していく面、折伏《しゃくぶく》は自らの内《うち》なる悪《あく》、己心《こしん》の魔《ま》と戦い、打《う》ち破《やぶ》っていく面がある。悪世《あくせ》には、悪と戦わなければ法を護《まも》ることもできないし己心の魔を打ち破っていくこともできないので、末法《まっぽう》の時代は折伏が時に適《かな》った実践になるのである。

次に妙楽大師《みょうらくだいし》の釈《しゃく》を引き、一切《いっさい》の経論《きょうろん》が示《しめ》しているところは、この摂受《しょうじゅ》と折伏《しゃくぶく》の二つを出ないと述べている。

そして章安大師《しょうあんだいし》の釈《しゃく》では、摂受《しょうじゅ》・折伏《しゃくぶく》のいずれを取捨選択《しゅしゃせんたく》して用《もち》いるかは、その時によるべきで、固定的、形式的にいずれか一方にこだわってはならないと述べている。

以上の引用を受けて、大聖人は「汝《なんじ》が不審《ふしん》をば世間の学者・多分・道理とをもう」と仰《おお》せである。

すなわち、大聖人に寄《よ》せられた疑難《ぎなん》は、世間の学者の大部分が道理であると思っているということである。しかも大聖人の弟子でさえ、このことをいかに諫《いさ》めても、この考えを捨《す》てきれず一闡提人《いっせんだいにん》のように大聖人の教えを受け入れないので、天台大師《てんだいだいし》・妙楽《みょうらく》大師らの釈《しゃく》を引いたのであると、大聖人は仰《おお》せである。

これは、自説《じせつ》に執着《しゅうちゃく》し論難《ろんなん》を寄《よ》せてくる者に対しては、それが仏説《ぶっせつ》に違背《いはい》することを示《しめ》すためにも、まず経《きょう》・釈《しゃく》に基《もと》づいたうえで、理路整然《りろせいぜん》と破折《はしゃく》すべきことを示されている一節でもある。

邪智《じゃち》・謗法《ほうぼう》の国は折伏《しゃくぶく》が第一

摂受《しょうじゅ》と折伏《しゃくぶく》は、互《たが》いに水と火のように相《あい》いれないものであり、火は水を嫌《きら》い、水は火を嫌う。同じように、摂受の者は折伏を笑い、折伏の者は摂受を悲しむと仰《おお》せである。

この仰《おお》せは、摂受《しょうじゅ》と折伏《しゃくぶく》のいずれか一方にだけに執着《しゅうちゃく》して（現実には人々は摂受だけが正《ただ》しいと思い込んでいた）、摂受か折伏かは「時」によって選《えら》ぶべきであることを忘れている愚《おろ》かさを指摘されているのである。

大聖人は、無智《むち》・悪人《あくにん》が国土《こくど》に充満《じゅうまん》している時は、法華経安楽行品《あんらくぎょうぼん》に説《と》かれているように摂《しょう》受《じゅ》を第一に立てるべきであり、邪智《じゃち》・謗法《ほうぼう》の者が多い時は常不軽品《じょうふきょうぼん》にあるように折伏《しゃくぶく》を第一とすべきであることを示《しめ》されている。これは、熱《あつ》い時には冷《つめ》たい水が役《やく》に立ち、寒《さむ》い時には火が好《この》まれるようなものであり、摂受も折伏も、時に適《かな》ってはじめて利益《りやく》が生《しょう》じるのである。

次に、草木《くさき》は太陽の眷属《けんぞく》であるゆえに、寒月《かんげつ》（寒《さむ》い夜）には苦しみ、また、水は月の所従《しょじゅう》であるため、熱《あつ》い時にはその本来の性質《せいしつ》を失《うしな》ってしまうとの譬《たと》えを挙《あ》げられている。これは、摂《しょう》受《じゅ》・折伏《しゃくぶく》を時を誤《あやま》って実践《じっせん》したのでは、その本来の効用《こうよう》を失《うしな》ってしまうということを教えられているのである。

この段の結論として、末法《まっぽう》においては摂受《しょうじゅ》・折伏《しゃくぶく》ともにあるべきであり、それは、悪国《あっこく》と破《は》仏法《ぶっぽう》の両方の国があるからであるとされ、そのうえで、日本国の当世《とうせい》は悪国なのか破法《はほう》の国なのか、いずれに当たるかを知らなければならないと仰《おお》せになっている。

これは、いうまでもなく、「日本国の当世《とうせい》」は謗法《ほうぼう》の充満《じゅうまん》する「破法《はほう》の国」であるがゆえに折伏《しゃくぶく》を第一とすべきであるとの仰《おお》せである。

◆池田SGI会長の『開目抄講義』から

折伏《しゃくぶく》は、どこまでも仏の慈悲行《じひぎょう》の実践《じっせん》です。最《もっと》も開かれた万人《ばんにん》尊敬の念《ねん》が根幹《こんかん》にあるからこそ、折伏行が成《な》り立《た》ちます。相手への尊敬がなければ折伏は進展しない。このことは、折伏を実践しぬいた人ほど強く実感していることではないでしょうか。

このように、折伏《しゃくぶく》には徹頭徹尾《てっとうてつび》、「争《あらそ》う心」などないのです。したがって、折伏とは、排他《はいた》主義、独善《どくぜん》主義とは根本的に異《こと》なります。

折伏《しゃくぶく》の根幹《こんかん》はどこまでも「慈悲《じひ》」です。また、慈悲を勇気に代えて悪と戦いぬく「破折《はしゃく》精神」です。

人間の最《もっと》も基《もとい》となる宗教そのものが混乱している時に、人間の精神を破壊《はかい》しようとする誤《あやま》った思想・宗教の横行《おうこう》に対して、何も行動しなければ、それは仏法の慈悲《じひ》とかけ離《はな》れた姿《すがた》以外のなにものでもありません。

「人間のための宗教」「民衆を救済《きゅうさい》する宗教」という原点を忘れた誤《あやま》った宗教を放置《ほうち》していれば、結果としてますます民衆を苦悩に沈《しず》ませてしまう。

それは、一見《いっけん》、「争《あらそ》う心」のない穏《おだ》やかな姿《すがた》に映《うつ》るかもしれないが、その重罪《じゅうざい》はあまりにも大きいと言わざるをえない。

第49段　折伏《しゃくぶく》を実践《じっせん》する利益《りやく》

（235ジペー14行目〜236ジペー15行目）

問《と》うて云《いわ》く摂受《しょうじゅ》の時・折伏《しゃくぶく》を行《ぎょう》ずると折伏の時・摂受を行《ぎょう》ずると利益《りやく》あるべしや、

答えて云《いわ》く涅槃経《ねはんぎょう》に云《いわ》く「迦葉菩薩仏《かしょうぼさつほとけ》に白《もう》して言《もうさ》く如来《にょらい》の法身《ほっしん》は金剛不壊《こんごうふえ》なり未《いま》だ所因《しょいん》を知ること能《あた》わず云何《いかん》、仏の言《のたまわ》く迦葉《かしょう》能《よ》く正法《しょうほう》を護持《ごじ》する因縁《いんねん》を以《もっ》ての故《ゆえ》に是《こ》の金剛身《こんごうしん》を成就《じょうじゅ》することを得たり、迦葉我《かしょうわれ》護持正法《ごじしょうほう》の因縁《いんねん》にて今是《いまこ》の金剛身常住不壊《こんごうしんじょうじゅうふえ》を成就《じょうじゅ》することを得たり、

善男子正法《ぜんなんししょうほう》を護持《ごじ》する者は五戒《ごかい》を受けず威儀《いぎ》を修《しゅ》せず応《まさ》に刀剣弓箭《とうけんきゅうせん》を持《も》

つべし、
是《か》くの如《ごと》く種種《しゅじゅ》に法を説《と》くも然《しか》も故《なお》師子吼《ししく》を作《な》すこと能《あた》わず非法《ひほう》の悪人《あくにん》を降伏《ごうぶく》すること能《あた》わず、是《か》くの如《ごと》き比丘《びく》自利《じり》し及《およ》び衆生《しゅじょう》を利《り》すること能《あた》わず、
当《まさ》に知るべし是《こ》の輩《やから》は懈怠懶惰《けたいらんだ》なり能《よ》く戒《かい》を持《たも》ち浄行《じょうぎょう》を守護《しゅご》すと雖《いえど》も当《まさ》に知るべし是《こ》の人は能《よ》く為《な》す所無《ところな》からん、
乃至時《ないしとき》に破戒《はかい》の者有《あ》って是《こ》の語《ご》を聞《き》き已《おわ》って咸共《みなとも》に瞋恚《しんに》して是《こ》の法師《ほっし》を害《がい》せん是《こ》の説法《せっぽう》の者・設《たと》い復命終《またみょうじゅう》すとも故《なお》持戒自利利他《じかいじりりた》と名《なづ》く」等云云《うんぬん》、
章安《しょうあん》の云《いわ》く「取捨宜《しゅしゃよろし》きを得《え》て一向《いっこう》にす可《べ》からず」等、
天台云《てんだいいわ》く「時に適《かな》う而已《のみ》」等云云《うんぬん》、
譬《たと》へば秋《あき》の終《おわ》りに種子《しゅし》を下《くだ》し田畠《でんぱた》をかえ《排》さんに稲米《とうまい》をうることかたし、

建仁年中《けんにんねんちゅう》に法然《ほうねん》・大日《だいにち》の二人《ににん》・出来《しゅったい》して念仏宗《ねんぶつしゅう》・禅宗《ぜんしゅう》を興行《こうぎょう》す、法然云《ほうねんいわ》く「法華経は末法《まっぽう》に入《い》っては未有一人得者《みういちにんとくしゃ》・千中無一《せんちゅうむいち》」等云云《うんぬん》、大日云《だいにちいわ》く「教外別伝《きょうげべつでん》」等云云《うんぬん》、此《こ》の両義《りょうぎ》・国土《こくど》に充満《じゅうまん》せり、天台真言《てんだいしんごん》の学者《がくしゃ》等・念仏《ねんぶつ》・禅《ぜん》の檀那《だんな》を・へつらいをづ《怖》る事《こと》犬《いぬ》の主《あるじ》にを《尾》をふり・ねづみの猫《ねこ》ををそるるがごとし、国王・将軍《しょうぐん》に・みやづかひ破仏法《はぶっぽう》の因縁《いんねん》・破国《はこく》の因縁を能《よ》く説《と》き能《よ》くかたるなり、天台《てんだい》・真言《しんごん》の学者《がくしゃ》等・今生《こんじょう》には餓鬼道《がきどう》に堕《お》ち後生《ごしょう》には阿鼻《あび》を招《まね》くべし、設《たと》い山林《さんりん》にまじわって一念三千《いちねんさんぜん》の観《かん》をこらすとも空閑《くうげん》にして三密《さんみつ》の油《あぶら》をこぼさずとも時機《じき》をしらず摂折《しょうしゃく》の二門《にもん》を弁《わきま》へずば・いかでか生死《しょうじ》を離《はな》るべき。

問《と》うて云《いわ》く念仏者《ねんぶつしゃ》・禅宗《ぜんしゅう》等を責《せ》めて彼等《かれら》に・あだまれたる・いかなる利《り》益《やく》かあるや、

答えて云《いわ》く涅槃経《ねはんぎょう》に云《いわ》く「若《も》し善比丘《ぜんびく》法を壊《やぶ》る者を見て置《お》いて呵責《かしゃく》し駈《く》遣《けん》し挙処《こしょ》せずんば当《まさ》に知るべし是《こ》の人は仏法の中の怨《あだ》なり、若《も》し能《よ》く駈遣《くけん》し呵責《かしゃく》し挙処《こしょ》せば是《こ》れ我《わ》が弟子真《しん》の声聞《しょうもん》なり」等云云《うんぬん》、「仏法《ぶっぽう》を壊乱《えらん》するは仏法中の怨《あだ》なり慈無《じな》くして詐《いつわ》り親《した》しむは是《こ》れ彼《かれ》が怨《あだ》なり能《よ》く糾治《きゅうじ》せんは是《こ》れ護法《ごほう》の声聞真《しょうもんしん》の我《わ》が弟子なり彼が為《ため》に悪《あく》を除《のぞ》くは即《すなわ》ち是《こ》れ彼が親《おや》なり能《よ》く呵責《かしゃく》する者は是《こ》れ我《わ》が弟子駈遣《くけん》せざらん者は仏法中の怨《あだ》なり」等云云《うんぬん》。

通解

問《と》うていうには、摂受《しょうじゅ》をなすべき時に折伏《しゃくぶく》を行《ぎょう》じた場合や、折伏をなすべき時に摂受を行じる場合に、利益《りやく》はあるのだろうか。

答えていうには、涅槃経《ねはんぎょう》には、「迦葉菩薩《かしょうぼさつ》が仏に申《もう》し上《あ》げて言うには、『如来《にょらい》の法身《ほっしん》は金剛《こんごう》のように壊《こわ》れないものである。しかし、まだそれを成就《じょうじゅ》された因《いん》を知ることができません。その因はどのようなものでしょうか』と。

仏は答えた。『迦葉《かしょう》よ、よく正法《しょうほう》を護持《ごじ》した因縁《いんねん》によって、この金剛《こんごう》の身《み》を成就《じょうじゅ》することができたのである。

迦葉《かしょう》よ、私は正法《しょうほう》を護持《ごじ》した因縁《いんねん》で今のこの常住《じょうじゅう》で壊《こわ》れない金剛《こんごう》の身《み》を成就《じょうじゅ》することができたのである。

善男子《ぜんなんし》よ、正法《しょうほう》を護持《ごじ》する者は、五戒《ごかい》を受けず、威儀《いぎ》を修《おさ》めず、刀剣《とうけん》や弓矢《ゆみや》を持つべきである。

このように種々《しゅじゅ》に法を説《と》いても、悪法《あくほう》を打《う》ち破《やぶ》る師子吼《ししく》をなさず、法に背《そむ》く悪人《あくにん》を降伏《こうふく》させられないような出家僧《しゅっけそう》は、自《みずか》らを利益《りやく》することも、衆生《しゅじょう》を利益することもできない。

このような輩《やから》は、怠《なま》け者《もの》であると知るべきである。
戒《かい》を持《たも》ち、清《きよ》らかな実践《じっせん》を守っているといっても、この人は何もできていないと知るべきである。

（中略）ある時、戒《かい》を破《やぶ》る者がいて、この人が折伏《しゃくぶく》を行《ぎょう》ずる言葉を聞き終わって、皆ともに怒《おこ》って、この法師《ほっし》を害《がい》したとする。

この説法《せっぽう》の者は、たとえそのために死んだとしても、それでもなお戒《かい》を持《たも》ち、自身をも利益《りやく》し、他をも利益するものであるというのである』」とある。

章安《しょうあん》がいうには、「（摂受《しょうじゅ》・折伏《しゃくぶく》の）取捨《しゅしゃ》は適切《てきせつ》に行《おこな》って、一つに固執《こしゅう》してはならない」（『涅槃経疏《ねはんぎょうしょ》』）と。

天台《てんだい》がいうには、「時に適《かな》うのみである」（『法華文句《ほっけもんぐ》』）と。

譬《たと》えて言えば、秋の終わりに種《たね》をまいて田《た》畑《はた》を耕《たがや》しても、米の収穫《しゅうかく》は難《むずか》しいようなものである。

建仁《けんにん》年間に、法然《ほうねん》と大日能忍《だいにちのうにん》の二人が出現して、念仏宗《ねんぶつしゅう》と禅宗《ぜんしゅう》を隆盛《りゅうせい》させた。

法然《ほうねん》は「末法《まっぽう》になれば、法華経によっては、いまだ一人として得道《とくどう》した者がなく、千人の中でも一人もいない」と言った。

大日能忍《だいにちのうにん》は「仏の真実の覚《さと》りは言葉による教えとは別に伝えられた」と言って法華経を排斥《はいせき》した。

この二つの教義《きょうぎ》が、今や日本の国土《こくど》に充満《じゅうまん》している。

天台真言《てんだいしんごん》の学者らが、（これら法華経誹謗《ひぼう》の念仏《ねんぶつ》・禅《ぜん》を破折《はしゃく》もせず、かえって）念仏や禅を信じている庇護者《ひごしゃ》にへつらい、恐《おそ》れるさまは、まるでイヌが主人《しゅじん》に尾《お》をふり、ネズミがネコを恐れるようである。

そして、彼らは国王・将軍《しょうぐん》に仕《つか》えて、仏法を破壊《はかい》する因縁《いんねん》、国を破滅《はめつ》させる因縁となる間違った教えを、積極的《せっきょくてき》に説《と》き語っているのである。

こうした天台真言《てんだいしんごん》の学者らは、今世《こんぜ》では餓《が》鬼道《きどう》に堕《お》ち、来世《らいせ》には阿鼻地獄《あびじごく》の苦《く》を招《まね》くだろう。

たとえ（権力者にこびないで）山林《さんりん》にこもって、一念三千《いちねんさんぜん》の観法《かんぽう》に専心《せんしん》したとしても、人《ひと》里離《ざとはな》れた静《しず》かなところで、真言《しんごん》の三密《さんみつ》の修行《しゅぎょう》を油《あぶら》をこぼさぬように細心《さいしん》に行《ぎょう》じたとしても、時と衆生《しゅじょう》の機根《きこん》を知らず、摂受《しょうじゅ》と折伏《しゃくぶく》の二門《もん》をわきまえなければ、どうして生死《しょうじ》の苦しみから離れることができようか。

問《と》うていうには、念仏者《ねんぶつしゃ》・禅宗《ぜんしゅう》などを責《せ》めて彼らに憎《にく》まれることに、どのような利益《りやく》があるのか。

答えていうには、涅槃経《ねはんぎょう》には「もし、善比《ぜんび》丘《く》が、法《ほう》を破《やぶ》る者を見て捨《す》て置《お》いて、呵責《かしゃく》（厳《きび》しく責《せ》めること）し、駈遣《くけん》（追放《ついほう》）し、挙処《こしょ》（罪《つみ》を挙《あ》げて処断《しょだん》すること）しなければ、この人は仏法の中の敵《てき》であると知るべきである。もし、よく追放《ついほう》し、厳《きび》しく責《せ》め、罪《つみ》を挙《あ》げて処断《しょだん》すれば、仏の弟子であり、真の声聞《しょうもん》である」とある。

また、「仏法を破壊《はかい》し乱《みだ》す者は仏法の中の敵《てき》である。慈悲《じひ》がなくて偽《いつわ》って親《した》しくするのは、その人にとって敵である。

その悪《あく》を糾《ただ》し、退治《たいじ》する人が、法を護《まも》る声聞《しょうもん》であり、真のわが弟子である。

その人のために悪《あく》を取《と》り除《のぞ》く者は、その人にとっては親である。

悪《あく》を厳《きび》しく責《せ》める者は私の弟子である。悪を追放《ついほう》しようとしない者は、仏法の中の敵《てき》である」(『涅槃経疏《ねはんぎょうしょ》』)とある。

解説

この段では、摂受《しょうじゅ》と折伏《しゃくぶく》と、いずれも「時」を誤《あやま》って行《ぎょう》じては利益《りやく》はないことを示《しめ》されている。

時に適《かな》った摂《しょう》・折《しゃく》の実践《じっせん》に利益《りやく》

初《はじ》めに、摂受《しょうじゅ》・折伏《しゃくぶく》を〝時に相違《そうい》して〟実践《じっせん》した場合には利益《りやく》があるのかという設問《せつもん》に対して、それでは利益がないことを経釈《きょうしゃく》を引いて示《しめ》されている。

まず、涅槃経《ねはんぎょう》が引かれ、迦葉童子菩薩《かしょうどうじぼさつ》が釈尊《しゃくそん》に「如来《にょらい》の法身《ほっしん》は金剛不壊《こんごうふえ》であるが、いかにして、その身《み》を得られたのか、その原因を知りたい」と質問している。

これに対し、釈尊《しゃくそん》は、正法《しょうほう》を護持《ごじ》する功徳《くどく》によって金剛身《こんごうしん》を成就《じょうじゅ》できたのであると答え、続いて、その正法を護持する方途《ほうと》は、時と立場によってさまざまに異《こと》なることを述べている。

例えば、時によっては、正法護持《しょうほうごじ》のために、戒《かい》を持《たも》つことよりも刀剣《とうけん》や弓矢《ゆみや》を持つことが必要な場合がある。

また、悪法《あくほう》に対してはこれを根底《こんてい》から打《う》ち破《やぶ》る師子吼《ししく》でなければならず、非法《ひほう》の悪人《あくにん》に対しては、これを降伏《こうふく》させる折伏行《しゃくぶくぎょう》でなければならない。

さらに、折伏《しゃくぶく》によって、破戒《はかい》の者が怒《いか》りの心を起こし、それによって正法《しょうほう》の者が害《がい》されたとしても、自他《じた》ともに利益《りやく》できる、などと示《しめ》されている。

このように、「時に適《かな》った」実践《じっせん》が肝要《かんよう》であることを、章安大師《しょうあんだいし》も「摂受《しょうじゅ》と折伏《しゃくぶく》のいずれを取り、いずれを捨《す》てるかを正《ただ》しく判断していくことが大事であって、固定的に考えてはならない」と『涅槃経疏《ねはんぎょうしょ》』に述べており、また、天台大師《てんだいだいし》も「ひとえに時のいかんにかかっている」と『法華文句《ほっけもんぐ》』に述べていることを紹介されている。

このように、時を誤《あやま》った修行《しゅぎょう》には功徳《くどく》がないことを、譬《たと》えて言えば、秋の終わりに種子《しゅし》を植《う》え田畑《たはた》を耕《たがや》しても稲《いね》の実《みの》りを得ることができないようなものであると教えられている。

時機《じき》をわきまえない天台密教《てんだいみっきょう》を破折《はしゃく》

建仁年中《けんにんねんちゅう》に出てきた法然《ほうねん》と大日《だいにち》（大日能忍《のうにん》）の二人がそれぞれ念仏宗《ねんぶつしゅう》と禅宗《ぜんしゅう》を弘《ひろ》め、いずれも法華経誹謗《ひぼう》の邪義《じゃぎ》を弘めた。

本来ならば、法華経を根本とする天台宗《てんだいしゅう》は、こうした邪義《じゃぎ》を打《う》ち破《やぶ》らなくてはならないのに真言《しんごん》を用《もち》いて密教化《みっきょうか》していて、世間の有力者たちが念仏宗《ねんぶつしゅう》や禅宗《ぜんしゅう》に続々《ぞくぞく》、帰依《きえ》していったため、彼らにへつらって念仏・禅を讃《たた》えている。折伏《しゃくぶく》すべき時に折伏しない天台密教の学者やその門《もん》下《か》は、今生《こんじょう》では餓鬼道《がきどう》に堕《お》ち、死後《しご》は阿鼻地獄《あびじごく》に堕ちる因《いん》を作っている、と厳しく弾呵《だんか》されている。

破仏法《はぶっぽう》の者を呵責《かしゃく》する真の仏弟子《ぶつでし》

続いて、折伏《しゃくぶく》すべき邪法《じゃほう》をまさに折伏する功徳《くどく》について示《しめ》されている。問《と》いは、大聖人が念《ねん》仏者《ぶつしゃ》・禅宗《ぜんしゅう》などを責《せ》めて、そのために彼らからあだまれているが、一体《いったい》、どんな利益《りやく》があるというのか、という質問である。

これに対しては、涅槃経《ねはんぎょう》と『涅槃経疏《ねはんぎょうしょ》』の文《もん》を引き、答えとされている。これらの経釈《きょうしゃく》に折伏《しゃくぶく》の功徳《くどく》は明らかである。

まず、仏法を破壊《はかい》する者に対して何もせずに放置《ほうち》しているのは、自身も「仏法中の怨《あだ》」になってしまう。それとは反対に仏法破壊の者に呵責《かしゃく》を加える折伏《しゃくぶく》を行《ぎょう》じた者は「我《わ》が弟子真《しん》の声《しょう》聞《もん》」とあるように、真の仏弟子《ぶつでし》といえるのである。真の仏弟子であるということは、成仏《じょうぶつ》は間違いないということである。

つまり、謗法《ほうぼう》の悪《あく》を折伏《しゃくぶく》するのは、仏法中の敵《てき》になることを免《まぬか》れ、真の仏弟子《ぶつでし》になれるという功徳《くどく》があることを示《しめ》され、答えとされているのである。

◆池田SGI会長の『開目抄講義』から

無慈悲《むじひ》の末法万年《まっぽうまんねん》を真の意味で救《すく》いきるためには、仏の三徳《さんとく》を継承《けいしょう》した法華経の行者《ぎょうじゃ》が出現し、その法華経の行者を軸《じく》として無数《むすう》の慈悲の体現者である法華経の行者、慈悲の実践者《じっせんしゃ》が誕《たん》生《じょう》していくしかないのです。

「開目抄《かいもくしょう》」では、大聖人が末法《まっぽう》の「主師親《しゅししん》の三徳《さんとく》」を宣言される直前《ちょくぜん》に、邪智謗法《じゃちほうぼう》の国の修《しゅ》行《ぎょう》のあり方として折伏行《しゃくぶくぎょう》を明示《めいじ》し、大聖人に連《つら》なる者が皆、折伏の実践《じっせん》を行いゆくように示《しめ》されています。

その本意は、折伏行《しゃくぶくぎょう》に生きゆくことで一人《ひとり》一人が慈悲《じひ》の体現者となり、慈悲を世界に弘《ひろ》めていくことを教えられていると拝《はい》されます。

凡夫《ぼんぷ》が慈悲《じひ》の働きを通して、他者と善《ぜん》の関係を結んでいくことが示《しめ》されているのです。

確かに、凡夫《ぼんぷ》にとって慈悲《じひ》は直《ただ》ちに出るものではありません。

しかし、凡夫《ぼんぷ》は慈悲《じひ》の代わりに勇気を出すことはできます。

そして、慈悲《じひ》の法を実践《じっせん》し弘通《ぐつう》すれば、その行為《こうい》は、まさに慈悲の振《ふ》る舞《ま》いを行《ぎょう》じたことと等《ひと》しいのです。そして、凡夫《ぼんぷ》から凡夫へ、慈悲の善《ぜん》のかかわりが無数《むすう》に広がっていきます。慈悲《じひ》の暖流《だんりゅう》で無明《むみょう》の世界を包《つつ》み込《こ》み、慈悲の縁起《えんぎ》の世界を勇敢《ゆうかん》に広げることこそ、釈尊《しゃくそん》を源《みなもと》とする真の仏教の系譜《けいふ》を継《つ》ぎ、発展させることになるのです。

第50段　末法《まっぽう》の主師親《しゅししん》

（236ページ16行目～237ページ終わり）

夫《そ》れ法華経の宝塔品《ほうとうほん》を拝見《はいけん》するに釈迦《しゃか》・多宝《たほう》・十方分身《じっぽうふんじん》の諸仏《しょぶつ》の来集《らいじゅう》はなに心《こころ》ぞ「令法久住《りょうぼうくじゅう》・故来至此《こらいしし》」等云云《うんぬん》、三仏《さんぶつ》の未来に法華経を弘《ひろ》めて未来の一切《いっさい》の仏子《ぶっし》にあたえんと・おぼしめす御心《みこころ》の中《うち》をすいするに父母の一子《いっし》の大苦《だいく》に値《あ》うを見るよりも強盛《ごうじょう》にこそ・みへたるを法然《ほうねん》いたはしとも・おもはで末法《まっぽう》には法華経の門《もん》を堅《かた》く閉《と》じて人《ひと》を入《い》れじとせき狂児《おうじ》をたぼらかして宝《たから》をすてさするやうに法華経を抛《なげすて》させける心こそ無慚《むざん》に見へ候《そうら》へ、

我《わ》が父母《ぶも》を人《ひと》の殺《ころ》さんに父母につげざるべしや、悪子《あくし》の酔狂《すいきょう》して父母を

殺《ころ》すをせい《制》せざるべしや、悪人《あくにん》・寺塔《じとう》に火を放《はな》たんにせいせざるべしや、
一子《いっし》の重病《じゅうびょう》を灸《やいと》せざるべしや、
日本の禅《ぜん》と念仏者《ねんぶつしゃ》とを・みて制《せい》せざる者は・かくのごとし「慈無《じな》くして
詐《いつわ》り親《した》しむは即《すなわ》ち是《こ》れ彼《かれ》が怨《あだ》なり」等云云《うんぬん》。
日蓮は日本国の諸人《しょにん》にしう《主》し《師》父母《親》なり一切天台宗《いっさいてんだいしゅう》の人は彼等《かれら》が大怨敵《だいおんてき》なり「彼《かれ》が為《ため》に悪《あく》を除《のぞ》くは即《すなわ》ち是《こ》れ彼《かれ》が親《おや》」等云云《うんぬん》、
無道心《むどうしん》の者生死《ものしょうじ》をはなるる事《こと》はなきなり、
教主釈尊《きょうしゅしゃくそん》の一切《いっさい》の外道《げどう》に大悪人《だいあくにん》と罵詈《めり》せられさせ給《たま》い天台大師《てんだいだいし》の南北《なんぼく》・並《なら》びに得一《とくいつ》に三寸《さんずん》の舌《した》もって五尺《ごしゃく》の身《み》をたつ《断》と伝教《でんぎょう》大師の南京《なんきょう》の諸人《しょにん》に「最澄未《さいちょういま》だ唐都《とうと》を見ず」等といはれさせ給《たま》いし皆《みな》法華経《みな》のゆへなればはぢ

ならず愚人《ぐにん》にほめられたるは第一のはぢなり、
日蓮が御勘気《ごかんき》を・かほれば天台《てんだい》・真言《しんごん》の法師等《ほっしら》・悦《よろこ》ばしくや・をもうらんかつはむざん《無慚》なり・かつはきくわいなり、
夫《そ》れ釈尊《しゃくそん》は娑婆《しゃば》に入《い》り羅什《らじゅう》は秦《しん》に入《い》り伝教《でんぎょう》は尸那《しな》に入《い》り提婆師子《だいばしし》は身《み》をすつ薬王《やくおう》は臂《ひじ》をやく上宮《じょうぐう》は手の皮《かわ》をはぐ釈迦菩薩《しゃかぼさつ》は肉《にく》をうる楽法《ぎょうぼう》は骨《ほね》を筆《ふで》とす、
天台《てんだい》の云《いわ》く「適時而已《ちゃくじにい》」等云云《うんぬん》、仏法は時によるべし日蓮が流罪《るざい》は今生《こんじょう》の小苦《しょうく》なれば・なげかしからず、後生《ごしょう》には大楽《だいらく》を・うくべければ大《おお》いに悦《よろこ》ばし。

通解

そもそも法華経の宝塔品《ほうとうほん》を拝見《はいけん》すると、釈迦《しゃか》、多宝《たほう》、十方《じっぽう》の分身《ふんじん》の諸仏《しょぶつ》が集まられたのは、何《なん》のためだろうか。

「法を永久に存続《そんぞく》させるために、ここにやって来た」とある。

この三仏《さんぶつ》が未来に法華経を弘《ひろ》めて、未来の一切《いっさい》の仏子《ぶっし》たちに与えようとされたお心のうちを推察《すいさつ》すると、わが子が大きな苦しみにあっているのを見る父母よりも、何《なん》としてでも救《すく》わずにはおかないとの思いが強く盛《さか》んであったと思《おも》われる。

それなのに、法然《ほうねん》は、その切実《せつじつ》な思いを、いたわしいとも思わないで、末法《まっぽう》には法華経の門《もん》をかたく閉《と》じて、人を入れさせまいとせき止《と》め、(寿量品《じゅりょうほん》に出てくる)判断の狂《くる》った子をだまして宝《たから》を捨《す》てさせるように、法華経をなげ捨てさせたのである。この法然の心こそ、恥知《はじし》らずに思える。

自身の父母を人が殺《ころ》そうとしているのに、そのことを父母に教えないでいられようか。

悪《あく》に染《そ》まった子が、酔《よ》って狂《くる》って父母を殺《ころ》そうとしているのを、制止《せいし》しないでいられようか。

悪人《あくにん》が寺塔《じとう》に火を放《はな》とうとしているのに、

制止《せいし》しないでいられようか。

わが子が重病《じゅうびょう》にかかっているのに、お灸《きゅう》の治療《ちりょう》をしないでいられようか。

日本の禅《ぜん》と念仏者《ねんぶつしゃ》とを見て制止《せいし》しない者は、このようなものである。

「慈悲《じひ》がなくて偽《いつわ》って親《した》しくするのは、その人にとって敵《てき》である」(『涅槃経疏《ねはんぎょうしょ》』)と。

日蓮は日本国のもろもろの人にとって、主《しゅ》であり、師であり、父母である。

一切《いっさい》の天台宗《てんだいしゅう》の人たちは、彼らの大怨敵《だいおんてき》である。

「その人のために悪《あく》を除《のぞ》く者は、その人にとっては親である」(『涅槃経疏《ねはんぎょうしょ》』)と。

仏道《ぶつどう》を求める心がない者は、生死《しょうじ》の苦悩を離《はな》れることはできない。

教主釈尊《きょうしゅしゃくそん》は一切《いっさい》の外道《げどう》から大悪人《だいあくにん》と罵《ののし》られた。天台大師《てんだいだいし》は南三北七《なんさんほくしち》の諸宗の人々に謗《そし》られ、さらに日本の得一《とくいつ》から「三寸《すん》の舌《した》で五尺《しゃく》の仏身《ぶっしん》を破壊《はかい》する」と罵られた。伝教大師《でんぎょうだいし》は南都《なんと》の人々に「最澄《さいちょう》はまだ唐《とう》の都《みやこ》を見たことがない」と非難《ひなん》された。

このように悪口《わるくち》を言われたのは、皆、法華経のゆえなので、恥《はじ》ではない。

愚《おろ》かな人にほめられることこそ、第一の恥《はじ》である。

日蓮が権力者《けんりょくしゃ》から処罰《しょばつ》を受けたので、天台《てんだい》や真言《しんごん》の法師《ほっし》らは喜《よろこ》ばしく思っているようであるが、まことに恥知《はじし》らずであり、常軌《じょうき》を逸《いっ》したことでもある。

そもそも、法華経のために、釈尊《しゃくそん》はこの苦悩に満《み》ちた娑婆《しゃば》世界に生まれ、羅什三蔵《らじゅうさんぞう》は中国に入り、伝教大師《でんぎょうだいし》は中国に渡《わた》り、提婆《だいば》菩薩《さつ》・師子尊者《ししそんじゃ》は法のために身《み》を捨《す》て、薬王《やくおう》菩薩は臂《ひじ》を焼《や》き、聖徳太子《しょうとくたいし》は手《て》の皮《かわ》をはいで経を写《うつ》し、釈迦《しゃか》菩薩は自《みずか》らの肉《にく》を売《う》って供養《くよう》し、楽法梵志《ぎょうぼうぼんじ》はわが身の骨《ほね》を筆《ふで》としたのである。

天台大師《てんだいだいし》がいうには、「時に適《かな》うのみである」（『法華文句《ほっけもんぐ》』）と。

仏法は時によるのである。

日蓮の流罪《るざい》は、今世《こんぜ》での小さな苦《く》であるから嘆《なげ》くにあたらない。

来世《らいせ》には大きな楽《らく》を受けることができるので、大いに喜《よろこ》ばしい。

語訳

【令法久住《りょうぼうくじゅう》】「法をして久《ひさ》しく住《じゅう》せしめん」と読む。法華経見宝塔品《けんほうとうほん》第11の文《もん》。未来永遠にわたって、妙法が伝えられていくようにすること。

解説

「開目抄《かいもくしょう》」全体の結びの段である。

本抄は、一切衆生《いっさいしゅじょう》の尊敬すべきものは主師親《しゅししん》の三徳《さんとく》であることから説《と》き起こされた。そして、その三徳にも、儒《じゅ》・外《げ》・内《ない》により、また内道《ないどう》においても小乗《しょうじょう》・権大乗《ごんだいじょう》・迹門《しゃくもん》・本門《ほんもん》・文底《もんてい》により、高低浅深《こうていせんじん》があることが明かされ、大聖人こそ末法《まっぽう》の時に適《かな》った寿量文底下種《じゅりょうもんていげしゅ》の妙法を弘《ひろ》める法華経の行者《ぎょうじゃ》であることを示《しめ》されてきた。

終わりにあたって、日蓮大聖人こそが末法《まっぽう》の一切衆生《いっさいしゅじょう》にとっての主師親《しゅししん》(下種《げしゅ》の三徳《さんとく》)にほかならないことを宣言されて本抄を結ばれている。

末法弘通《まっぽうぐつう》こそ令法久住《りょうぼうくじゅう》の仏意《ぶつい》の実践《じっせん》

初《はじ》めに、法華経宝塔品《ほうとうほん》において釈迦仏《しゃかぶつ》、多宝仏《たほうぶつ》、十方分身《じっぽうふんじん》の諸仏《しょぶつ》の三仏《さんぶつ》が集まった目的について の問《と》いを設《もう》けられている。

これに対し、宝塔品《ほうとうほん》の「法をして久《ひさ》しく住《じゅう》せしめんが　故《ゆえ》に此《ここ》に来至《らいし》したまえり」の文《もん》を引かれ、さらに、その元意《がんい》は、法華経を未来の一切《いっさい》の仏子《ぶっし》に与えることであると示《しめ》されている。すなわち、父母が苦悩に沈《しず》む子どもを心配する以上の思いで、三仏《さんぶつ》は悪世末法《あくせまっぽう》の大苦《だいく》の衆生《しゅじょう》を憂《うれ》えられ、この妙法を残されたのである、と。

にもかかわらず、法然《ほうねん》らはそうした仏の慈悲《じひ》を無視《むし》して、法華経を捨《す》てさせたのは、あたかも寿量品《じゅりょうほん》に出てくる誤《あやま》った薬を飲んで判断のできない子どもをたぶらかして、持っている宝《たから》を捨てさせるようなものであると述べられている。すなわち、法然が、「法華経を捨てよ閉《と》じよ閣《さしお》け抛《なげう》て」と、いわゆる「捨閉閣抛《しゃへいかくほう》」を説《と》いたことは、三仏《さんぶつ》の慈悲《じひ》を踏《ふ》みにじる大邪義《だいじゃぎ》であると厳しく破折《はしゃく》されているのである。

詐《いつわ》り親《した》しむは仏法の中の怨《あだ》

前述のような法然《ほうねん》や大日《だいにち》の邪義《じゃぎ》に気づきながら破折《はしゃく》もせず、末法《まっぽう》の人々を救《すく》おうとしないのは、仏法破壊《はかい》の大悪事《だいあくじ》に加担《かたん》するのと同じであり、衆生《しゅじょう》に対しては地獄《じごく》へつき落《お》とす無慈悲《むじひ》の所業《しょぎょう》であることを示《しめ》されている。

たとえば、自分の父母を人が殺《ころ》そうとしているのを知って、父母に知らせない者はいない。

また、悪子《あくし》が酔《よ》って父母を殺そうとするのを止めない者はいない。同じように、悪人《あくにん》が寺《てら》や塔《とう》に火をつけようとしているのを止めない者もいないし、子どもが重病《じゅうびょう》であれば、たとえ痛《いた》い治《ち》療《りょう》であっても、灸《きゅう》をせずにはいられない。

謗法《ほうぼう》を呵責《かしゃく》するのは、まさにこの道理に照《て》らして当然の行為《こうい》となるのである。なぜなら、放《ほう》置《ち》しておけば、仏法そのものが滅《ほろ》ぼされるのであり、また衆生《しゅじょう》は謗法《ほうぼう》の罪《つみ》によって無間地獄《むけんじごく》に堕《お》ちるからである。

たとえ反発《はんぱつ》があったとしても、謗法《ほうぼう》を制止《せいし》しなければかえって無慈悲《むじひ》である。

大聖人は、章安大師《しょうあんだいし》の「慈無《じな》くして詐《いつわ》り親《した》しむは即《すなわ》ち是《こ》れ彼《かれ》が怨《あだ》なり」との文《もん》を重《かさ》ねて引かれている。「詐《いつわ》り親《した》しむ」ことは相手を破滅《はめつ》から救《すく》おうとしないことであり、「彼《かれ》が為《ため》に悪《あく》を除《のぞ》く」ことは、一見《いっけん》して親しみを破《やぶ》るようで実は相手にとって「親」となるのである。まさしく、折伏《しゃくぶく》こそが無上《むじょう》の慈悲《じひ》の行為《こうい》であることを示《しめ》されるのである。

大聖人こそ末法一切衆生《まっぽういっさいしゅじょう》の主師親《しゅししん》

「日蓮は日本国の諸人《しょにん》にしうし《主師親》父母なり」とは、大聖人が主師親《しゅししん》の三徳《さんとく》を具備《ぐび》された末法《まっぽう》の御本仏《ごほんぶつ》であることを明かされた、本抄の結論に当たる御文である。

大聖人が自《みずか》らの身命《しんみょう》をも惜《お》しまず折伏《しゃくぶく》を行《ぎょう》じられているのは、一切衆生《いっさいしゅじょう》を救済《きゅうさい》しようとの大《だい》慈悲《じひ》の発露《はつろ》であり、そこに一切衆生の主師親《しゅししん》であられるゆえんがある。

逆《ぎゃく》に、本来、法華経を持《たも》つ宗《しゅう》でありながら、法華誹謗《ほっけひぼう》の邪義《じゃぎ》を立てる念仏宗《ねんぶつしゅう》などを破折《はしゃく》しないでいる天台宗《てんだいしゅう》の人々はすべて、一切衆生《いっさいしゅじょう》にとっての大怨敵《だいおんてき》となるのである。

また「彼《かれ》が為《ため》に悪《あく》を除《のぞ》くは即《すなわ》ち是《こ》れ彼が親《おや》」との章安大師《しょうあんだいし》の言葉を再び引かれて、大慈悲《だいじひ》のうえから謗法《ほうぼう》を呵責《かしゃく》されている大聖人が衆生《しゅじょう》にとって「親」であることを示《しめ》されている。

「無道心《むどうしん》の者生死《ものしょうじ》をはなるる事《こと》はなきなり」との仰《おお》せは、どこまでも仏法を正《ただ》しく実践《じっせん》していく人が「道心の人」であり、仏法の正しい実践をないがしろにする人は「無道心の者」であり、決《けっ》して生死《しょうじ》の苦しみを離《はな》れることはできないとの仰《おお》せである。

法華経ゆえの難《なん》こそ仏法者の誉《ほま》れ

釈尊《しゃくそん》・天台大師《てんだいだいし》・伝教《でんぎょう》大師が法華経のゆえに誹謗《ひぼう》・中傷《ちゅうしょう》を受けたことを示《しめ》されている。

そして、大聖人御自身《ごじしん》が受けられた非難《ひなん》・中傷《ちゅうしょう》は釈尊《しゃくそん》らと同じく法華経のゆえであり、したがって、そのことは何《なん》ら恥《はじ》ではなく、かえって無智《むち》の愚人《ぐにん》にほめられることこそ第一の恥であると仰《おお》せになっている。

また、大聖人が法華経のゆえに幕府《ばくふ》の処罰《しょばつ》を受けていることを、天台《てんだい》・真言《しんごん》の法師《ほっし》らが喜《よろこ》んでいるのは、まことに恥知《はじし》らずなことであり、常軌《じょうき》を逸《いっ》していると指摘される。

不惜身命《ふしゃくしんみょう》の精神を示《しめ》す

続けて、仏法を求め弘《ひろ》めるために不惜身命《ふしゃくしんみょう》を貫《つらぬ》いた先達《せんだつ》の例が示《しめ》されている。

大聖人は、これらの例を通して、御自身《ごじしん》も不惜身命《ふしゃくしんみょう》の精神《せいしん》で法華経弘通《ぐつう》の実践《じっせん》を貫《つらぬ》いていることを示《しめ》されている。「仏法は時によるべし」とは、これらはいずれも実践の方法が異《こと》なっているが、それは「時」によるゆえであり、根本は同じく不惜身命の精神であること、それが必ず成仏《じょうぶつ》の因《いん》となっていることを仰《おお》せになっているのである。

そして、大聖人が遭《あ》われている身命《しんみょう》に及《およ》ぶ大難《だいなん》も三世《さんぜ》のうえから見れば、「今生《こんじょう》の小苦《しょうく》」であって、少《すこ》しも嘆《なげ》かわしいことはない。それによって、「後生《ごしょう》には大楽《だいらく》を・うく」こと、すなわち成仏《じょうぶつ》という大境涯《だいきょうがい》を得ることこそ最大の喜《よろこ》びであると仰《おお》せになり、本抄を結ばれている。

◆池田SGI会長の『開目抄講義』から

法華経を実践《じっせん》すれば必ず「悪口罵詈《あっくめり》」されます。しかし、法華経ゆえの悪口罵詈こそ無上《むじょう》の栄誉《えいよ》です。

「愚人《ぐにん》にほめられたるは第一のはぢなり」（御書237ジペー）と仰《おお》せのように、世間の毀誉褒貶《きよほうへん》に左右《さゆう》される愚人に賞讃《しょうさん》されることは最大の恥《はじ》です。その大確信で、初代牧口先生、二代戸田先生も歩《あゆ》んできました。三代の私も、同じ道を貫《つらぬ》いてきました。

仏法者にとっていちばん大事なことは、世法《せほう》の評判《ひょうばん》などではありません。常に自分が、その時代にあって、最《もっと》も時に適《かな》った正法流布《しょうほうるふ》の闘争を繰《く》り広《ひろ》げられるかどうかです。

◇

ゆえに大聖人は、魔性《ましょう》との戦いのうえで生《しょう》じた大難《だいなん》は「今生《こんじょう》の小苦《しょうく》」にすぎず、末法《まっぽう》の時に適《かな》った実践《じっせん》を成《な》し遂《と》げた永遠の「大楽《だいらく》」こそが、法華経の行者としての戦いから得られた大功《だいく》徳《どく》であると仰《おお》せなのです。

この広大《こうだい》なる大境涯《だいきょうがい》を、大聖人は、今、現実に鎌倉《かまくら》で難《なん》に遭《あ》っている門下《もんか》たちに教えようとされたと拝《はい》されます。御自身《ごじしん》の悠然《ゆうぜん》たる境涯を教えることで、「心配することなど、何一つない」「私たちは永遠の勝利者になれるのだ」「門下よ、この日蓮に続け」と、生命の根底から励まされているのです。そこに、全門下の無明《むみょう》を晴《は》らし、迷《まよ》いの目を開く「開目《かいもく》」の真義《しんぎ》があります。

世界広布の翼を広げて
教学研鑽のために――開目抄

二〇一六年二月十一日　発　行
二〇一九年三月十五日　第六刷

編　者　創価学会教学部
発行者　松　岡　資
発行所　聖　教　新　聞　社
〒一六〇―八〇七〇　東京都新宿区信濃町一八
電話　〇三―三三五三―六一一一（大代表）

印刷・製本　図書印刷株式会社

定価は表紙に表示してあります

ISBN978-4-412-01593-7